自动运营的企业系统

——学习型组织创建与知识管理的应用研究

缪剑鸣　著

南京大学出版社

图书在版编目(CIP)数据

自动运营的企业系统：学习型组织创建与知识管理
的应用研究 / 缪剑鸣著. —南京：南京大学出版社，
2018.12

ISBN 978 - 7 - 305 - 21123 - 2

Ⅰ. ①自… Ⅱ. ①缪… Ⅲ. ①企业管理－研究－中国
Ⅳ. ①F279.23

中国版本图书馆 CIP 数据核字(2018)第 251291 号

出版发行 南京大学出版社
社　　址 南京市汉口路 22 号　　　　邮　　编　210093
出 版 人 金鑫荣
书　　名 **自动运营的企业系统**
　　　　　——学习型组织创建与知识管理的应用研究
著　　者 缪剑鸣
责任编辑 刘永清　苗庆松　　　　编辑热线　025 - 83596923
照　　排 南京理工大学资产经营有限公司
印　　刷 常州市武进第三印刷有限公司
开　　本 710×1000　1/16　印张 19.5　字数 269 千
版　　次 2018 年 12 月第 1 版　2018 年 12 月第 1 次印刷
ISBN 978 - 7 - 305 - 21123 - 2
定　　价 60.00 元

网　　址:http://www.njupco.com
官方微博:http://weibo.com/njupco
官方微信号:njupress
销售咨询热线:(025)83594756

没有想过著书立说，成名立万，只是觉得：

企业家太苦，太累……

经理人太累，太苦……

中国企业家最朴素的想法是，如何不为企业内部所累，企业智能化甚至智慧化地高效运营，从而能够更多地关注、经营企业外部。

中国经理人最朴素的想法是，如何让员工自动自发，自己早点回家，享受应得的那份生活感。

近 18 年来，我一直在学习、研究中国企业的核心竞争力；近 9 年来，我一直在钻研、探索中国企业的学习型组织建设，试图根据中国企业的土壤、基因、现实和未来，充分汲取中国传统文化宝库中的思维模式与经营智慧、管理经验，将学习型组织理论中国化，为中国企业和其他社会组织，探索一条管理愈加轻松、运营更为良性的自组织创建之路。在这个细分领域，我不是"中国式学习型组织理论第一人"，我只想继续做一个孤独的拓荒者，我更愿意看到学习型组织的建设，在中国不再是一波乍起、一波又歇的运动，而是一种终极目标与常规动作。

——缪剑鸣，2017 年 3 月 9 日晚

缪剑鸣

企业管理顾问。

南京大学学习型组织课题研究组副组长，江苏省品牌学会高级研究员，上海交通大学企业战略研究中心高级研究员，常州市产城融合经济研究会高级研究员。

曾任中外合资机构 CEO，曾兼任中国科学院、中山大学、华南理工大学、江苏省中小企业局、江苏省电信公司有关项目的实体公司负责人。

长期专注于企业核心竞争力的研究、咨询与培训。近 18 年来，为中国银行江苏省分行、南京地铁、南京江南公交、溧湖国家湿地公园、埃斯顿自动化、联合工业、潍柴盛达特种车、扬州临港建设、南京卫岗乳业、苏州天顺风能、常州天房控股、江苏金旺包装机械等等数十家国企、民企、外企提供咨询服务，为江苏弘阳集团、南京凯盛开能、江苏谢馥春国妆股份、常州福隆控股、扬州锻压机床、康源乳业、大金重工、金莲纸业等数十家企业提供顾问意见，涉足知识管理、自主培训体系、企业大学、流程优化、组织设计、人力资源管理体系、薪酬绩效、计划管理、企业战略、企业文化、市场营销、设备操作维修管理体系、生产安全管理体系、顾客服务体系、全面质量管理体系、再生问题防范机制、产业化投资论证、地产开发策划等细分领域。

主导咨询并贴身辅导 9 年的南京地铁运营公司学习型企业创建案例，荣获中国工商界"2013 中国人才发展创新奖"，2016 年入选中国管理案例共享中心案例库（与南京大学周建国教授共同完成）。

读者反馈：symiao668@aliyun.com

学习型企业理论的中国化

    2018年春节前,缪剑鸣老师寄来他人生正式出版的第一本书《自动运营的企业系统》的书稿,说是关于学习型企业理论中国化的尝试,请我提提意见。我问为什么不找商学院的教授看看,剑鸣说更希望公共管理专业的教授从"组织"而不单纯是"企业"的范畴,看看他所研究的学习型企业理论是否有所缺陷。我本人也算通学人文社会科学包括管理科学(后来专注于公共行政学领域),故而欣然应允。

    可惜一直忙到春节放假期间,才有空翻阅剑鸣的书稿,连续两天几乎是一口气读完了这20万字,心情久久不能平息,觉得有些话不得不说。

    诚如剑鸣所言:"从理论的应用角度来看,西方的学习型组织理论很难在中国本地化应用。一是学习型组织理论发端于西方,研究样本基于国际化企业、成熟期企业、欧美企业文化,仍然难以适用于广大的中国企业、成长期企业、中国传统文化。二是由于东西方思维模式、理论范式的差异,西方的学习型组织理论不容易被中国人系统理解。三是以圣吉为代表的现代学习型组织理论,更多是'道'和'术'的层面,中国学术界、咨询间普遍没有将学习型组织理论中国化、本地化,没有结合广大中国成长期企业的特点和需要,深入到'器'即管理工具的层面。"中国确实需要将西方管理思想真正地中国化、系统化、本地化,且不论这本书的理论水准,剑鸣九年来扎根实践、不计名利、甘守清贫甚至忍辱负重,孜孜以求于学习型企业理论的中国化,这份勇气、执着,令人钦佩。事实上,中国高校管理科学领域,早已没有人"天职"般如此系统、执着地研究学习型组织理论了,而这份工作却由一个体制之外的、需要自谋其生的职业管理顾问去做了,令人汗颜……

初看这本书的目录,容易给人一种错觉:"学习型组织理论是个筐,什么都可以往里装"。细读下来,尤其是本书的一级模型,我们才能明白,学习型企业作为一种自组织系统,为了达到其四个特征,分别需要配置哪些管理手段。难能可贵的是,剑鸣大胆跳出现代学习型组织理论的现有研究框架,完全站在企业实践应用的角度,针对学习型企业的每一种特征,提出了需要思考、面对的相关管理手段;在此基础上,中国企业每一种管理手段的应用过程中,存在哪些常见问题与突出问题,有哪些对策可供不同类型的企业选用。因此,窃以为这本书不仅开创了学习型企业理论的新的研究视角与研究框架,而且给出了大量的方法论甚至大量的管理工具,对学术界、工商界都有很好的参考价值。

通读全书,剑鸣适度抛弃了经院学派的语言模式,完全以实践为导向,力戒枯燥的理论表述,更多地像一个讲师,务求通俗易懂地对企业家学员和经理人学员娓娓道来。我知道,剑鸣一向追求的是大道至简。可以想见,企业缺什么,剑鸣就说什么。我知道,剑鸣一向坚持"管理学是实践性科学"的观点。

除了学习型企业、企业知识管理的理论与实务的系统阐释,全书时时可见各种思想火花,例如,谈到非正式组织、权力配置、员工忠诚度的培育、流程管理的突出问题、薪酬激励的对象、培训效果评估、职业发展通路、职业共同体、企业创新机制、横断性科学、四模理论、企业内部视角的六种企业能力、文化管理的矫正机制、知识体系表、教学法、工作轮换、副职团队、企业系统领导力、个人领导力建树的四部曲、创新团队学习的 CAT 模式与 CRASC 模式,等等等等,看得出,这些火花确实是剑鸣长期思考的心得体会甚至独家成果,对我们纯粹的学术派亦不无激荡。但也不得不指出,也许由于时间限制,本书在理论研究和文字表述量方面,今后还可以继续深入。

我无权评价这本书的理论水准和实践价值,这些应当交给工商界和其他社会组织在今后的实践中逐步得出结论,但在浮躁了近30年的中国工商管理学术界、咨询界、培训界,现在看到这样一本基于民间知识分子道德和良心的书籍,看到这样一本试图和西方理论界平等对话学习型企业理论的专著,我作为一个普通学人,甚为欣慰。

剑鸣:坚持,继续……

孔繁斌

孔繁斌,教授,博士生导师,南京大学政府管理学院(原名公共管理学院)院长。中国行政管理学会理事,全国政策科学研究会常务理事,江苏省人民政府研究室特约研究员,江苏省行政管理学会副秘书长,南京市信访专家智囊学会副会长。著有学术著作《公共性的再生产——多中心治理的合作机制建构》、《政治学基础理论的观念——价值与知识的论辩》、《政治学基础》等。编写教材《公共行政学》、《行政伦理与公务员职业道德》(副主编)、《公共政策学基础》等。

永葆活力的中国企业

今年是 2018 年，恰好是中国走上改革开放整整 40 年；在现代的中国，我们看见了无数个风华正茂的成功民营企业，甚至已经跻身世界级的企业之林。我们身为中国人，不得不为自己有这么好的命运可以生活在这么快乐并且骄傲的年代而感到庆幸。我们可以想象，从晚清那批被送到欧洲美国留学的小孩子开始，一直到 20 世纪 90 年代，我在英国念书的时代，整整一百年间，身处异国他乡的中国人，从来没有像现在一样的自豪，自信。

我们的企业管理水平也有了惊天动地的改变与成长。我在 1997 年第一次回到祖国大陆，2000 年第二次来到上海，2001 年从台湾调任到祖国大陆工作，完整地观察到过去 20 年里祖国大陆企业管理进步发展的脉动。从原始到现代化，从粗放到精细，企业家们，企业的管理者们，纷纷投入了大量的学习，追求更加高效能的管理品质。

缪剑鸣老师研究中国企业管理多年，在辅导企业经营管理方面有他个人独到的经验与见解；他希望能够建立一套简单、可行、效率高的管理模式，依托在"学习型组织"的操作平台上，给企业找到一条如同一个人因为健康的日常生活管理，于是可以自然成长的生命有机体一样的道路，引领企业走上一条可以做强做大、基业长青的康庄大道。本书所提出的各种管理领域，架构十分完整、严谨，避免了企业在追求效率的同时，经常掉进头痛医头、脚痛医脚的怪圈里。这是一本值得国内企业家和高层主管仔细研读，导入自身企业管理运营的好书。缪老师已经把许多深奥无趣的管理模式做了筛选、调整，简化为实际可行、简单明白的管理行动指南。

请容许我稍作补充。一件相当关键的管理机制应该在这本书所涵盖的管理领域进行强调，以被企业所重视，特别是中小企业——那就是赏罚的管理机制。不论是怎么样优秀的学习型组织，即使是接受了完整、现代化、系统、长时期的领导力培养的美国三军军官养成教育，赏罚机制的功能仍然是促使团队能够有效管理，高绩效运营的关键机理之一。这个完整的环节可以从日常管理者对下属纠错的能力开始，一直到企业是否具备了相对完整的奖惩制度，是否确实有效地去执行所有合理化的管理动作。以我个人在祖国大陆将近 20 年的浅薄观察和研究，这恰好是大多数企业最缺乏的一环，管理的动作经常形同一潭死水，员工既没有足够的合理压力，也没有令人士气昂扬的激励。

感谢缪老师在繁重的工作之余，仍然秉持一介书生、辅仁报国的理想，勤劳笔耕，贡献给国内企业界这样的一本好书，这是衔接校园里的管理教科书与日常实战的企业管理最坚实的桥梁。

杨台轩

2018 年元月 28 日，北京

杨台轩，中国台湾省高雄县人，英国 Exeter 大学企业管理研究所毕业，前美国强生公司中国区销售总监；自 2005 年起，从事企业培训工作，曾为国内外数百家知名企业开展企业培训，并在 30 所高校企业家总裁班、EMBA 班授课。目前为北京 DHA 管理咨询有限公司首席咨询师、培训讲师，著有《这样管理最有效》、《如何打造一支世界级销售团队》。

自 序

　　一些同行、朋友得知这是一本关于学习型组织的书籍,问我:这本书的主要读者是谁? 是首席知识官吗? 是培训经理吗? 显然不尽如此。但我已经预感到这个问题的"严重性",这个问题牵涉到本书的内容定位,以及读者定位。

　　说实话,历时近十个月的写作、修改中,我只是一心想着围绕本书第二章提出的核心模型,时刻想着中国企业的认知盲区、实践误区,落笔或繁或简,涉及企业经营管理的方方面面。企业家、经营者、高级经理人,可以读到核心竞争力与企业系统管理;职业经理人,可以读到涉及你所负责的部门业务,甚至从知识管理、教学法中读到大量的管理原理与管理方法;首席知识官,可以读到知识管理的几乎全部实务;培训经理,可以读到企业大学、培训体系、培训方案等等;培训师甚至学校教师,可以读到教学法、TTT 甚至如何备课;管理顾问,可以读到咨询的一些核心思路、方案体系、辅导要点。非要我说本书的读者定位是谁? 我只能告诉你:管理者。因为,学习型企业的创建,是一项组织工程、全员工程。我只能说:管理学,是一门实践性科学。因为,实践缺什么,我就说什么。

　　写这本书,是一个危险的行为。"学习型企业"这个概念,在中国企业的管理话语中似乎已然消失,中国的学习型组织创建热潮,似乎陷入永远的低谷。但笔者深信,当我们通过本书揭开学习型企业的神秘面纱之后,您会发觉,其实每个企业都在或自发、或自觉、或多或少地探索着学习型企业的创建。

　　出版这本书,尤其是其中公开的理论模型,更是一个很危险的举动。因为一谈到学习型企业,绝大多数中国管理者都会本能地想到彼得·圣吉,想到那"五项修炼",而本书提出的建设模型、评估模型、建设方法与管理工具,似乎和"五项修炼"毫无关系。

的确,在笔者的认知范围内,圣吉的五项修炼只是塑造学习型个人、学习型团队的一种探索,并没有上升到学习型组织的层面,系统建构一个对应中国企业实情、便于中国人理解的普适性模型,并据此结构进行理论阐释。本书立论于"学习型组织是一种自组织",首先站在企业决策者或经营者的层面,从学习型企业的创建主体——个人、团队,其所处的"组织"环境出发,分析学习型组织的建设基础与建设方法;进而将知识管理作为学习型团队与学习型个人的一种塑造手段,详加相关知识的普及与实践操作的经验。

因此,这本书的出版,也容易让学者们误解为对经院水准的一次挑战。其实,本书约 1/5 文字的理论阐释,没有太多的标新立异,如果非要说创新之处,那就是基于实践经验的通俗解读与整合研究。

此外,本书时常可见南京地铁运营公司等等企业的名称,特别容易让读者误解为广告性质的功利动机。但我从 2009 年开始,即以南京地铁运营公司等等各类企业的相关咨询项目为研究样本,与其挑一些远在天边的案例,不如亲见、亲历的更显真切,况且,本书涉及的案例远不止书中涉及的咨询企业。我无意立言、立说,但至少应当立德,对管理者的实践负责。因此,在文字表述上,也许你会觉得本书更像一份 20 万字的讲稿。对的,大开方便法门,务求通俗易懂,是我讲课、咨询一贯追求的标准,而且,她是我本人在路上、深夜、凌晨……,一个字、一个字敲出来、改出来的。

通常的书籍自序总得说点自谦、感谢之类的话,但我的缺点之一就是不习惯将这类话语挂在口头上。在此,我只是真诚地期望广大读者批评指正,如果需要再版,我将细细修订;在此,我只是永远地感激每一个帮助过我的人,包括伤害过我的人,他们同样鞭策着我的前行。

缪剑鸣

2018 年 1 月 13 日于南大和园

目　录

第一章　再读"学习型组织" ……………………………………………… 1

　　第一节　回首往事:中国的学习型企业创建 …………………………… 1

　　第二节　寻根溯源:学习型组织理论 …………………………………… 3

　　第三节　系统解构:学习型组织 ………………………………………… 7

第二章　创建学习型企业 …………………………………………………… 21

　　第一节　创建学习型企业的基础条件 ………………………………… 21

　　第二节　学习型企业的建设模型 ……………………………………… 32

第三章　企业知识管理与学习型团队、学习型员工 …………………… 52

　　第一节　基础认知 ……………………………………………………… 52

　　第二节　企业知识管理的战略 ………………………………………… 68

　　第三节　企业知识管理的体系 ………………………………………… 69

　　第四节　企业知识管理的评估 ………………………………………… 72

　　第五节　企业知识管理的组织 ………………………………………… 74

第四章　知识识别 …………………………………………………………… 83

　　第一节　知识识别的标准 ……………………………………………… 83

第二节　知识识别的工具 ……………………………………… 95

第三节　知识识别的主体 ……………………………………… 120

第五章　知识沉淀 …………………………………………… 122

第一节　知识沉淀的内容 ……………………………………… 122

第二节　知识沉淀的方式 ……………………………………… 125

第三节　知识编码的形式 ……………………………………… 127

第六章　知识转移 …………………………………………… 139

第一节　知识转移的概念 ……………………………………… 139

第二节　知识转移的方法 ……………………………………… 140

第三节　知识转移的方式 ……………………………………… 146

第七章　企业自主培训体系 ………………………………… 154

第一节　学习平台 ……………………………………………… 156

第二节　培训师资 ……………………………………………… 237

第三节　培训课程 ……………………………………………… 241

第四节　培训工具 ……………………………………………… 275

第五节　培训制度 ……………………………………………… 285

第八章　知识创新 …………………………………………… 293

参考文献 ……………………………………………………… 296

第一章　再读"学习型组织"

第一节　回首往事：中国的学习型企业创建

20 世纪 90 年代，以美国彼得·圣吉教授的名著《第五项修炼—学习型组织的艺术和实务》的出版为标志，学习型组织理论开始系统化、学说化，并传入中国，随即在中国开始了惊人的传播和实践，其影响已超出管理界，辐射到整个社会，各种以"学习型"开头的名称，如"学习型社会"、"学习型城市"、"学习型社区"、"学习型企业"、"学习型学校"甚至"学习型家庭"等等，也纷纷出现在各种传媒。

中国的学习型企业创建，总体上经历了两次高潮、两次低谷，直到今天。

自从 2004 年初中央九部委联合发起了"创建学习型组织，争做知识型职工"的活动，各省市积极响应，将学习型组织建设推向第一个高潮。短短几年的热度过去，在 2008 年至 2009 年期间，学习型组织创建陷入低谷，相关的社会活动稀少，媒体消息不再多见，出版物也寥寥无几。2009 年 9 月，中共十七届四中全会明确提出了"建设马克思主义学习型政党"的战略部署；2010 年 2 月，中共中央办公厅下发通知，要求各级党组织积极建设"学习型党组织"，一时间，学习型组织建设又被推向了第二个高潮。但第二轮的运动式高潮，主体只剩下了党政机关和少数国有企业，而广大民营企业为主体的"学习型组织创建",直至今天仍然鲜有提及,更不用说主动发起、积极参与。

学习型组织建设的中国实践,问题主要在于理论上的狭隘、混杂,与实践上的泛化、虚化,其根源则是学习型组织理论缺乏概念的统一化、体系的简捷化、路径的清晰化、工具的实效化、实践的本地化。

从理论层面来看,将《第五项修炼》这部"方法论"之一直接作为"方法",将《第五项修炼》视为学习型组织实践的"圣经"即几乎理论的全部,忽略了系统学、组织学、组织心理学、组织行为学、知识经济学、知识管理学、认知心理学、思维科学、传播学等等相关支撑性学科的研究与应用,因而无法破除团队学习中的文化障碍、思维障碍,因而在没有完善激励机制的情况下,只能搞成运动式的"建立共同愿景"和所谓的"自我超越",无法在建构相关问题的知识体系前提下要求"系统思考"、改善"心智模式"……又如,忽视"学习"、"知识"、"学习型组织"等这些基础概念的辨析(概念是理论大厦的基石),导致学习型组织理论难以成为清晰的"理论"体系,更令实践层面莫衷一是,导致"你不说我还明白,你越说我越糊涂"的现象。

学习型组织理论是一门典型的综合性科学,研究视角多样,研究依据繁多,研究成果庞杂,因本书的目的重在应用即实践的有效性,故而笔者对全球学习型组织理论的研究现状不予详尽地阐释、分析。

从实践层面来看,例如,将学习型组织理论运用到"社会"、"城市"、"社区"这些相当复杂的巨系统,而忽视了这些复杂社会网中知识的人际传播、群体传播、大众传播,与知识的组织传播有着诸多核心区别,从而导致了这些"学习型××"的建设变成了徒劳无功的"群众运动";又如,将学习型组织建设肤浅地理解为提升个体能力的日常培训活动、阶段性的项目工作等,导致学习型组织的建设与公司经营管理严重脱节,这些都是理论上狭隘的表现;再如,家庭的核心功能并非对外创造效益或提供服务,将学习型组织理论延伸到家庭这样的非正式组织,搞所谓的"学习型家庭"建设,就变得价值不大甚至毫无价值。这些都是典型的实践泛化,当然也是没有清晰的理论指导的结果。

在第一次低谷期,2008 年底,却有一家企业——南京地铁运营公司[①]找到了南京大学政府管理学院[②],当时分管培训工作的常务副总经理张建平先生[③],希望为他们这家城市轨道交通运营企业提供咨询辅导,实现员工"学习积极主动,工作自动自发"的目标,以适应很快到来的南京地铁网络化运营、人员规模高速扩增、岗位技能须同步配套的中长期组织建设需要。

针对当时中国本地化学习型组织理论缺乏、中国企业普遍需要快速学习、适应变革的时代需求,南京大学于 2009 年初成立了学习型组织课题研究组,立足于知识经济时代,以企业的核心竞争力(包括公共服务部门的核心能力)的建设为研究目标,积极探索学习型企业的本质、功能、建设目标、指导理论、建设路径、实践工具等等,以期为学习型组织理论的中国化、系统化、实效化作出微薄的贡献。笔者有幸担任该课题组的主持人,承担该课题理论研究与实践验证的主体工作,并重点结合南京地铁运营公司的管理咨询项目,开始了这一横向课题的系统研究。期间综合了南京埃斯顿自动化、中国银行江苏省分行、联合工业(亚洲)公司等等诸多民企、国企、外企的咨询实践与样板建设。

第二节 寻根溯源:学习型组织理论

作为一个学术概念,"学习型组织"本质上属于组织理论的范畴,来源于"系统动力学之父"——美国麻省理工学院的佛睿斯特教授。在他 1965 年的论文《企业的新设计》中,佛瑞斯特教授运用系统动力学原理,构想出未来企

---

① 时名:南京地铁运营分公司,是现南京地铁集团直属的地铁运营企业。
② 原名:南京大学公共管理学院。
③ 张建平先生,现任南京地铁集团副总经理、南京地铁运营有限责任公司总经理。

业组织的理想形态——层次扁平化、组织信息化、结构开放化,逐渐由从属关系转向为工作伙伴关系,不断学习,不断调整结构关系。这是关于学习型企业的最初构想。佛睿斯特教授不仅首创了学习型组织的概念,他更大的贡献在于以系统学的视角,预见了未来的企业组织结构,此后各类扁平化组织的概念提出与企业实践,无不验证了佛睿斯特先生的先知先觉。

此后,鲍尔·沃尔纳(Paul Woolner)以实证研究法,深入观察、分析了许多企业的教育培训活动,提出了创建学习型组织的"五阶段"模式。根据沃尔纳的"五阶段模型",组织学习一旦发展到第五阶段,其组织系统、结构和过程就十分有利于组织真正成为学习型组织。沃尔纳的贡献在于,根据企业成长的一般规律,从培训管理的角度提出了学习型企业创建的基础之一,以及企业学习管理的成长路径,并提供

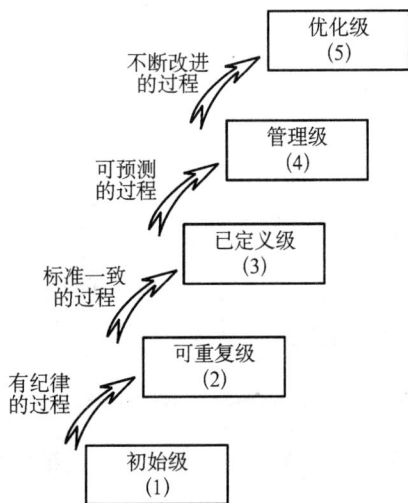

图 1-1　管理成熟度模型

了类似管理成熟度的五级分类标准:初始级(或反应级)、可重复级、已定义级、管理级、优化级(或称自主级)[①]。(见图 1-1)沃尔纳的"五阶段模型",虽然没有直接触及学习型组织理论体系,但从企业培训的角度提出了学习型组织创建的基础和前提。

其后,约翰·瑞定(John Redding)教授的学习模型[②],主要从战略规划理论的角度,分析组织学习的各种模式以及学习型企业的基本特点,提出了被称为"第四种模型"的学习型组织理论。约翰·瑞定认为,组织的未来生

[①]　该提法系作者总结,并非沃尔纳教授的直接表述。
[②]　通称"瑞定学习模型"。

存能力取决于组织能否实现系统的快速变革,因此,成熟的学习型组织包括:(1)持续准备。组织战略始终处于持续的准备阶段,人们广泛关注组织与环境的协调,不断地对组织行为提出质疑,从而使组织始终适应多变的环境,应对环境的挑战。(2)不断计划。组织行动计划始终处于开放的、灵活的状态。(3)即兴实施。鼓励员工充分发挥潜能,创造性地开展工作,使整个组织活动成为一项创造性事业。(4)行动学习。组织成员在行动中学习,及时对行动作出反省并改变决策,以利提高组织效能 。所以,学习型组织正是通过持续准备、不断计划、即兴实施,完成了一次又一次的改革,从而不断调整组织战略,使组织获得创新与发展,并显现出生命活力。约翰·瑞定的学习理论,已经体现了企业环境导向的全员学习、终身学习、全程学习、动态学习、团体学习、行动学习,为学习型组织理论作出了伟大的奠基贡献。

然而,目前全球工商界认为将学习型组织理论首次理论化、系统化的,是学习型组织概念的创始人佛睿斯特教授的学生——彼得·圣吉,他于1990年完成其代表作《第五项修炼——学习型组织的艺术与实践》,2009年中文版进入中国。

彼得·圣吉认为,企业面临变化剧烈的外在环境,组织应力求精简、扁平化、弹性因应、终生学习、不断自我组织再造,以维持竞争力。

当时中国工商界普遍关注、尝试圣吉提出的学习型组织五要素:系统思考、自我超越、心智模式、共同愿景、团队学习,将学习型组织的创建停留在教育培训层面,或者说是将教育培训理解为学习型组织创建的核心手段,却忽略了圣吉最核心的一些观点——也是学习型组织建设的一些前提:

学习型组织废弃了使管理者和工人之间产生距离的纵向结构,
同样也废弃了使个人与个人、部门与部门相互争斗的支付和预算制度。团队是横向组织的基本结构。

部门之间的界限被减少或消除,而且组织之间的界限也变得更加模糊。公司之间以前所未有的方式进行合作,新兴的网络组织和虚拟组织是由若干个公司组成,它们就是为了达到某种目的而联合起来,这些新的结构提供了适应迅速变化着的竞争条件所需的灵活性。

学习型组织不存在单一的模型,它是关于组织的概念和雇员作用的一种态度或理念,是用一种新的思维方式对组织的思考。在学习型组织中,每个人都要参与识别和解决问题,使组织能够进行不断的尝试,改善和提高它的能力。学习型组织的基本价值在于解决问题,与之相对的传统组织设计的着眼点是效率。

"自主管理"是使组织成员能边工作边学习并使工作和学习紧密结合的方法。通过自主管理,可由组织成员自己发现工作中的问题,自己选择伙伴组成团队,自己选定改革、进取的目标,自己进行现状调查,自己分析原因,自己制定对策,自己组织实施,自己检查效果,自己评定总结。团队成员在"自主管理"的过程中,能形成共同愿景,能以开放求实的心态互相切磋,不断学习新知识,不断进行创新,从而增加组织快速应变、创造未来的能量。

这些观点集中表明了:建设学习型企业,首先需要真正实现扁平化的组织结构,需要通过系统流程彻底打通企业的经络,以消除"部门墙",现实中的部门、跨部门项目组及其员工,是一种真正的自主管理,他们思考的原点是环境和顾客(包括内部客户),他们的日常工作就是问题管理。从这个意义上理解,成功的阿米巴组织就是一种学习型组织。学习型组织的标志,并非肤浅意义上的各类学习培训活动。显然,根据这样的理解,单纯的教育培训是不可能系统、有效地创建学习型企业的,除非教育培训主体的活动是问题管理与行动学习,以及不断的知识共享与知识创新[①]。

从理论的应用角度来看,现有的学习型组织理论很难在中国本地化应用。一是学习型组织理论发端于西方,研究样本基于国际化企业、成熟期企业、欧美企业文化,仍然难以适用于广大的中国企业、成长期企业、中国传统文化。二是由于东西方思维模式、理论范式的差异,西方的学习型组织理论不容易被中国人系统理解。三是以圣吉为代表的学习型组织理论,更多是"道"和"术"的层面,中国学术界、咨询界普遍没有将学习型组织理论中国化、本地化,没有结合广大中国成长期企业的特点和需要,深入到"器"即管理工具的层面[②]。这就为南京大学学习型组织课题组指明了研究方向。

第三节　系统解构:学习型组织

笔者管见,系统学、哲学、美学、伦理学、史学,是统摄社会科学的五大横断性科学。系统学致力于世界和人生"是什么",哲学的使命在于回答"为什么",美学则需要不断回答基于价值判断的"标准",伦理学则重在解决"目的与手段"或者理解为"怎么做",史学则可以看作前四门横断性科学的"案例学"。

---

①　本书第八章"知识创新"部分将与您重点探讨以问题管理、行动学习为核心方法的知识创新。

②　《第五项修炼——学习型组织的艺术与实践》2009 年全新扩充修订版中文版序,彼得·圣吉:"过去十年间我曾听中国朋友讲,《第五项修炼》的理念与'我们的传统的思考方法非常和谐一致'。对我个人来说,这是个很让我欣慰并富有启发性的经历。但在中国,理论和实践之间有一定的差距。因此,核心任务是把传统中国文化对系统世界观和个人修炼的理解,转变为在真实的组织环境中的实践。"

因此，笔者尝试以系统学理论解构"学习型组织"。显然，学习型组织不再是一种"他组织"系统，而是"自组织"系统。

20 世纪 60 年代末期，德国理论物理学家 H. Haken 提出，从组织的进化形式来看，可以把它分为两类：他组织和自组织。如果一个系统靠外部指令而形成组织，就是他组织，例如包办婚姻、指令性劳动；如果不存在外部指令，系统按照相互默契的某种规则，各尽其责而又协调地、自动地形成有序结构，就是自组织，例如自由恋爱、默契的项目团队或单元式作业组。笔者在家里长年累月、从早到晚只能忙于和文字打交道的知识工作，各种家务活儿基本都是父母、妻子去打理，他们没有统一的部署和规定的流程、明确的分工，更没有任何奖罚措施，却在每天的每一个时间点，都知道应该做什么、应该帮助别人什么，共同默契地料理完各种琐碎的家务，遇到各种问题七嘴八舌地讨论，或自动交给某一位决策，让日子一天天过下去。这就是区别于他组织的自组织状态。

自组织理论的研究对象，就是复杂自组织系统（生命系统、社会系统）的形成和发展机制，即在一定条件下，系统如何自动地由无序走向有序，由低级有序走向高级有序。

对任何一家正式组织来说，他组织永远是常态，而纯粹的自组织永远是一种理想状态①。但自组织的特征越明显，组织的管理难度就越低、运行效率就越高。这对于每一位企业家和经理人来说，都是永恒的管理追求。

学习型组织是一种社会科学领域的自组织，我们可以根据自组织的普遍特征，探索学习型企业建设的配套管理手段，从而提供企业团队与员工踊跃参与学习型组织建设的良好环境。

---

① 这种理解对社会组织来说，也意味着：自组织包括学习型组织的建设，需要首先从他组织的建设与管理打好基础，不断推动团队、个体由他律向自律转变。

——学习型组织建设的客观规律之一就是,从环境到个体,从上层到下层。单纯寄望于自下而上的文化变革和组织变革,单纯寄望于员工的自动自发,管理成效几乎为零,管理成本极其高昂且是浪费。这也是中国企业在既往的学习型组织建设中,着力于团队层面、员工个体的系统思考、自我超越、改善心智模式、建立共同愿景、开展团队学习而归于失败的重要原因。

——他们没有看到,圣吉研究的样本企业均已具备良好的管理基础。

——圣吉的《第五项修炼》,本质上只是可供选用的一种指导思想,其"左手栏"、"阶梯思考"等等,并非学习型组织建设方法和建设工具的全部,而且只是一些极为有限的工具探索,或者说是一些思维模式。

那么,自组织系统的特征是什么?(见图1-2)分别有哪些管理手段可以强化相应的自组织特征呢?

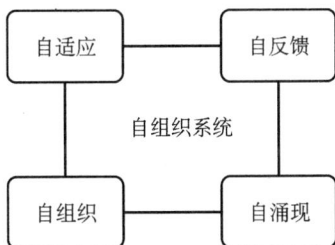

图1-2　自组织系统的特征

一、自适应

自适应,是指系统及其组分[①],自动调整自己的行为与行动,以适应外部环境及其变化。

从笔者的咨询实践来看,一家企业更敏捷地实现对企业环境的自适应,依逻辑顺序,至少需要做好以下九个领域的管理。(见图1-3)

---

① 不同情形下又称子系统、基元、模块等等。例如:企业系统中的员工、企业的项目团队。

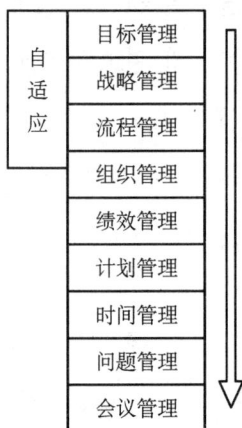

图 1 – 3   企业自适应的管理领域

目标管理。企业需要站在环境即行业趋势、顾客需求、市场竞争的高度，锁定顾客价值，设定并不断调整企业的经营目标，以及配套的内部管理目标。管理目标脱节于经营目标，或不能全面支撑经营目标，是企业目标管理的首要通病、最大通病。

战略管理。围绕各阶段的经营目标与管理目标，企业则需要根据自身的资源和能力，确定合适的经营战略，以及与之配套的管理战略，例如营销管理策略、招聘策略、薪酬结构策略、绩效管理模式、培训开发手段。

流程管理。当环境、目标、战略发生变化，企业则须调整相应的业务流程与管理流程。一成不变的流程不仅降低企业效率，更是企业走向消亡的重要原因之一。显然，不经常审查、修订流程的企业，没有专门的、称职的流程管理部门的企业，都是阻力重重甚至危机重重的企业。

组织管理。组织结构即"人的结构"，应当配套于流程结构即"事的结构"。因此流程发生变化，组织结构亦须相应调整，未必就是组织架构图的调整，关键在于责任线、权力线、资源线、信息线的相应调整，以及人岗匹配导向的人力资源结构调整。否则滞后的组织结构将是流程的绊脚石甚至拦路虎，先考虑组织结构后考虑流程结构，也是中国企业在企业结构方面的通病。

绩效管理。绩效管理通常起始于年度经营管理目标的分解——年度经营管理指标。当经营管理目标发生了变化,绩效管理也需要随之而变,有时甚至是绩效管理模式的改变,例如全面绩效管理、卓越绩效管理向敏捷绩效管理的模式转变。对于另外一些组织和团队来说,去 KPI 理念已经成为一种呼声和趋势,这在要求充分授权的团队、负有挑战性目标的团队,尤其是各类知识型组织与知识型团队中尤为明显。

计划管理。无论将绩效管理工作理解成哪些任务模块,绩效管理的核心功能在于预设结果的管控。而过程的实现与控制,则需要计划管理。而计划管理与绩效管理的脱节,则是中国企业的又一通病,中国企业普遍经不起这样的拷问:各部门、各岗位的月度计划任务是否是经营绩效指标的保障措施与行动分解? 此外,随着敏捷绩效管理模式的出现,敏捷计划管理已在一些企业中大胆实践、屡见成效。

时间管理。如果说其它各种管理手段都在解决企业系统的空间结构[①]、思维结构[②],那么时间管理则是解决企业系统的时间结构。通俗易懂的理解则是,任何计划任务都是需要时间去完成的,事实上,组织、部门、团队、个人的时间管理,已经困扰着广大企业。

问题管理。在从目标管理到绩效、计划、时间管理的逻辑顺序中,企业总会遇到来自内部、外部的各种障碍,这就是这样那样的"问题",我们采用就事论事、解决问题的"问题解决"模式,还是借助问题、优化系统的"问题管理"模式? 遗憾的是,大多数企业的理念和行动仍然停留在前者,导致再生问题层出不穷。即使推出各种叫法的"改善行动",往往多是阶段性、局部性、运动式,缺乏常态化、系统化、机制化。

会议管理。企业内部管理的各种会议,主要包括计划管理、问题管

[①]　容易理解的如流程结构、组织结构。

[②]　例如问题管理机制。

理、团队学习三种会议。计划管理会议主要解决目标设定、战略策划、计划统筹、任务分工、阶段总结、后续行动方案或目标调整,问题管理会议主要解决各类常规任务、特定项目的问题以及其它突出问题,优化经营管理系统,团队学习会议则重在提升团队协同的理念、知识和技能。从学习型组织的自适应特征来看,则需要企业围绕环境、目标、战略决定的阶段性重点,提升这三种会议的效率与效果。现实中这三种会议,已经成为许多高效能工作者的噩梦,或者疲劳状态下的休息室,或者官僚主义者的身份象征。

二、自组织

自组织,是指系统包含的各主体、各运动变化的子过程之间自发地协作、竞争,使过程从无序演化为有序。这种能自行产生的组织性和相干性[①],就是自组织现象。音乐响起,混沌的舞池中,一对对舞者很快就组成了协同有序、互不碰撞的画面,这就是自组织现象。整个企业,直到每个部门、班组、项目团队,围绕企业目标或客户需求,自发地分工协同、共达目标,这就是企业经营管理者与广大员工梦寐以求的人类理性的自组织现象。

根据笔者的咨询实践,企业至少需要在组织、人力资源这两个管理领域助力于自组织特征:

组织管理。以自组织为目标的组织管理,首先需要真正实现组织结构的配套,为企业系统的成员提供良好的组织环境。显然,官僚制为特征的直线制、职能制、直线职能制、事业部制,在其它条件具备的情况下,只有可能实现系统局部的自组织,例如自动自发的部门、项目组、事业部,而整个

---

① 作为物理学概念,相干性是指为了产生显著的干涉现象,波所需具备的性质。更广义地说,相干性描述波与自己波、波与其它波之间对于某种内秉物理量的关联性质。相干性又大致分为时间相干性与空间相干性。在管理学的组织理论中,这种相干性指的是组织成员之间基于特定关联性的互相影响。

企业则难以成为自组织系统;事实上,在这种组织结构的企业中,如果部门、项目组、事业部的内部仍以官僚制建构组织,那么他们的内部总体上也不可能出现自组织现象。

于是,现代组织结构开始演化出日本钢铁公司、美国康宁公司那样的模拟分权制,进而出现更多的矩阵式、扁平式和形形色色的网络式社会组织,近几年则开始出现日本京瓷的阿米巴组织、南京地铁运营公司不懈追求的细胞体班组。在这样的组织当中,围绕目标的自组织特征则开始突显。令人回味的是,许多不重视基层组织建设、项目过程控制的企业,其班组、项目团队反而容易出现程度不等的自组织现象,尤其是单元式作业的班组、只考核结果的项目团队[①]。个中缘由,在于企业的充分授权甚至彻底地分权。这些现象就给了我们一个启示:权力对责任的充分配置,即基于信任的充分授权、高度分权,反而容易从组织管理的角度催生自组织现象;强调通用于企业各领域的所谓精细化管理,即笔者认为的过度管理,往往成为自组织的桎梏[②]。上级必要的"无为而治"、下级充分的自主空间,反而使组织充满活性。大量的组织实践告诉我们,对"人"的管理领域,有效模式往往是目标管理与人本管理,科学管理与问题管理更多地适用于"事"的领域。

当然,我们也不能将物理学的混沌理论随便套用在管理领域,而走向另一个极端——无序。物理系统的混沌是内在的、固有的,而不是外加的、外生的,而在企业和其他社会组织中,混沌管理并非最优,而且容易滋生大量的不确定性。耗散结构理论也告诉我们,不管是什么系统,欲维持这种有序结构,

---

① 为避免读者误解,笔者有必要提醒的是,这些效果往往需要员工较高的职业素养和较强的职业技能、企业资源的充分配置、合理的激励机制等等管理要素的配置。

② 《第五项修炼——学习型组织的艺术与实践》2009年修订版序言,彼得·圣吉:"我深信,流行的管理体系的核心问题是致力于使一切趋于平庸。它迫使人们越来越辛苦地工作,以弥补一种缺失,即人们在一起共同工作处于最佳状态时所特有的精神和集体智慧的缺失。这一点戴明看得很清楚,我现在也深信不疑。"

都必须不断地对系统做某种形式的功,系统需要不断地"耗散"能量。这就意味着企业经营管理者的无为而治是相对的,持续的管理努力始终是必需的,是企业系统自组织"进化"而必需的"能量"。

自组织的方法论,要求我们在企业管理中从整体出发,将企业运行看作他组织向自组织演化的过程,并遵循所在企业的演变轨迹和现状特点,顺势利导,采取恰当的管理措施。许多空降职业经理的"三把火"、许多企业的突进式变革之所以失败,其认知根源往往是没有看清这一点,没有平衡好他组织管理与自组织管理的投入。

人力资源管理。针对中国企业的实际,人力资源管理需要首先解决合理的薪酬机制,为员工至少提供足够的保健因素即生存基础;绩效指标则需要遵循跳摘原理而合理设定,过低于和过高于员工能力的绩效指标将失去激励功能,及时、必要的绩效辅导亦不可缺失;良好的员工职业发展体系,将员工的工作动机调整到组织目标的方向,则是极其重要的中长期激励要素;因招聘或培训导致的员工胜任力不足,这样的组织即使被贴上"学习型组织"的标签,也是完不成组织绩效的;中国企业普遍忽视的还有员工关系,员工之间的人际和谐与良性协同,同样是管理者的人力资源工作重心。

三、自反馈

自反馈,是指系统运行的结果(或部分结果)又成为本系统进一步行动的条件或原因。企业管理领域中通俗的理解是,在企业与环境的互动当中,在企业成员之间的人际互动当中,信息发送者和信息接收者之间的行为反应和行动反应。自反馈是自组织的自我调节现象。

根据笔者的咨询实践,从企业这个一级系统的层面来看,企业至少需要在信息管理领域助力于自反馈特征,反馈的结果并与自组织特征所需的九种管理手段相衔接。

　　信息管理。作为一种巨系统,企业已经不是一般的复杂适应性系统①,而是加入了"人"的因素的、开放的复杂巨系统。复杂巨系统不仅子系统的数目众多,而且行为更加复杂,它们相互之间的关系和规律通常不十分清楚,而且形成了系统结构的多个层次②。

　　开放是为了强调复杂巨系统与环境之间存在着大量的物质、能量和信息的交换,外界与系统的相互作用往往决定了系统的性质、特点和演化行为。我们知道,现实世界是由物质、能量和信息三大要素构成的,由于物质不变、能量守恒,即使是开放的复杂巨系统,它们与外界环境之间的物质和能量交流也是有限的;只有信息是不守恒的,可以共享和增殖。所以在交流中开放系统与环境的信息交换就愈显重要,一般越是复杂的系统,它们与环境的信息交换就越为显著。系统与环境进行信息交流,受数量和方式、信息通道、信息对子系统的控制等各种因素的影响,这些都会使开放的复杂巨系统在演化时的特点和性质表现出很大的差异。因此,即使不是以学习型组织为建设目标的企业,也需要尊重这种客观的系统规律,高度重视企业的信息管理。

　　这里的信息,不是当今中国企业肤浅认知的、基于 OA、ERP、MIS 等各种 IT 手段的管理信息系统所传递的内容,而是广义的信息概念。关于信息的概念,学术界尚无一致公认的定义,说法不下百种。但在人类社会的范畴,对信息最通俗的理解则是,人类社会传播的一切内容。信息对人类的价值,在于通过这种"人和外界相互作用的过程中交换的内容的名称"③,减少或消除人们对事物了解的不确定性④,从而更有效地建构人在系统中与其它子系统的联结,并作出有利于自身的行为与行动。

---

　　①　例如人体、生物体等系统。

　　②　正是基于此,笔者在撰的《企业系统管理初探》一书,试图从企业的管理领域和管理手段这一视角,剖析企业系统的结构、机理、功能和涌现。

　　③　1950 年维纳在《人有人的用处》中对信息的定义。

　　④　信息论的创始人香农在著名论文《通信的数学理论》中对信息的定义。

在现实的企业当中,基于 IT 载体的信息通道只是信息管理的一小部分,那些无处不在的指令、数据、资料、消息、情报、密码、知识、档案也只是信息的载体,要让企业更符合系统的开放性规律,企业需要认真分析、深刻洞察各类信息主体,包括以集团、子公司、分公司、部门、项目组、班组等等形式出现的正式组织,也包括各类基于情感、兴趣、爱好结成的小组、协会、"团伙"等等非正式组织;为他们设计合适的信息通道、信息载体,界定信息的内容和数量,并保障信息的充足性和及时性。一个有效的企业组织,除了时刻关注企业和环境之间、员工和顾客之间的信用秩序①,也会同时注重企业中社会网②与非正式组织的洞察,关注员工之间、部门之间、员工和企业之间的信用秩序。顺便提及的是,人力资源管理者包括每一个负有人力资源管理责任的管理者,都需要从这个高度做好员工关系管理。

四、自涌现

涌现,是系统学的一个特定概念,类似于哲学中的量变到质变的现象。自组织产生的涌现,就是子系统甚至整体系统的"结构优化和功能强化,是系统自组织演化最辉煌的成果"③。

对于企业来说,从实践的角度来看,可以通过以下八个或其中一部分管

---

① 信用,是指参与经济活动的当事人之间建立起来的以诚实守信为基础的践约能力。信用秩序,则可以理解为当事人之间的权利义务关系,是合作还是不合作的,是高效的还是低效的。

② 罗家德《社会网分析讲义(第二版)》再版自序:"……近年来社会网的主要发展正是动态网与复杂网,其核心内涵就是自组织。所以我在本书中加了第三章,谈社会网理论如何沟通集体与个体、结构与行动,……经过十多年对中国组织现象的研究,我发觉中国管理之本质在于对自组织的治理,……这样的组织结构说明了中国人善于自组织,到处结合成独立的群体,再合纵连横出组织网络。如果一个中国组织由上到下层级控制过严,不给底层自组织的机会,则中国人一定会在层级内搞抱团、建派系,甚至演变成"藩镇割据"或"军阀内战"的结局。这种现象也再一次说明了中国人自组织的能力与欲望,压也压不住。自组织不但是理解中国组织现象的关键,也是解开中国社会现象之谜的一把钥匙。

③ 杨桂通,《涌现的哲学——再学系统哲学第一规律:自组织涌现律》。

理领域的努力,不断催化组织各领域、各层次、各主体的量变和质变。(见图
1-4)

图1-4 企业自涌现的管理领域

流程管理。流程是企业"事"的结构,是企业的工作方式,事关企业的整
体效率。现实中太多的企业,部门内部的流程较为完善,而整个企业的"大流
程"则被"部门墙"、本位主义的"部门职责"、"岗位职责"分割得支离破碎。对
中国企业来说,流程管理几乎是一个通病。根据笔者的观察研究与咨询实
践,中国企业在流程管理方面的常见突出问题,一是建设路径上先管理流程、
后业务流程,或者管理投入上重管理流程、轻业务流程,用行政审批、财务监
督等管理流程制约了业务流程。二是重视部门流程,忽视或者不善于设计、
优化企业流程。中国企业亟须站在企业价值链的高度,直面环境和顾客,切
实反思自身的业务流程,推倒部门墙,进而设置配套的管理流程。三是将流
程设计、流程优化简单地等同于流程细化,而不考虑减法以保障流程的高效,
结果流程管理投入越大,流程环节越为复杂,现实效率愈显低下。崔西定律
告诉我们:任务难度=步骤^2。繁简得当的流程步骤,一般仅须考虑某个任务
项必要的启动点、关键操作点、关键支撑点、监督点和决策点即可[①],与此无
关的环节和事务尽可忽略,不了解具体情况、没有参与必要的部门、岗位均可

---

① 事实上,大多数流程仅需启动点、关键操作点和决策点即可。

忽略。四是流程设计与优化缺少 5W2H 法[①]的应用,导致许多流程文件仅是一张美丽的流线图,成为纯属资质认证的工具与档案管理的对象,甚至无法转化为车间、写字间的作业指导书。四是一次到位、不再修订。环境向企业内部的传导效应,要求企业不断审视、持续修订相关流程。可喜的是,已有一些中国企业设立专门的流程管理职能甚至部门,并开始建立流程管理机制,以持续保障企业流程的外部适应性与内部合理性。当然,这也不是专属于流程部门的工作,而是各部门经理的常规职责。

组织管理。组织,是企业"人"的结构,是企业的决策方式。中国企业与西方企业的管理差距之一,就是缺乏将人"组织"起来的能力,即缺乏将个体整合成正式组织的能力。其根源除了几千年封建等级文化的影响、中国人习惯于非正式组织的文化惯性以外,另有几个常见的主要原因:一是不善于界定各层级的职责。企业决策层或经营层的视野更多在于内部的日常管理,而不是外部的环境、趋势、顾客、竞争、资源;管理层或职能层的精力大多在于繁复的文档与无聊的会议,而不是企业的生产力水平、运营效率、组织能力与员工个体能力,不是对上规划参谋,对下监督、指导、支撑;执行层或操作层更多在于机械的任务执行,而缺乏品质、进度、成本/效益的强烈意识与切实行动。二是不善于配置权力。权力的配置包括集权、授权、分权三种,中国企业善于集权,而不善于根据职责和任务的重要性、任务执行人的能力和道德这三大要素,合理地授权甚至大胆地分权。三是忽视资源、信息的配置。组织管理不是脱离"事"的、单纯的人的管理。中国企业普遍忽视部门职责、职位说明书对岗位职责的资源配置、信息来源的界定,忽视日常工作中对相关任务的资源支撑与信息支撑。

[①]　5W2H 法,即 who(主体),when(时间),where(地点),what(内容),why(原理、原因等),how to(路径、方法、工具等),how much(标准、数值等)。5W2H 法,又叫七何分析法,是二战中美国陆军兵器修理部首创。简单、方便,易于理解、使用,富有启发意义,广泛用于企业管理和技术活动,对于决策和执行性的活动措施也非常有帮助,也有助于弥补考虑问题的疏漏。

文化管理。自组织成员之间的关系是竞合关系,即竞争与协同的关系。作为学习型组织,要保持其组织活性,就需要组织成员之间的良性竞争,因此,竞争文化的营造,是企业成为学习型组织的重要手段之一。以质量、进度、成本、效益为管理导向的各类劳动竞赛、绩效排名、演讲比赛……,就是创造竞争关系的有效手段。但是,许多企业党政工团设计的各类竞赛,常常忘记了这四个导向指标。

学习型组织的成员同样需要协同,因此,保障实时有效反馈的沟通文化,也需要无时不在、无处不在。沟通文化的价值,不仅在于组织成员彼此之间的坦诚交流,消除误解,建立充足的信任关系,也在于组织成员在任务协同中的信息对称,保障效率与效果。沟通不足的组织,将充满猜疑、谣言,从而导致流程文件、制度标准无法有效落地。

学习型组织的自涌现功能,更多地体现在各领域持续的量变到质变,周而往复,迭代提升。因此,从车间交班会到各部门、各项目组、全公司各种计划总结会议的 C(检查、反思)和 A(改进,再行动),从提案行动到改善行动,都是培育创新文化必不可少的常规手段。"每天进步 1‰",就是一条很不错的口号。

绩效管理。单纯地靠员工自动自发,组织绩效将永远停留在历史水准。因此,企业还需要通过绩效指标的不断丰富、绩效指标值的持续提升,推动全员不断提升组织绩效,这才是学习型组织的终极目标之一。

标杆管理。晓之以理,动之以情,曾经是改变员工态度和动机的中国式管理手段,事实证明,这种手段并不能真正地、根本上实现"说服"效果,而榜样的力量,却得到了心理学实证研究的支撑。根据从众心理,在各个细分领域创造羊群效应。许多企业尤其是民企,往往忽视党政工青妇团体策划的这类活动,文化管理、标杆管理的作用是巨大的。

问题管理。问题管理的魅力,在于它不是就事论事、解决问题,而是借助问题、优化系统,笔者在课堂上经常讲到一盏电灯不亮的案例,对此进行问题管理的结果,可能是采购供应链系统的优化,也可能是质量巡检系统的优化,有时甚至是人力资源管理队伍的优化——HR对电工的打击报复。问题管理机制直接推动企业的系统优化。

知识创新。虽然知识管理包括知识的识别、沉淀、转移、创新、资产,对创建学习型组织所需的自适应、自组织、自反馈、自涌现都有直接而重大的推动作用,而且本书的重点之一,就是与读者探讨如何运用知识管理手段,创建学习型企业。但对自涌现而言,大部分知识管理一般作用于学习型团队与学习型个人,而知识创新对学习型组织的推动功效则更为直接,甚至可以说,知识创新是自涌现的重要手段。

第二章　创建学习型企业

第一节　创建学习型企业的基础条件

要让企业这个他组织的自组织特征持续增强,焦点在于组织成员即企业员工的立场。立场决定了动机、目标和行动,只有员工分析问题、解决问题的立场在于企业,或者至少都有企业因素,学习型企业的创建才具备了根本的可能性。设想员工凡事的立场都只有自己,谈何为企业奉献?谈何与同事和谐配合?仓廪实而知礼节,我们不能用超越经济利益的道德观苛求员工,寄望于员工的无私情怀,因为,严谨的自律,对大多数员工是不现实的,即使一时具备,亦不长久。学习型企业需要每一个员工的立场至少都有企业。

创建理想状态的学习型企业,首先需要培育员工对企业的忠诚度,这就牵涉到员工的职场管理。员工职场管理,绝不仅是员工自身的要求与行为,更是企业应当主动实施的管理手段。我们总是希望广大员工能够忠诚于公司,以司为家、爱厂如家,都有主人翁意识。愿望是美好的,但我们企业又主动为员工做了多少、从而与员工建立了真正的心理契约呢?职场管理,需要我们为员工做好职业环境、职业平台与职业发展这三大工作,以切实提高员工的忠诚度。这也可以看作员工忠诚度的建设

模型。（见图 2 - 1）

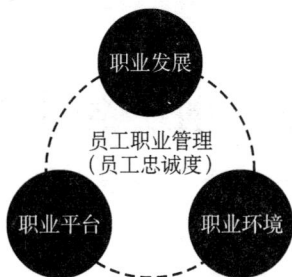

图 2 - 1 员工职业管理任务模型

一、职业环境

1. 品牌荣誉

品牌荣誉没有必要完全来自辉煌的业绩与行业地位。稳定的发展态势，任何企业即使初创期的小微企业，都可以为员工带来品牌荣誉感。创业者、企业家的品牌知名度，优良的产品品牌，都可以创造这种品牌荣誉感。对有条件的企业来说，款式美观、质地优良的工装，也能让员工下班途中仍然愿意穿在身上。

2. 公司治理

公司治理，不仅是股东、高管的"专利"，其实质是全员的利益分配机制。企业需要合理、完善的利益分配机制，具备正激励功能，这是起码的共识。

但许多企业在薪酬设计中，主要参照区域、行业的薪酬水准，似乎忘记了广大员工因物价通胀导致的生活安全需求。我们可以提倡革命先烈的无私情怀，但将此作为一项现实推行的道德要求，是一种时空条件变化后的刻舟求剑思维。这种企业文化的虚伪性，只会招致员工的反感与抵触。

因此，我们也可以理解为，广大初创期、成长期企业，广大中小企业，应当而且可以开展学习型企业的创建,或者借鉴本书的一些观点和做法,但不宜将学习型企业的创建作为一项管理重心,除非薪酬预算能够提供让员工满意的薪酬水准。

3. 企业流程

员工在每天的工作中、大量的事务中,都需要发挥所谓的协调能力,为企业的部门墙、岗位沟付出额外的精力,为所谓的精细化流程增加无用功,这样的职业环境只能让员工心累,只能让组织氛围充满抱怨甚至愤怒,然后是无奈、离职或者开始敷衍、应付、拖延。

4. 组织结构

显然,权责匹配、沟通顺畅,是令人舒畅的职业环境要素;如果加上必要的自主空间,则更有一种自由感。并非组织结构问题全部的概括,但职能层有权无责,而执行层有责无权,倒是一种普遍现象。事无巨细的工作日志、每一步骤的质量监督、高度集权的请示汇报机制,对于企业写字间里的知识型员工来说,每天无异于噩梦,事实上,技术含量很低的劳动密集型岗位也希望足够的自主空间。

5. 企业文化

这里的企业文化,重点是核心价值观与文化氛围。作为经验总结,笔者认为至少要做好四个方面,为员工营造良好的职业环境。

一是人本文化,即对"人"的管理,原则上目标管理、人本管理为主,以结果为导向,尊重员工的感受和欲望,给予必要的自主空间,即使对体力型员工亦须如此。只有对"事"和"物"的管理,才可以采用过程控制为主的科学管理、持续改善导向的问题管理。

二是任务导向。首重问题解决而非问责处罚,提倡对事不对人。这样的氛围下,越来越多的员工才能对任务负责,而不是推诿责任、逃避问题。

三是君子文化。杜绝小人文化,以德为先或德能并重,招聘甄选中考察、任用道德高尚的员工,将包括价值观在内的职业素养作为日常考察的重点内容[①],对拉帮结派、挑拨是非、制造谣言、颠倒黑白、刁难推诿、打击报复、贪污公财、行贿受贿等等各种动机不良的小人行为,坚决惩处甚至辞退,培育人格高尚、气质优雅的君子型员工队伍。

四是文化诚信。公司写在手册、贴在墙上的核心价值观和各种理念,是通过各种标准、制度体现的,是每一位管理者、老员工身体力行的,是由文化管理职能实时监督、及时矫正的。正派的员工不愿意在一个虚伪的文化氛围中长期工作。(见图2-2)

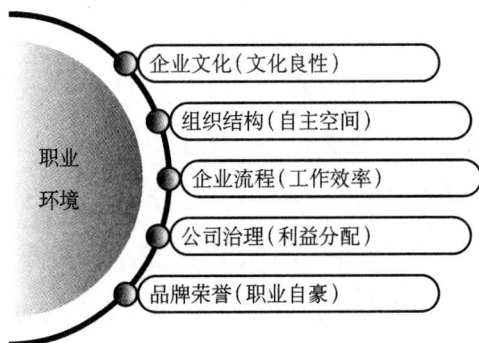

图2-2 员工职业环境建设模型

二、职业平台

企业能否成为员工愿意停留甚至为其长期奉献、终生付出的职业平台,事关学习型企业的创建主体是否充满主观能动性。一个离职率很高的企业或岗位,只能依靠成本很高、手段繁复的他组织控制手段维持现状,不可能开展学习型企业这种自组织系统的建设。同样是经验总结,笔者认为,企业可以从以下五个方面打造员工的职业平台。(见图2-3)

---

① 对员工职业素养、企业文化这些看似无形因素的准确评价,一直是困扰广大企业的难题。如何将职业素养、企业文化行为化描述、绩效化考核,并建立配套的评价体系,笔者将在后续拙著或培训、咨询中与读者交流探讨。

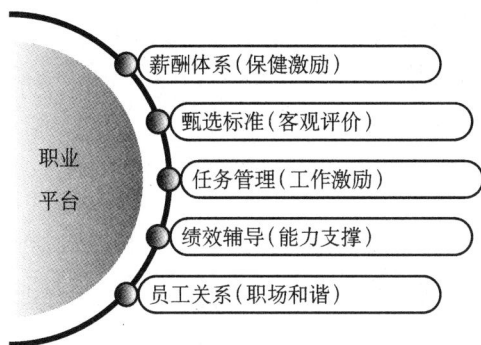

图 2-3 员工职业平台建设模型

1. 薪酬设计

在开始步入数字化、智能化的中国工业 4.0 时代的当今,更大的贫富差距似乎已经成为一种趋势,除非国家同步提升公民福利水准,创业环境持续改善,创业、就业机会相应增多。因此,薪酬的保健功能,对员工队伍的稳定性更显重要,区域生活水准与行业薪酬水准,已经成为薪酬设计与调整的重要依据。

一个积极向上的企业,一个意欲打造学习型组织的企业,还需要充分发挥薪酬的激励功能,无论绩效工资还是绩效奖金,公平的分配机制,权重导向合理的奖励机制,都很关键。

谈到薪酬激励,现实中一些企业忽视了激励对象的甄别,能干事、想干事的员工固然是激励对象,但对少数综合素质尤其是现代职业理念很差的员工,例如固有观念上抱陈守缺、不求进取、得过且过的员工,薪酬激励反而起到了负作用,——他们口头上感恩企业,骨子里却认为理所应当,行动上依然江山不改,绩效上依然无所作为。这些"成本型员工"耗费了企业更高的成本,也让"利润型员工"丧失斗志。许多企业将这些几乎不可改造的"成本型员工"留给社会环境与公共福利去解决,笔者是理解的,企业尤其是民营企业,毕竟是资源的孤岛,本质上没有终极义务去承担公共福利,大局上需要保障真正为客户、为企业作出贡献的"民族的脊梁"。

2. 甄选标准

甄选标准,也就是用人标准,主要体现在招聘环节的进人关、职级和职务的晋级关。显然,以绩效贡献为主要标准的赛马机制,是人人争先局面的形成条件。

许多企业除了评估绩效以外,都在尝试对能力[1]的准确评估。能力评估这项工作,技术含量极为复杂,管理投入成本很高,而结果的准确性仍然值得怀疑,尤其是职业素养和职业潜能的测评,难度更高;在职业技能中,生产技能相对容易测评,而管理、研发、营销等技能的测评难度则更高。因此,笔者建议大多数中小企业、人力资源管理成熟度不高的企业,不要沉迷于胜任力模型的所谓现代管理手段,不如回归系统学揭示的"黑箱理论",不用过多关注黑箱中看不见的"能力",而是重点考察黑箱两端的"投入"与"产出",让管理更简单,——企业追求的毕竟是绩效产出,分析的是投入产出比。(见图2-4)

图2-4 职业能力评估黑箱理论应用模型

3. 任务管理

中国的管理者学习了大量的西方管理理论,在绩效管理、计划管理方面下足了功夫,却忽视了日常的任务管理,或在日常的任务管理中忽视了大多数员工的另外三个需求,这也是许多企业莫名其妙被员工"炒"掉的三种情形。

工作激励[2]

对任何一项工作来说,管理者都需要尽可能地、以各种表述方式,向员工

---

[1] 笔者关于职业能力的研究,将职业能力分为职业潜能、职业素养、职业技能。

[2] 工作激励,是物质激励、荣誉激励、危机激励等激励手段的并列概念。工作激励强调给予员工工作的进步感、丰富感、成就感。笔者在此后另一拙著《中小企业的管理基本功》中将与读者深度探讨。

说明工作的重要性,这需要锻炼一种这样的能力:将几乎每一项任务与中心任务,或与顾客、与员工自身、与员工未来,或与企业、与社会的关联性说清楚[①],从而建构员工的使命感。

在此基础上,不断告诉员工:这项任务能够锻炼你多少项技能,这项任务完成之后你已经具备了哪些新的"吃饭家伙什"。向员工积极反馈技能的多样化,能够有效建构员工的成就感。

随着员工对某项任务的全部技能基本具备,则可大胆授权,让员工放手完成某项独立的任务,这种任务的整体性,将极大地激发员工的自豪感。

随着员工对某项任务的技能已经娴熟,则可进一步放手,对过程甚至可以不再支撑,让员工自行整合资源、解决问题,这种任务的自主性,将催生员工的主动感。

在食堂、走道、办公室等等各种场合,对员工现有能力、提升方向的两三句点拨即实时反馈,将进一步催生员工对任务的控制感。

这就是完整的工作激励。对大多数员工来说,这就是他们需要的职业平台因素。(见图 2-5)

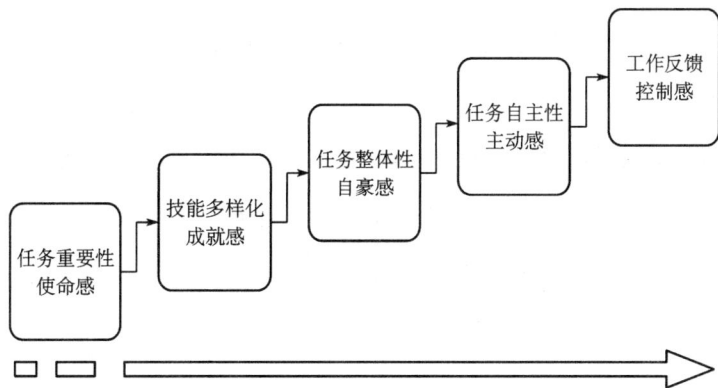

图 2-5 工作激励模型

[①] 许多优秀的管理者已经开始向员工如此沟通:一台让顾客受用数十年的电饭煲,将出自你的手中;你今天这份公司网站用的新闻稿,不仅锻炼你的问题描述能力,也是你人生问题解决能力的基本功……

任务均衡

许多管理者习惯于将任务交给愿意干、也能干的员工,有时因为配员不足,有时因为计划管理不足。长此以往,即使绩优员工比其他员工的报酬更高,但累坏了能干的,冷漠了进取的,便宜了偷懒的。因此,笔者始终建议,管理者应果断地向每一位员工给任务、压担子,并注重团队成员任务分配的均衡。只有这样,员工队伍才能整体提升,团队绩效才能整体提升,企业运营才能持续良性。

人生和谐

人生需要平衡好工作、学习与生活。如果让员工常年累月成为工作机器,不断"吐"出知识和技能,而无法"纳"入新的知识和技能,加上没有"生活"的感觉,这样的员工既没有职场发展的安全感,也会觉得人生没有"意思",这样的组织终会发生骨干员工的不断离职。一些企业依赖高效的招聘系统、高额的薪酬待遇,却失去了忠诚于企业的主体队伍,只留下了随时准备跳槽的能人与绩效平庸的"职业助理"。

4. 绩效辅导

无论企业有无机制化的绩效辅导,即使那些初入职场就想着独立完成任务的研究生,那些喜欢彰显个性和能力的新代生,有着几十年工龄的职场老手,内心深处都希望碰到难题时出现"贵人"、"高人"。因此,组织应当竭力推动每一个上级、"先生"、专家、行家、师父、导师、教练,在每一个员工需要时及时出现,甚至应当主动询问"我能为你做什么?",至少能够提供响应式内部咨询。

5. 员工关系

人不是活在真空当中,他们活在人际关系的现实世界。越来越多的中国企业开始关注员工关系管理。员工关系管理,不仅指向员工之间的关系和谐,也包括员工与企业的关系、员工家庭与企业的关系。我们容易理解员工在协同工作、情感交流、文化沟通、性格互补方面的和谐,但如果员工感受到了企业给予的职业健康、职业安全,如果员工家庭普遍认可企业给予员工的待遇、成就和各种人文关怀,大多数员工愿意在薪酬之外付出努力,而不是和企业斤斤计较。

三、职业发展

即使那些胸无大志的员工,他们也需要考虑未来的职业发展,以适应日趋残酷的生存环境。笔者建议企业可以从职业发展通路、职业共同体建设、企业创新机制三个方面,做好员工的职业发展。

1. 职业发展通路

一些管理学者、咨询顾问、职业经理,将职业发展通路的内涵理解与设计实务,局限于职位序列的规划。在笔者的咨询实践中,员工的职业发展通路,应当包括职位序列规划、阶梯薪酬体系、员工评价标准、阶梯培训体系、职涯规划辅导这五个"部件",缺一不可,相辅相成。(见图2-6)

职位序列规划,无非是任务性质、能力要素、工作投入等相同或相似的岗位集的界定,如营销、技术、管理、生产、采购、后勤等等常见的职位划分,以及各序列的纵向分级、各职级的横向公平。关于职位序列规划,按人员规模而论的大中型企业,其班组长纳入生产序列还是管理序列?笔者一般建议企业界定

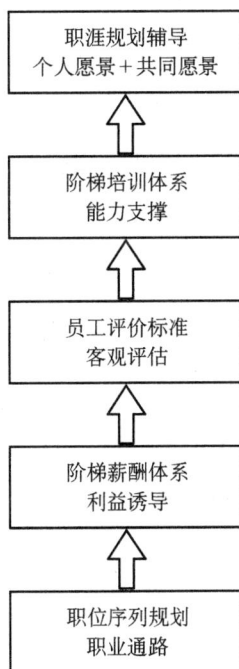

图2-6　员工职业发展的任务模型

为后者,即让班组长充分行使基层管理职能,首先唤起他们的"带兵"意识,他们才能更主动、更负责地抓好产品或服务的品质、效率和成本/效益。

　　但如果员工职业发展通路的设计止步于职位序列规划,无异于只给了员工一张美丽的白纸。画成一幅美丽的图画,还需要阶梯薪酬体系进一步描述:你晋升到哪一级,将享受怎样的待遇?这就需要科学、合理、公平地,用合理的数值界定各序列、各职级的薪酬等级与薪酬幅度。这才能激发员工的期望与兴奋。共同愿景建构的前提,是个体愿景的建构。

　　不过这仍然是将一张饼画得更诱人而已,我们还需要进一步告诉员工:你现处哪一个职级?你的下一个职级或者最高的一个职级,需要你达到何种能力水准、作出何种贡献?许多企业在各职级的评价标准设计上,常犯的三个错误:一是限于能力评价。前文已经谈到,能力评价并非易事,能够建立科学、公信的技能鉴定标准,当然是件好事,但一些不易建立技能鉴定标准的企业或岗位,完全可以重点参考既往的绩效数据,补以其它评价要素、评价流程,建立相应的职级评价标准。二是无法越级晋升。员工在企业既定的梯子上,只能"一步一个脚印",这就压制了一部分希望更快发展的员工,而这些员工往往是企业持续创新、超越对手的主体。三是无法序列转岗。也许一位老员工已经到达生产序列的最高职级仍不满足,我们完全可以考虑让其转入技术或管理序列;也许一位管理序列的员工,转入技术序列更能发挥他(她)的能量。

　　路线已然规划完善,我们还需要切实的支撑性措施。这就是配套于职位序列规划的职涯规划辅导与阶梯培训体系。从员工入职的第一天或第一周,我们就需要告诉他们:等待你们的将是怎样的职业目标与职业通路,你将从何着手调整自己;日常工作中,我们需要告诉他们:距离你的下一个目标,还需要怎样的努力和付出;即使员工离职,我们也可以告诉他们:我们暂时满足不了你的需求,或者你高估了自己。这样,或许一部分员工将在职场碰得头破血流之后再度回归你的企业,而这时他们的忠诚度已然提升。这就是看得见的职涯规划辅导。对应于各序列的不同职级,我们还需要相应的培训系统予以支撑,这就是阶梯培训体系,这也体现了企业对员工真正负责的诚信文化。

2. 职业共同体建设

笔者深知,按照职业共同体的能力标准,培训开发员工能力,是一条极易受到许多企业攻击的顾问意见。因为不少企业都不愿意按照较高的能力标准培育员工,担心自身成为行业的"黄埔军校",为竞争对手作嫁衣,但他们始终没有搞明白为什么总有一些员工"不按规则出牌"。

社会学的三大奠基人之一埃米尔·涂尔干,从社会分工、社会失范的角度提出了"职业共同体"思想。对职业共同体,我们可以通俗地理解为根据行业纪律、职业伦理(或者称为"行规")组成的、有着自律甚至自治功能的职业群体,如法律职业共同体、医疗职业共同体。这些职业群体不仅有着相同或相近的职业能力标准,关键在于有着公认的职业工作规则、从业道德底线。这对工商界的启发,一是企业可以按照营销职业共同体、研发职业共同体、生产管理职业共同体等的行业竞争水准,确立我们的学习培训目标与能力评估标准。企业需要达到或保持行业竞争力,应当以行业能力水准培育员工,除非股东仅仅将企业看作一台临时的赚钱机器,这是不争的底线;至于对在此基础上培育出来的员工而离职,则不仅需要企业有着开放的心态,更需要企业深刻地检讨自身的其他管理领域。二是重点强化行业纪律、职业伦理的建设。企业至少可以将其纳入职业素养或企业文化的管理范畴,此外,各类商会、协会等中间组织,也可以像律师协会那样,为会员企业增加职业共同体的建设服务与管理工作,当然,这也是一项社会系统工程。

3. 企业创新机制

如果仍然谈技术创新、管理创新、制度创新,难免令人乏味;谈各种创新思维、创新工具,似乎千篇一律。笔者在此只想结合大多数中国企业的现状,重点探讨企业激励机制、失败容错机制、资源配置机制,三者缺一不可。

在企业激励机制方面,突出的问题是正激励不足。显然,在创新领域,负激励是不可取的,至少不宜作为主要手段;但奖得不心动,则是许多企业难以创新或创新失败的主要原因。激励的方式、标准等等,应当纳入公司治理的范畴,至少应当在薪酬设计与优化中充分考虑。最简单、"粗暴"的方式,借鉴营销提成的通行做法,让员工创新报酬与企业绩效直接挂钩,并和员工就激励标准"讨价还价",实际上也很有效。

在失败容错机制方面,普遍性的难题是容错底线的设置。这需要从企业全面预算开始,设置合理的容错成本,其底线则是不伤及企业的生存成本,以及三五年的发展成本;而事关企业未来生存的创新项目,则需要企业家的勇气和魄力。可是有多少企业家和财务部,在全面预算报表中考虑到这一点呢?

资源配置,同样是许多企业无法创新或创新失败的重要原因。企业的管理资源一般包括财务、人力、时间、技术、信息、政策六大资源[①],创新领域同样需要从全面预算开始,综合评估、统筹、配置这六大资源。这也是笔者为什么总认为 CFO、财务总监应当具备扎实的工商管理技能的核心原因之一。

第二节　学习型企业的建设模型

如果将学习型企业的建设看作一个项目,前面所说的创建学习型企业的基础条件,则可以看作项目的基础工作,那么从这里开始揭示的学习型企业建设模型,则可以看作学习型企业建设项目的工作模块、任务部署。

因为本书不仅面向全球的学术界,主要的读者还是工商界,即那些工商管理理论的实践家们,所以本节将回归"四模理论",并由此出发,重新上路。

---

① 笔者将在后续拙著《中小企业的管理基本功》中与读者探讨交流。

一、四模范式

大约 2011 年初夏的一个早上,我和一位顾问同行一起从南京小行地铁站下车,步行那条我们踏过上百次的、短暂的林间小道,着眼于中国本土咨询机构的内功建设,围绕"模"这个字做起了文字游戏——思维激荡。在距离南京地铁运营公司管理总部不到 100 米的时候,我们已经共同得出了"模式、模块、模型、模板"这四个关键词。后来,我在各类管理咨询项目包括政府咨询项目中,始终将这"四模"作为咨询顾问的核心方法论,并将其上升为所有经营者、管理者的学习坐标与工作范式,进而上升为职业观、人生观、社会观的另一种核心见解和方案模型。(见图 2-7)

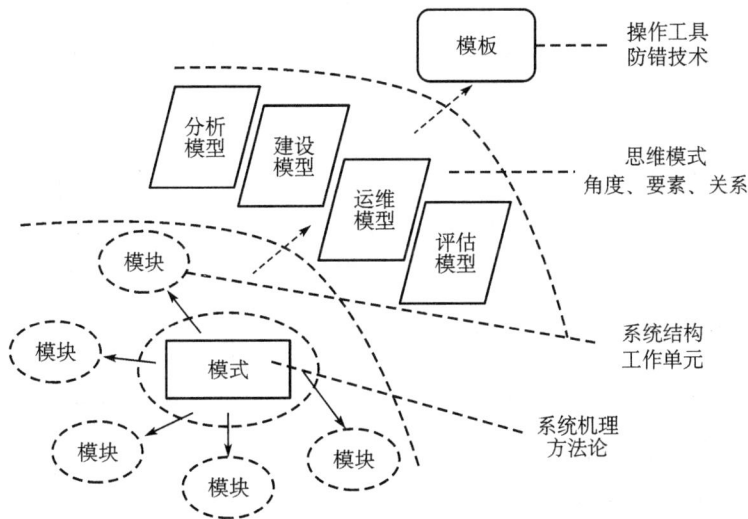

图 2-7 四模范式结构模型

1. 模式

学者容易理解这里所讲的模式即范式。范式管理最大的实践功用,就是让我们将外部、内部的各种不确定性因素,无论现实还是未来的不确定性因素,降低到可控范围或可控程度。

无论哪种语系及其背后的哲学范式①、思想成果对"模式"的理解，模式，都是一种解决问题的方法论。模式，是我们解决方案最内核的部分，也就是笔者常和学生、工商界戏称的"双规"，即不以人的意志为转移的客观规律，以及成功实践经验提炼出的主观规则②。

也许工商界的实践家们最喜欢 Alexander 给出的经典定义：每个模式都描述了一个在我们的环境中不断出现的问题，然后描述了该问题的解决方案的核心。通过这种方式，你可以无数次地使用那些已有的解决方案，无需再重复相同的工作。

但 Alexander 的西方式表述，可能不便于那些工商管理理论修养不足的实践家们理解并为之心动，那么，这里摘引一位中国网民关于管理范式的理解：在一个良好的指导下，有助于高效完成任务，有助于按照既定思路快速作出一个优良的设计方案，达到事半功倍的效果。而且会得到解决问题的最佳办法。

但 Alexander 的表述，仍然容易让中国的实践家们误入认知浅层和行动歧途。

按照现代企业发展史的进程，通常应用的企业管理范式的表述是四种：科学管理、目标管理、人本管理、问题管理。（见图 2-8）细究下来，当代或许已经上百种、上千种、上万种的管理理论，基本不外乎这四种管理范式，我们也可以将其理解为中国语境中的一种"道"。

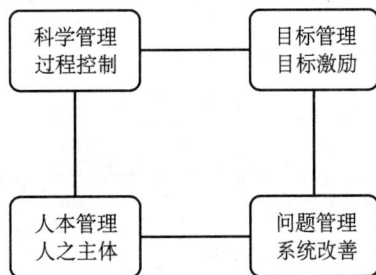

图 2-8 企业管理范式

科学管理并非基于现代管理理论成果的"科学性"的管理，而是起源于泰勒工厂流水线式的、相对于泰勒之前的"粗放式管理"、强调流程规划与标准

① 语言，是思维的外壳。
② 这是两大决策要素和决策评估维度。

控制的管理范式。

而目标管理，则是彼得·德鲁克前瞻提出的一种范式[①]，该范式是彼得·圣吉所说的"共同愿景"的理论基础，它强调目标的指引功能、激励功能。只不过德鲁克站在经营系统这个宏观层面、战略层面，而圣吉站在组织学习这个微观层面、战术层面。

人本管理，则发端于需求层次理论的创始人马斯洛，不仅强调人在组织中的主体地位，更强调"人性"在企业经营管理中的文化主导功能。人本管理，让员工用企业的价值观指导自己的行动，坚持一切以人为核心，以人的权利为根本，强调人的主观能动性。

当实践家们过于强调愿景、目标、结果、人性时，他们发现必要的过程控制与系统的持续改善，始终是必要的，因此学术界们又重拾实践经验，归纳出问题管理范式，以期更务实地指导组织实践。

这四种范式在企业管理中如何应用？笔者提出一些参考意见。

人本管理，主要指向"人"，更多地应用于组织与人力资源管理，以及组织文化管理，其核心目标是调动个体的积极性、组织的协同性。

目标管理，主要应用于企业经营与管理的宏观层面，主要指向"事"和"物"，在绩效管理领域，主要体现为经济性、职能性的指标，一般是企业经营指标、部门的核心管理指标。

科学管理，主要指向"事"和"物"，强调事和物的结构规划与过程控制。

而问题管理，则不仅支撑问题的解决，更解决局部系统的持续改善，甚至整体系统的优化和再造。

---

① 德鲁克关于目标管理理念的前瞻性，是基于西方数百年的企业实践，以及过度管理提出的，中国早就提出无为而治的管理范式，只不过没有现代企业的实践样本，所以工商管理的学术界、实践界，亟须以此为指向，凭借丰富的中国历史实证素材，建构一套中国人容易理解、应用的无为而治理论系统，它实质上也是中国社会科学领域自组织理论系统的历史集成与当代表述。

2. 模块

如果经验不足的经营管理者对上述的"模式"还不够理解,那么我们以目标管理模式为例,看看模式与模块的逻辑关联。

如图 2-9 所示,一个完整的目标管理系统,依目标管理流程,包括目标设立、目标展开、目标实施、目标分析四个任务模块,即四个工作单元。

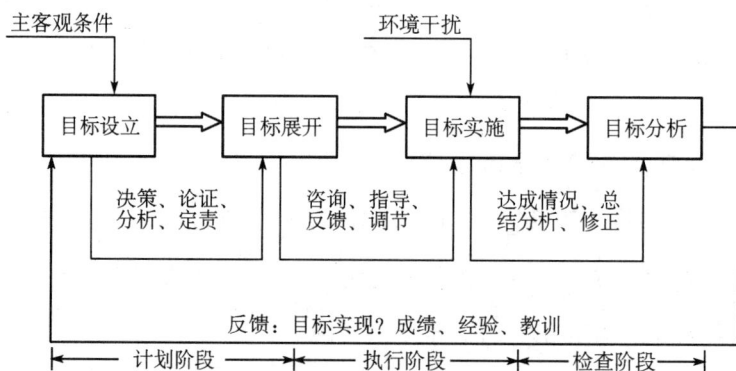

图 2-9 目标管理任务模型

目标设立,需要充分评估内部、外部的各种主客观条件,进行决策、论证、分析、定责,具体体现一般是公司经营指标或项目总指标。目标展开,则是由上而下,层层咨询、指导下属进行目标分解,以及上下级之间就保障措施、行动方案的沟通与协商。目标实施,则是不断排除内部、外部的各种环境干扰,持续推动行动方案的执行和预期目标的达成。目标分析则是我们都很熟悉的戴明环的"C"和"A"环节,并与目标设立单元联结成一个完美的闭环。

可见,模块是模式这种"道"的任务结构、工作单元。

3. 模型

模型,似乎是高校科研院所的"专利",是那些管理理论修养不足的实践者们攻击所谓"学院派"的由头之一。

某制造型企业的一位物流仓储部经理,曾经苦恼于 20 万元仓储节约奖的公平分配问题,因为不同工具、装配件、原材料、中间品、成品的不同仓库,有的库管员工作量很大,却对成本节约的贡献很小;有的库管员工作量很小,对成本节约的贡献却很大;有的仓库工作量不大,库存品价值也不大。笔者给出了以下一个分配"公式",轻松地解决了分配的公平性问题:

库管员应得奖金＝奖金总额×(库存价值×贡献度×任务量)

类似这样的案例,在笔者各类咨询领域的实践中比比皆是。思路决定出路,在组织的各个微观管理领域、微观管理层面,同样如此。

在社会科学包括管理科学领域,模型,即思维模式的图文呈现,其本质就是思维模式。而思维模式,就是我们分析问题、解决问题的角度、要素和关系。拿分析问题举例,我们分析问题时,应当从哪些角度或维度去考虑,每个角度或维度或考虑哪些要素,而这些角度和角度、要素和要素之间是怎样的逻辑关系,它们之间是主次关系、因果关系、支配关系?风行工商界的思维脑图、百度脑图、MECE逻辑树、鱼骨图、体系结构表,这些问题的分析工具与解决工具,其实就是思维模式这种"术"的生动体现和有效运用。(见图 2－10)

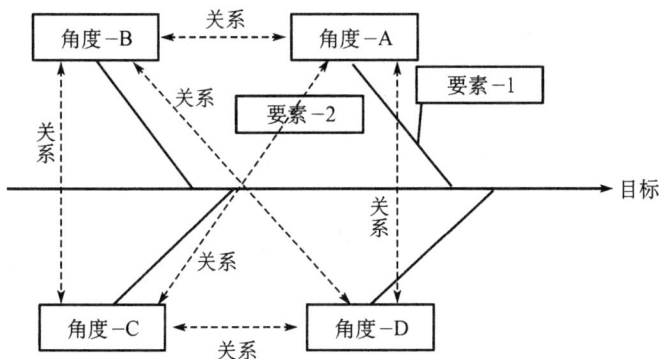

图 2－10　思维模式的结构模型

仍然拿目标管理"模式"举例,在目标设立这个"模块",就需要企业从高、中、基层三个"角度"去考虑,每个层级分别要考虑哪些"要素"。例如,高层应当锁定策略性目标即战略目标,关注长期和变化,至少需要考虑企业的长期发展、投资回报、市场占用率这三个要素。这就是思维模式的功用,也可以理解为模型的功用。(见图2-11)

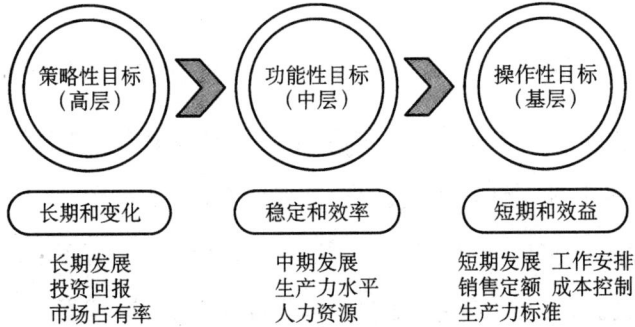

图2-11　企业目标体系的结构模型

4. 模板

在四模范式之中,模板是根据解决方案的模型,设计的流程化、标准化的控制工具。

图2-12所示,即目标管理模式之下,目标设立这个模块常用的5个模板。

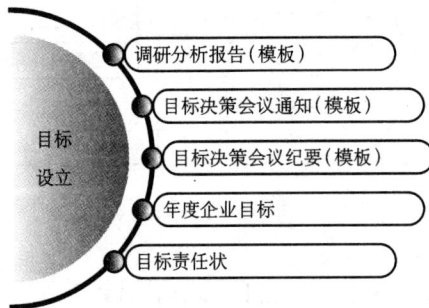

图2-12　企业目标设立的模板示例

模板一词,也许来自于铸造、建筑领域,从最早的铜器、铁器制作的"范",到制作砖瓦的木制模具,到现代混凝土预制件所用的铁制模具。总之,它是使物体成固定形状的东西。在管理学中,我们可以将模板理解为一种管理工具:将一个事物的结构规律予以固定化、标准化的工具,它体现的是结构的标准化,有时甚至涉及质量的标准化。

　　管理中常用的模板,是表单模板和文案模板,表单模板也就是中国许多企业通称的"台账",但如果仅仅将表单模板理解为具有登记、统计、分析功能的那些表格,显然是不够的。真正的表单模板,是基于特定思维模式的解决方案的体现,一张表格,无论横向表头还是纵向表头,其每一个大空格中的模块或称维度、角度的取舍、确定,每个小空格中的要素的取舍、确定,以及这些模块的排序、要素的排序,以及它们之间的逻辑关系、计算关系,都体现了我们分析问题、解决问题的思维模式。

　　初涉这些概念的实践者们,也许从甘特图表头的设计,就能理解表单模板。下面仅举出一个文案模板的示例。

××项目解决方案

(　年　月　日　　行动学习小组拟)

执笔人:

一、项目背景

1. 问题描述

(1) 总述:尽量用一句话描述问题

(2) 分述:描述问题的具体现状与不良后果

2. 行动学习小组

(1) 成立时间

(2) 小组组成及分工

二、项目目标(描述解决这个问题之后应当是怎样一种状态)

1. 总目标

2. 目标任务（对总目标的具体描述，和/或可能的具体任务）

三、原因分析（注意：写出原因与问题的因果关系）

1. 主要原因

2. 次要原因

或者：

1. 外部原因

2. 内部原因

或者：

1. 管理因素

2. 技术因素

3. 政策因素

4. 资金因素

5. ……

或者：

1. ……

2. ……

……

四、解决方案

1. 解决方案 A

2. 解决方案 B

3. 解决方案 C

4. 比较分析（比较解决方案 A、B、C 及其实施障碍）

5. 结论（选用哪一方案）

五、实施计划

1. 推进计划（可直接以甘特图体现）

2. 配套保障

（1）组织保障（项目组织的分工、职责等）

（2）技术保障（所需技术内容、技术资料、技术人员等的配套）

（3）人员保障（相关的人员数量及关键人员配置）

（4）资金保障（成本预算）

（5）制度保障（项目管理的相关制度配套）

……

以上这个问题解决方案的文案模板，要求问题解决团队及其执笔人，从问题解决的一开始，就必须围绕这个模板，逐行思考并展开工作，直到多个备选方案的提出与比较，以及订出切实可行的实施计划。这个过程，既是一个问题解决的流程，也融汇了问题解决各阶段的核心标准。它和表单模板一样，既是任务流程的标准化，也能倒逼团队及其成员，在任务执行与问题解决中，不断弥补自己的知识不足与技能短板，更是统一团队和组织的思维模式、工作语言和工作方式的利器。显然，模板不仅是工作流程的标准化，也是工作内容甚至任务工具的标准化。

在这里，我们就看到了中国语境中"术"和"器"的关联性：术以生器，器中有术。至此，我们也可将"四模"理解为：模式与模块是管理之"道"，即管理思想、管理策略；模型是管理之"术"，即管理方法；而模板则是一种管理之"器"[①]。

现实中，许多企业都在应用模板这种管理工具，但模板的科学开发，始终是一个普遍性问题，许多企业都在填写大量重复的表格与文案，极端的现象则是，一些部门、班组不得不设专人，应付各种内容重复甚至冲突的表单。至于将对模板的重视程度，像苏州天顺风能那样上升到公司级管理层面，则更为少见。

---

① 笔者认为，当代企业的一个解决方案要有效施行，一般可以考虑模板、IT 系统、制度这三种管理工具的选择应用或组合应用。

二、学习型企业的建设模型

现在,我们可以用表格式的模型,总结一下学习型企业建设的常规手段及其要点。

1. 学习型企业的基础建设模型

这个"基础建设",也可以看作学习型企业这座大厦的桩基工程。作为本章第一节的"总结",读者可以从表2-1中全息了解,为这座万丈高楼打好雄厚的基础。事实上,从笔者的观察研究与咨询实践来看,做好表2-1中的大部分基础工作,企业的许多部门、员工已经能够出现学习型企业建设的自发状态。

表2-1　学习型企业的基础建设模型

管理模块	管理要素	管理要点
职业环境	品牌荣誉	辉煌的业绩与行业地位;稳定的发展态势;创业者、企业家的品牌知名度;优良的产品品牌;款式美观、质地优良的工装……
	公司治理	合理、完善的利益分配机制;正激励功能
	企业流程	合理、高效的企业流程
	组织结构	权责匹配;沟通顺畅;必要的自主空间
	企业文化	人本文化;任务导向;君子文化;文化诚信
职业平台	薪酬设计	薪酬的保健功能与激励功能;激励利润型员工
	甄选标准	关注绩效;赛马机制
	任务管理	工作激励;任务均衡;人生和谐
	绩效辅导	主动支撑;响应式咨询
	员工关系	员工之间的关系;员工与企业的关系;员工家庭与企业的关系
职业发展	职业发展通路	职位序列规划、阶梯薪酬体系、员工评价标准、阶梯培训体系、职涯规划辅导
	职业共同体建设	按照行业竞争水准培育员工;强化行业纪律、职业伦理的建设
	企业创新机制	企业激励机制;失败容错机制;资源配置机制

2. 学习型企业的建设模型

作为第一章第三节的"总结",读者可以从表2-2中全息了解,正式地、有计划有组织地开始学习型企业创建的伟大实践。

表2-2 学习型企业的建设模型

组织特征暨建设目标	管理手段	管理要点
自适应	目标管理	锁定顾客价值,设定并不断调整经营管理目标
	战略管理	根据经营管理目标,确定经营管理战略
	流程管理	当环境、目标、战略发生重大变化,则调整相应的业务流程与管理流程
	组织管理	根据流程变化,相应调整组织结构,关键在于责任线、权力线、资源线、信息线的相应调整,以及基于人岗匹配的人力资源结构调整
	绩效管理	根据经营管理目标的变化,调整绩效管理,甚至改用敏捷绩效管理模式
	计划管理	敏捷计划管理
	时间管理	改善组织、部门、团队、个人的时间管理
	问题管理	用问题管理机制去解决问题
	会议管理	提升计划管理、问题管理、团队学习三种会议的效率和效果
自组织	组织管理	采用矩阵式、扁平式或网络式组织结构,尽可能充分授权、高度分权
	人力资源管理	保障薪酬的保健因素;绩效指标的合理设定;及时、必要的绩效辅导;良好的员工职业发展体系;招聘或培训以保障员工的岗位胜任力;员工之间的人际和谐与良性协同
自反馈	信息管理	分析、洞察各类信息主体,包括各种正式组织、非正式组织;设计合适的信息通道、信息载体,界定信息的内容和数量,并保障信息的充足性和及时性;管理者切实做好员工关系管理

组织特征暨建设目标	管理手段	管理要点
自涌现	流程管理	用企业级流程推倒部门墙、填平岗位沟;先业务流程,后管理流程;简化流程;5W2H法的应用;不断审视、持续修订相关流程;设立专门的流程管理职能甚至部门,并开始建立流程管理机制
	组织管理	破除封建等级文化;强调正式组织的责任、权利和义务;科学界定各层级的职责;合理授权甚至大胆分权;重视资源、信息的配置
	文化管理	竞争文化;沟通文化;改善文化
	绩效管理	不断丰富绩效指标,持续提升绩效指标值
	标杆管理	在各个细分领域创造羊群效应
	问题管理	建设问题管理机制
	知识创新	建设知识管理机制,强化知识创新

三、学习型企业的评估模型

中国企业的一个通病,就是对于重要管理领域或重大管理项目,事先不设定一套清晰的评估标准,导致要么目标落空,要么过度投入。而评估标准,则根源于评估模型,无论你是否喜欢这个学术化的名词,还是已经在用而没有意识到她客观存在于您的思维当中。

通过前面的探讨,相信你已经充分意识到学习型企业的创建,是一项系统工程。因此,我们从一开始就需要知道:我们如何评估各项工作、各阶段任务的质量?我们走到了哪一步、发展到了什么程度?我们下一步的工作目标与衡量标准是什么?

这里的评估模型,是实用为导向的,不是方案评估模型,而是结果评估模型。结果评估模型,同样是关于评估的思维模式,主要考虑的是,评估哪些维度、哪些要素?哪些是主要维度?哪些是核心要素?评估值如何设定?它是我们的坐标、标尺。

笔者尝试运用管理成熟度模型，开发学习型企业的评估模型，抛砖引玉，谨供参考。

(一)管理成熟度模型

成熟度模型，最早来源于现代 IT 系统的开发领域。无论成熟度的各个等级如何命名，一般都分为五级，基本遵循系统从混沌无序到标准化再到自动化的大致路径。

管理成熟度，可分为初始级(或反应级)、可重复级、已定义级、管理级、优化级(或称自主级)五个演化等级，见图 2-13。

初始级，几乎是一种无管理状态。组织系统总体上混沌、无序，成员对环境和事务基本上是被动反应状态。我们以流程管理为例，从一家新设公司开始假想：假如公司创始人没有来得及设计财务报销的步骤和标准，因此全公司都不知道财务报销怎么办，包括报销单据如何填写。于是有的将单据送到"财

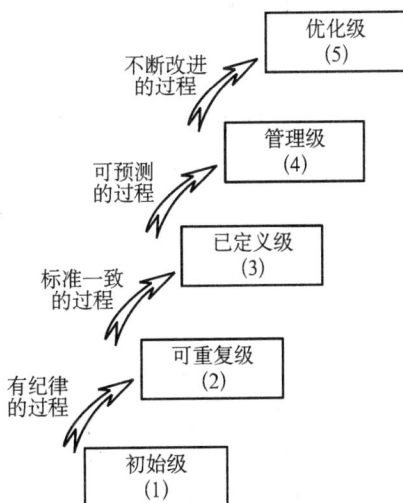

图 2-13　管理成熟度模型

务负责人"那里，有的直接送到总经理的案头，而且报销单的填写、票据的粘贴五花八门……，这就是管理成熟度的初始级。不仅财务报销如此，其它如营销决策、生产组织、合同签约等等各个领域都可能回到泰勒科学管理之前的粗放状态。

可重复级，是管理的初期状态，是开始局部标准化的阶段。这个阶段是组织探索客观规律、成功规则的过程，也是管理由感性向理性跃进的探索、实践阶段，经营管理者试图统一组织成员的认知、思维和行动。沿用上面所说的新设公司案例：……公司开始意识到混乱的财务管理是

可怕的,粗放的车间生产效率跟不上必要的产能需求,随意的合同签约将埋下经济和法律风险……,于是要求财务部、生产部分别出台相关的标准化管理文档,于是开始向法律顾问寻求咨询……,各个领域开始了逐步的标准化过程。

标准化的核心作用,就是让管理领域、管理对象可以重复相同的行为与标准,而让目标变得可控。

从初始级向可重复级的迈进,是一个纪律化的过程。

已定义级。不同于可重复级的局部标准化,已定义级是系统标准化阶段。至此,经营管理者已经比较全面地总结出企业系统的规律和规则,开始消除各子系统之间的冲突,消除各类标准之间的矛盾,试图将各子系统整合成一台有机、统一的机器,提升合唱的和谐度。

从可重复级向已定义级的迈进,是标准一致的过程。

管理级。已定义级仅仅是对"黑箱"中过程的标准化管控,还不能很好地预测企业各种投入与产出的相关性,而管理级不仅要在最佳实践的基础上对标准进行制度固化,防范回到人治的"初始级"状态,更重要的是全面发现投入与产出的"函数关系",而这一点,是许多企业管理视角的盲区或管理能力的短板。

从已定义级向管理级的迈进,是争取各种管理投入可预测的过程。

优化级,不仅越来越多的管理投入可以预测其结果是否可控,而且这是一个自主化、创新化的阶段,组织的整体性能开始不断迭代提升。

从管理级向优化级的迈进,是一个不断改进的过程。

运用组织理论的视角,我们不难发现,初始级是无组织状态;而从可重复级到已定义级、管理级这个阶段,是一种他组织状态;我们梦寐以求的则是优化级这种自组织状态,也可以理解为学习型组织的状态。

管理成熟度,不仅是组织成长、演化的必然路径,也有助于我们反过来以此为标准,设置各项工作的建设指标,评判质量水准。

（二）学习型企业的评估模型

如表 2-3 所示，根据学习型企业作为自组织系统的特征，确立评估目标与配套的管理域，提炼出 65 个参考性的一级评估指标，至少作为一种启发，以飨读者。

表 2-3　学习型企业评估的参考指标

评估目标	管理域		评估指标（一级指标）
自适应	目标管理	1	经营指标的顾客价值满足度
		2	管理指标对顾客价值经营指标的满足度
		3	顾客价值经营管理指标修订的敏捷度
	战略管理	4	经营战略对顾客价值经营指标的满足度
		5	管理战略对顾客价值经营战略的满足度
		6	顾客价值经营管理战略修订的敏捷度
		7	顾客价值经营管理战略修订的有效性
	流程管理	8	业务流程修订的敏捷度
		9	业务流程修订的有效性
		10	管理流程对业务流程的协同度
	组织管理	11	组织优化对现实流程的协同度
		12	组织成员对权力配置的满意度
		13	组织成员对资源配置的满意度
		14	组织成员对信息支撑的满意度
		15	部门经理对人岗匹配的满意度

评估目标	管理域		评估指标（一级指标）
自适应	绩效管理	16	绩效管理模式对经营管理目标的匹配度
		17	绩效指标的可行性
		18	绩效管理的敏捷度
	计划管理	19	计划任务对绩效指标的支撑度
		20	计划任务调整的敏捷度
		21	阶段性绩效目标的可控度
	时间管理	22	主体任务的完成率
		23	主体任务的及时率
		24	员工作息的均衡度
	问题管理	25	再生问题的比例
		26	再生问题的频度
	会议管理	27	计划管理闭环的有效性
		28	问题管理会议的结构化
		29	问题管理决策的系统改善度
		30	团队学习会议模型支撑的科学性
		31	团队学习会议的成员活跃度
自组织	组织管理	32	组织结构的扁平化
	人力资源管理	33	组织成员对薪酬保健功能的满意度
		34	绩效指标的完成率
		35	组织成员对绩效辅导的满意度
		36	组织成员对职业发展体系的满意度
		37	员工关系的和谐度
		38	员工任务的协同度
自反馈	信息管理	39	非正式组织对经营管理系统的影响度
		40	信息通道的充足度
		41	信息载体的丰富度
		42	信息内容的开放度
		43	信息传播的及时性
		44	成员对组织信任网络的满意度

续表

评估目标	管理域		评估指标（一级指标）
自涌现	流程管理	45	企业级流程的系统性
		46	企业级流程的高效性
		47	企业级流程修订的及时性
		48	企业级流程管理职能的完善度
	组织管理	49	非正式场合组织成员的平等性
		50	成员对问题和责任的承受度
		51	组织层级对核心职责的匹配度
	文化管理	52	竞争理念的普及度
		53	组织成员的冲突度
		54	改善行为的习惯性
	绩效管理	55	绩效指标的丰富度
		56	绩效指标的合理性
		57	绩效指标赋值的上升率
	标杆管理	58	标杆管理的领域数
		59	标杆管理的成效性
	问题管理	60	问题管理机制对目标管理系统的嵌入度
		61	问题管理机制的完善度
		62	问题管理部门的职能度
	知识创新	63	知识管理体系的完整度
		64	内部知识市场的完整度
		65	知识创新机制的完整度

关于上述各指标的权重配置、细分指标的开发、各指标的赋值、评估方法及工具,则须根据不同组织的现状、目标和特点,进行个性化的设计,不可千篇一律。

四、学习型企业与知识管理

读者不难发觉,我们之前一直站在组织的最高层面,或者理解为企业的经营层、总经理室这个层面,探讨学习型企业的建设话题,即如何从企业的宏观、中观层面打造学习型企业。我们还需要一套学习型团队①和学习型员工这个微观层面、执行层面的建设方法,才能更有效地推动学习型企业的创建,并切实支撑组织的远景目标与短期绩效。

虽然彼得·圣吉的"五项修炼",在塑造学习型团队、学习型员工这两个层次上,为我们提供了宝贵的思路,但我们仍须继续前进,结合这些宝贵的方法论而不惟"五项修炼"的方法论,开发出便于中国企业理解和运用的方法系统与工具系统。

无论实践家的研究,还是学者和我们管理顾问的研究,往往只能选取几个视角甚至一个视角。对于这个世界来说,"盲人摸象"并非一种讽刺,而是人类认知的客观写照。因此,笔者只能结合自己的切身实践与肤浅管见,进而总结一套运用知识管理塑造学习型团队与学习型员工的方法。这个想法,来自9年前南京大学学习型组织课题研究组成立之初。

什么是学习? 学习,是指组织、团队、个体持续吸收、创造知识,以适应外界环境变化的认知习惯与行为方式。这种理解,就是说:社会由各类组织构成,而有效的学习主要发生在组织层面,包括组织、团队和个体层面,而非社会层面,因此学习的主体应当界定在组织、团队和个体层面;学习的内涵主要是一种认知习惯与行为方式;学习的目的则是适应外界环境的变化。根据这样的认知,学习型组织就是一种不断柔性变化的组织,以适应不断变化的外部环境。这种理解的现实意义在于:我们评价员工的标准,除了绩效,是否涵括了良好的学习方式? 我们的员工是否发生了行为的改变? 我们的员工是否适应了动态的竞争与变化? ……

学习的内容是知识,那么什么是知识? 知识,是具有实践价值的信息,也就是对实践有用的信息。管理学是一门典型的实践性科学,因此,实践的导

---

① 本书所述的"团队",主要包括企业中的部门、项目组。

向性，是知识识别的核心标准。这种理解的实践价值在于：文凭不再是固定工资与薪酬等级的重要因素，也不是招聘任用的核心标准；我们需要重新审视社会招聘的员工，他们的经验、能力、工作方式是否适用于本企业？我们的培训内容是否紧扣实践需求？我们的学习目标是否动态提升？我们的学习内容和培训经费，是否仍然停留在"是什么"、"为什么"的学习阶段？……

从知识管理的视角来看，学习型组织，就是以组织化、机制化的方式管理知识，从而持续增强组织的核心能力，以不断适应外界环境变化的自组织。

既然我们历经农业经济、工业经济、信息经济时代，已经身处知识经济时代，那么，不妨从"知识"视角，探索知识管理对组织演化的作用机理。

因此，本书以下内容的"局限性"在于：仅从一个视角，或者尝试一种方法，开展学习型团队与学习型员工的塑造，从而助推学习型企业建设的深入。因此，笔者郑重提醒：如果你想开始真正有效的学习型企业建设，应当通读本书，系统思维，统筹规划，而不惟知识管理。

第三章　企业知识管理与学习型
团队、学习型员工

第一节　基础认知

从本章开始,我们一头扎入塑造学习型团队、学习型员工的大海之中,虽然不再高频率地出现"学习型"三字,但我们应当始终清晰:我们的彼岸,是学习型企业的建设。

一、企业知识管理的目的

和所有的管理手段一样,知识管理的目的并非知识管理本身。知识经济,就是将知识作为一种核心能力和核心资源。我们的理论、经验,就是能够创造绩效的能力;我们的最佳实践、专利发明,就是能够继续利用的资源。就能力和资源的逻辑关系而言,在知识管理范畴,能力是资源的因,资源则是能力的果。因此,企业知识管理的目的,是企业能力及其创造的企业资源——知识资源,而且这种知识资源更具有独占性、独特性、难以模仿性与资产性,因而又重构了新的企业能力系统,推动企业新的知识资源的诞生,如此循环往复,螺旋上升……

学习型企业建设,本来就是从组织发展的角度支撑经营目标。而知识管理,则重点从组织能力的角度,推动组织发展,间接支撑经营目标。

(一)企业外部视角的四种能力

首先,我们有必要以行业为坐标,用动态的外部视角,审视企业各发展阶段的能力需求。这就是企业外部视角的四种能力(见图3-1)。

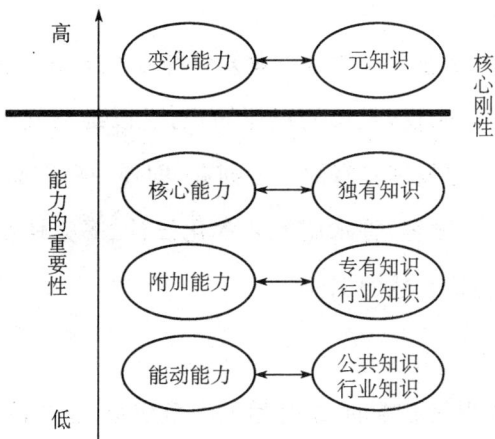

图3-1　外部视角的企业能力模型

1. 能动能力

这是企业维持行业水准的能力,是符合行业平均赢利水平的生存能力,也是企业生存的基本能力,但它不足以支撑企业在业内的竞争力优势,只是企业必需的"及格分"、生存底线。例如交通业正常的行车能力、基本的设备维修能力;例如餐饮业基本的食品加工能力、前场接待能力和食品安全保障能力。

能动能力,要求企业具备的是公共知识和行业知识,例如城市地铁运营企业必须具备的交通运输业、轨道交通业知识。这种理解的价值,不仅在于企业学习的基础知识要求,同样有助于企业的招聘。国内方兴未艾的城市轨道交通运营企业,成立之初普遍缺乏管理、技术、生产人员,只能面向城巴运营公司、城际轨道交通公司招聘,虽是无奈之举,但也为能动能力的培育打下坚实的基础。至于近几年城市轨道交通运营企业之间的"互挖墙脚",则是企业直接谋取以下所说的附加能力的真实写照。

2. 附加能力

这是企业临时具有的或局部领域的、超过行业平均赢利水平的生存能力。这种能力是介于核心能力和能动能力之间的过渡性能力,还不能构成企业的持续竞争优势。

附加能力,要求企业具备的是行业知识与专有知识。对那些实施标准化战略的公共服务部门来说,足够的行业知识,足以维持其生存。但对竞争性企业来看,这种能力更强调专有知识的拥有,即使一种产品独特的外观设计,也能为其争取更多的顾客,香水瓶的艺术化设计、喝完蜂蜜还能存放色拉油的蜂蜜瓶子,都是有很有趣的例证。

3. 核心能力

这是企业长期积累形成的、综合性的竞争优势,是难以被模仿、复制的竞争力,也是一种更强大的生存能力。通常表现为独有知识,而且是隐性知识,又称"静态核心能力"。它是被企业以标准、制度、文化习惯进行固化的,各领域、大量任务的最佳实践成果,具有一定程度的系统性[①]。形成之后的一段时间,它让企业的经营管理者们倍感轻松甚至懈怠,它在业内则魅力无限、光芒四射,但如果标准、制度、文化不因时而变,企业则开始面临着新一轮的重重阻力与重重危机。因为,核心能力天生具有核心刚性,不易破除,反而约束企业的创新发展。这也是许多成长期企业始终面临发展瓶颈、许多成熟期企业迅速凋谢的根本原因,这也是笔者将企业生命周期归纳为初创期、成长期、成熟期、转型期、衰退期的根本原因。企业在成长期,需要始终关注顾客价值和市场订单,内部及时破除个别看似成熟的管理域的核心刚性;在成熟期,则更要将自身主动推入转型期的轨道,高度关注外部的趋势

---

① 因此,企业家们不必担忧个别人才的"背叛"。

和竞争,并作出相应的行动,才能避免应验衰退期的魔咒,才能开始新事业的初创期。从这一点来说,我们真的应当向那些领导企业不断成功"闯关"的企业家们致敬。

4.变化能力

这里的变化能力,就是创新能力,是更新竞争优势的,可以看作一种动态的核心能力。

由于行业竞争或环境变化,企业具有的先行优势,会随着时间的推移被竞争者赶超,或者滞后于顾客需求的变化。企业必须通过持续创新,建设变化能力,不断突破核心能力的刚性,以持续保持竞争优势。

变化能力,需要企业具备元知识。

这是一个深奥的概念,学界众说纷纭,我们在此不作学术探讨。读者不妨将其理解为一种知识之"元"、学习之"道",它是我们对自身认知的认知和监控,学生关于自身单词记忆方法的总结、关于自身组合应用各类公式的方法的总结,就是元知识,是如何反思、总结的知识。

元知识理论的贡献在于,提醒我们注重学习方法、变化之道的反思和总结,避免企业的僵化,保持企业的活性与变化。

5.小结

根据上述分析,结论有三:

一是企业能力的培育,必须遵循能动能力到附加能力、核心能力、变化能力的宏观路径。这从企业能力的角度,回答了企业演化进程中,各阶段学习型企业建设的能力培育标准,为不同寿命期内的企业、为企业不同成长阶段,设计学习型团队和学习型员工的能力评估标准,提供了方向,也为知识管理指明了各阶段的工作目标。

二是广义的核心能力,应当包括狭义的核心能力与变化能力,分别对应的是静态核心能力和动态核心能力,前者建构系统竞争优势,后者保持系统竞争优势。在残酷的市场竞争中,开展学习型企业的建设,绝不仅是满足于员工自动自发的自组织状态,关键在于培育这种广义的核心能力。这样,知识管理也就找到了自己的"岗位"。

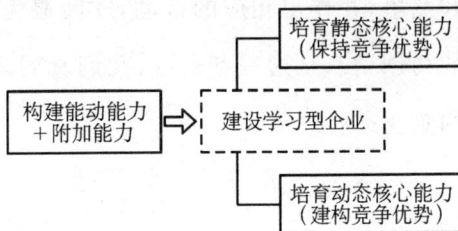

图3-2　建设学习型企业的知识管理模型

三是建设学习型企业,除了培育静态核心能力以外,重在培育动态核心能力,即变化能力、创新能力,以持续突破"核心刚性",从而持续推动企业的一系列变革。因此,知识创新及其积累的知识资产,就成为当代以及今后企业知识管理的重心,绝不能满足于知识的沉淀与转移——这只是低水平的知识管理。

(二)企业内部视角的六种能力

仅仅以外部的视角,只能大体判断通过知识管理建构企业能力的需求,我们还需要同时运用内部视角,判断各类业务能力及管理能力的建设需求。不揣冒昧,现与读者共享笔者常用的另一种企业能力分析工具,不是必然规律的总结,仅是一次思维的激荡,谨供读者参考。

如图3-3所示,企业内部视角的企业能力模型,从业务能力、管理能力两个维度,去思考知识管理的目的和任务。

业务能力很好理解,就是做某类事的能力,许多企业惯用"部门"这个组织概念也能参透诸如营销、研发、生产、供应链、人力资源、财务、后勤等等业务能力。

管理能力,则是对"某类事"即业务的管理能力。管理词典中的"××管理"就太多了,笔者将在后续拙著《企业系统管理初探》中理清他们的逻辑关联与应用结构,但从企业的生存与发展两个层面,笔者认为企业极其重要的是计划、流程、组织、战略、文化、品牌这六种管理能力,是分别对应于营销、研

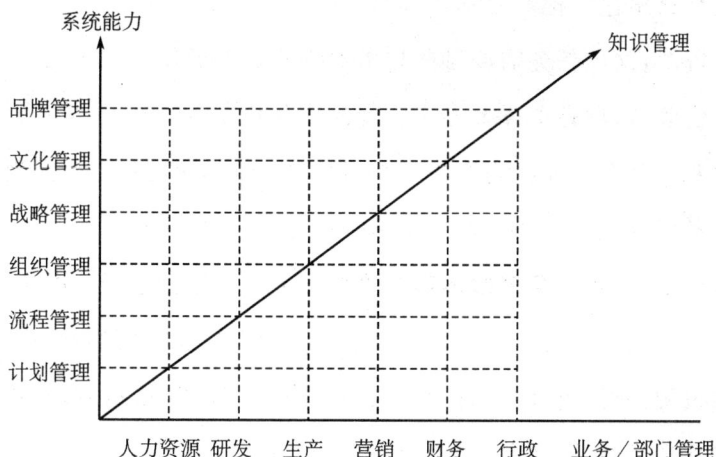

图 3-3 内部视角的企业能力模型

发、生产、供应链、人力资源、财务、后勤等等业务的六种管理能力。

1. 生存能力

在这一模型的范畴内,计划管理、流程管理、组织管理,这些都是企业能否实现短期经营目标以维持生存的首要基础,是企业的基础管理能力,是企业必备的三种生存能力。

计划管理能力,其目标是支撑目标实现过程的控制,针对中国企业的通病,应重点解决资源对目标的匹配,以及风险预案,而不仅是一般理解的计划制订、计划追踪与计划总结。

关于经营管理资源的分析与配置,我们一般在头脑中检索这六种资源:时间资源、人力资源、技术资源、财务资源、信息资源、政策资源。见图 3-4。

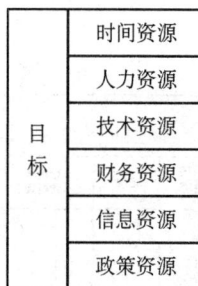

目标	时间资源
	人力资源
	技术资源
	财务资源
	信息资源
	政策资源

图 3-4 企业经营管理资源

时间资源:决策预设或上级给定的时间够不够?我们需要多少时间?任务参与者的时间够不够?……

人力资源:这项任务需要多少人手?他们应当是哪些类型的能手?他们

分别担任什么角色？他们分别在哪里？……

技术资源：这项任务需要哪些技术？哪些是关键技术？……

财务资源：这项任务需要多少合理的物资和资金？财务成本有没有超出预算？这些资金在企业的内部还是外部？融资成本有多高、企业能否控制？所需的财务资源能否按时到位而不影响任务的推进？……

信息资源：这项任务各阶段需要哪些信息？这些信息来自哪里或者应由谁提供？信息通路是否充足、高效？获取相关信息的成本是否合理？……

政策资源：对这件任务、这个项目，需要配置哪些（动机）激励性政策、哪些（权益）保护性政策、哪些（过程）约束性政策？

我们对下级常说的应是，不允许对目标讨价还价，只允许对资源讨价还价。

风险预案的关键点，则在于针对关键任务的关键控制点或危险源、风险点，明确风险情形、风险预案和资源保障措施。

以下这张截图，是笔者2011年底辅导联合工业（亚洲）公司的中高层管理团队、制订2012年度经营计划保证措施的模板，读者通过这个模板，能够直观地理解计划管理的重点。当然，这种模板，不仅可以用于公司级的年度计划管理，也可以用于企业重要项目、部门日常关键任务的计划管理。见表3-1。

表3-1 企业经营计划保证措施示例

公司经营目标	部门KPI	关键任务/控制点	保证措施			风险措施（应对预案）				
			资源保障	牵头人	协助人	风险情形	风险预案	保证措施（资源保障）	牵头人	协助人
		1	人力					人力		
			时间					时间		
								技术		
								信息		
								财务		
			技术					政策		
								人力		
			信息					时间		
								技术		
			财务					信息		
								财务		
			政策					政策		

联合工业（亚洲）公司·××部门·2012年度经营计划保证措施

流程管理能力,其目标是支撑任务的结构合理与推进效率,针对中国企业的通病,应重点解决企业级流程①的系统化设计与优化机制,以及流程各步骤的标准细化、资源配置。这是企业在具备计划管理能力之后,应当追求的第二个基础能力。见表3-2。

表3-2　流程设计与评估模型(参考)

企业级流程的重点则在于推倒部门墙、填平岗位沟,以顾客价值为导向,对全公司流程进行系统化的结构设计。而关于流程各步骤的标准细化,关键在于5W2H法的充分应用。至于各步骤的资源配置,以下这个笔者常用的流程设计与评估模型,则按照"投入—产出"的思维模式,对"任务编号"体现的"步骤"或"工序",明确需要投入的资源、应当产出的绩效,并进行增值性的分析与评估。

组织管理能力,其目标是解决责任、权力、资源、信息对任务的支撑能力,针对中国企业的通病,应重点解决权力对责任的匹配,而不是部门的划分与

---

① 企业级流程是全企业的流程结构,其逻辑层次为"职能——活动——动作",并按照合工原则而非分工原则,进行关联设计、并行设计,从而提高流程效率。许多企业仍在沿用传统的流程管理模式,一味按照分工原则、时间顺序进行程序细化,没有同步考虑空间上的并存。

职责的界定。

为了让读者厘清组织管理的内在逻辑,笔者介绍以下这个组织设计的一级模型,见图 3-5。

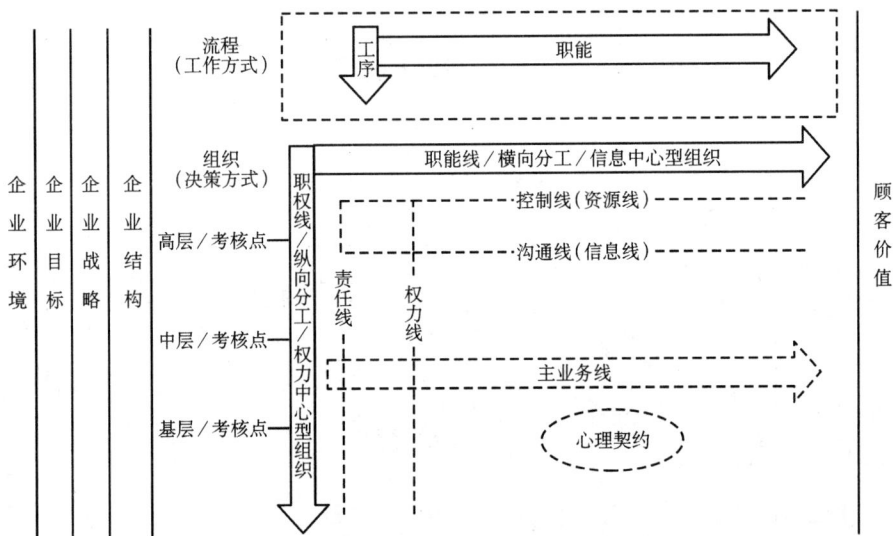

图 3-5 企业组织设计的一级模型

企业的艰辛,也包括总是需要"两头兼顾",不断地"左顾右盼",当然,首先应"向右"锚定顾客价值,再"向左"从企业环境出发,确立企业目标以及配套的企业战略,进而设计、调整企业的结构,即"事"的结构——流程,与"人"的结构——组织。在这两种企业结构中,实践中首先是部门的划分与设置,但逻辑上应当首先是流程即工作方式(企业完成各种任务的方式)的设计,进而对组织即决策方式进行配套设计。通过这种合理、高效、柔性的企业结构,将企业的事、物、人有机整合出"组织"起来的力量,更好地实现或创造顾客价值。

以下这个一级组织设计模型,也许对塑造学习型团队和学习型个人的价值,能够给出有力的回答,见图 3-6。

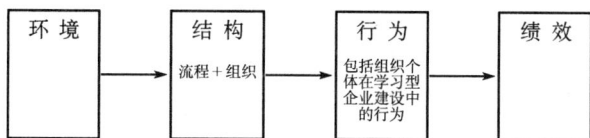

图 3-6　企业绩效分析的一级模型

生于淮南为橘，移至淮北成枳。员工同样如此，员工所处的环境决定并深刻影响着组织的结构，进而推动或牵制着员工的行为，从而发生不同的绩效表现。当年纪律涣散、战力薄弱的国民党士兵转入共产党的军队，立即成为优秀的士兵；当今那些原企业优秀的员工跳入一个新的企业，却绩效平平；从总经理到每个一线员工，都在痛骂做事不顺、人际不和，但似乎谁都没错，这些都是结构的力量，也就是我们经常挂在口头上的"体制原因"。很难想象在一个流程冲突、低效、甚至无效的企业中，在一个等级森严、组织僵化、权责不配的企业中，员工能够看到企业的美好前景而达成所谓的"共同愿景"，员工能够具备开放的"心智模式"以支撑"团队学习"进而支撑企业创新。所以，塑造学习型团队、学习型员工，就需要解决必要的流程管理与组织管理能力。

需要强调的，一是从宏观路径上来看，只有具备了计划管理能力以支撑一个又一个经营目标的实现，具备了企业级流程管理能力以有效地响应外部客户的需求，才能重点建设组织管理能力，否则就会导致权力资源被人为地分隔在各个部门，而影响流程运行乃至组织的整体效率；二是对应不同的责任，则需配置相应的权力。

2. 发展能力

在企业内部视角的企业能力模型范畴内，战略管理、文化管理、品牌管理，是企业的持续发展能力。

战略管理能力，是基于组织的中长期发展即持续发展，实现顾客价值即外部客户价值所需的独特的策略能力和行动能力。这种独特性是相对于同行的企业或现有行业的产品而言的。见图 3－7。

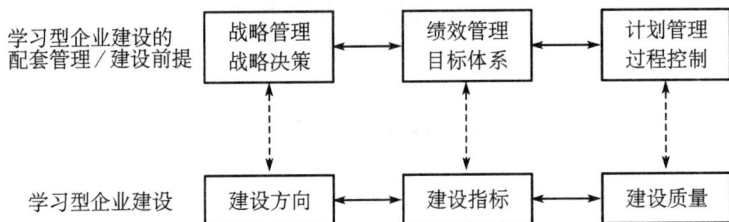

学习型企业建设的 配套管理／建设前提	战略管理 战略决策	绩效管理 目标体系	计划管理 过程控制
学习型企业建设	建设方向	建设指标	建设质量

图 3－7　战略管理对学习型企业建设的导向功能

战略管理，是企业在综合分析环境、资源、能力的基础上的策略选择与策略实施，而企业环境是持续动态变化的，因而战略管理就必须高度柔性，才能保障企业从宏观决策方面保障学习型企业的建设方向符合经营管理的需要，换言之，柔性的战略决策才能保障学习型企业建设目标的合理性。如果战略决策滞后于环境变化，那么学习型企业的建设就没有价值，反而有害于企业目标的实现。

战略管理为塑造学习型团队、学习型员工指明了工作方向，并要求每一个团队、员工通过扎实的计划管理去支撑绩效目标，而不是脱离每一天的绩效目标。

文化管理能力，是基于组织的中长期发展即持续发展，主要为了实现内部客户价值所需的管理能力（客观上也会促进外部客户价值的实现），是企业能力最内核的部分，或者叫作灵魂与内功。正如陈春花老师所言：她是企业最柔软的部分，也是最坚硬的部分。针对中国企业的通病，文化管理应重点解决员工行为对组织价值观的匹配，而不仅是使命、愿景、核心价值观、职业理念等的文字描述，不仅是编手册、贴标语、喊口号，更不是单纯的员工文体活动。真正有效的文化管理是静默无声、看似平淡的行为矫正。

这种认知对我们的实践价值，就是将核心价值观、职业理念这些无法直接作用的"工作对象"，转化为组织希望的员工行为描述，进而通过文化管理领域的防错机制,开展日常每个细节的行为矫正,必要时与绩效考核和制度奖惩挂钩。

在此我们适度展开,看看笔者辅导的苏州天顺风能是如何将企业价值观转化成员工行为描述的。

绩效意识

(根据 2015 年的管理需求而提出)

十必须

1. 目标设定时上级必须和下级就可行性充分沟通,并重点解决资源配套。除了必要的财务资源无法配套时,下级必须服从上级指令,上级也必须和下属共同努力,保障目标实现。

2. 目标描述必须定量;不能定量的必须定质,并明确验收程序和验收标准。

3. 目标描述至少必须包括目标状态、完成时限、责任主体。

4. 下级必须对目标履行承诺,对年度目标、项目目标、重大目标必须签署目标责任状并公开宣示。

5. KPI 必须是每一个目标的完整分解。

6. 谁亲自执行,谁对绩效负责。

7. 上级必须每月至少对 5 名问题员工进行绩效辅导,必须每季度完成对所有直接下属的绩效辅导。

8. 生产部门必须每月完成一次绩效考核,其他部门必须每季度完成一次绩效考核。

9. 绩效考核时,对协同部门与协同人员必须一并考核。

10. 汇报个人成长、部门工作时,必须直接汇报结果、问题和改进,不讲苦劳。

七不准

1. 不准将 KPI 落在无关人员身上。

2. 不准将 KPI 权重落在次要人员身上。

3. 不准设置根本无法实现的目标。

4. 目标描述不准含混不清,无法理解。

5. 不准对目标讨价还价。

6. 非经上级同意或规定程序,不准降低目标。

7. 不准只讲成绩,不讲缺陷。

如果你觉得这些渐趋务实的行为标准或者叫作行为规范,仍然难以成为直接的管理对象,那么,看看我们在一个基于员工评价的人力资源管理咨询项目中,如何将南京市地铁交通设施保护办公室的价值观转化为员工行为描述,并让员工如何"照镜子"、组织如何通过绩效薪酬,管理这些全员通用的价值观的。见表 3-3。

表 3-3 企业价值观转化为员工行为评价指标的示例

考核指标					评分标准	员工自评	上级校正	得分	案例补充描述
核心价值观	文化理念	基本素养		行为标准					
以人为本	人本	尊重人格	1	对待领导、同事、下属、执法相对人,言行得体,符合规范,没有侮辱、诽谤、责骂、体罚、虐待等等违法言行	在当期没有出现违规行为,违反人本型行为的得5分,违反1次的(包括但不限于投诉)得3分,有违反1次以上的,此项目不得分			0	
		尊重需求	2	坚持柔性化执法,关注乘客和执法相对人的需求,倾听办内外的各种反馈、意见和建议,耐心解答员工、乘客和执法相对人的各类问题				0	
	疏导	对乘客:劝导纠正,行动感化,灵活变通	3	对违规违法行为心平气和,以语言规劝疏导者,坚持劝导和指正为主,处罚为辅	获得乘客表扬或者台账、记录无违规获得满分,无明确台账记录或对乘客有纠纷或矛盾情况得3分,有严重违反此类行为			0	
			4	理解乘客难处,用心引导,灵活变通,有效解决争执				0	
	互动	信息公开	5	在严格执行执法标准的基础上,执法程序信息公开透明,做到台账可查,执法量可查,执法数据(视频)可查,执法单据可查	若考核当期做到台账可查,信息可查,当期做到至少一次的参与《条例》宣贯或者品牌活动得满分,台账不齐全,或者消极参与(得3分),拒绝参加活动或者没有台账记录的,此项不得分			0	
		互联互通	6	注重宣导,向乘客如实展示地保办工作职责和工作范围,配积极参与《条例》和品牌宣贯总计不少于2次/季度				0	
		联系乘客	7	引导乘客参与执法,联系乘客开展活动,配积极参与到执法体验等重要活动中				0	

这仅是一小部分的展现,但从表头从左到右的设计,可以看出,一个组织可以如何将核心价值观分解成更具体的理念与基本素养,以及对应的行为标准,并明确考核的评分标准的,至于下一道工序,想必你已猜到

了绩效考核与绩效奖金。我们另为薪酬水准很高的苏州天顺风能加上了配套的负激励为主的制度管理,而且这种制度已经成为全体员工劳动合同的重要附件,这等于用法律的手段彻底保障了企业文化的宣贯,也为广大企业所有制度的起草与实施提供了很好的借鉴,算是一家上市公司的一份社会责任吧。

苏州天顺风能《员工奖惩条例》

(部分)

为了统一全员理念,规范全员行为,共同打造职业人、天顺人、天顺家,从个体角度打造天顺的核心竞争力,以保障公司的战略达成、文化重塑与品牌提升,持续实现天顺梦,集团依据最新定位的精神文化,制定本条例,并作为全员最基本的行为规范、全体员工劳动合同的重要附件、公司重要的制度规定。

第三条 奖惩体系

本条例对全员的奖惩分为人身、经济、职位三大类,以下每类奖惩分别由轻到重设置;且公司有权根据实际需要另行规定、施行特别奖惩措施。

一、惩戒种类

人身类:口头批评、诫勉谈话、通报批评;

经济类:扣减50元、扣减100元、扣减200元、扣减500元、专项考核、扣除当月绩效收入;

职位类:留岗察看、降级使用、解除劳动合同。

二、奖励种类

人身类:口头表扬、通报嘉奖;

经济类:奖励50元、奖励100元、奖励200元、奖励500元、专项奖励;

职位类:年度优秀员工。

第五条 绩效意识

1. 目标描述至少必须包括目标内容、完成时限、责任主体、考核周期。

年度目标、项目目标缺乏上述要项的，由上级管理部门对目标制定第一责任人扣减 500 元，并责令限期改正。

2. 目标描述能定量的必须定量；不能定量的必须定性，并主动向上级沟通、明确验收程序、验收组织和验收标准；目标描述不得含混不清，无法理解。非经上级同意或规定程序，不得降低目标。

目标描述违反此项规定的，由上级管理部门对目标制定第一责任人诫勉谈话、扣减 500 元，并责令限期改正。

随意降低目标的，由上级管理部门对任务执行人通报批评、扣除当月绩效收入。

3. 全员必须对目标履行承诺，下属必须向上级签署目标承诺；提倡面对目标时严谨论证，言必行，行必果。不准存在没有承诺的目标，不准对目标讨价还价。

不能完成季度绩效指标或关键绩效指标的，由直接上级对其口头批评、专项考核；因此影响季度、年度重大目标或公司战略目标的，扣除其当月绩效收入，并予留岗察看。

4. 谁亲自执行，谁对绩效负责。

5. 不准将 KPI 落在无关人员身上。

将 KPI 落在无关人员身上的，由上级人力资源部门对绩效指标制定的第一责任人扣减 500 元，责令限期改正。

6. 不准将 KPI 的主要权重落在次要人员身上。

将 KPI 的主要权重落在次要人员身上的，由上级人力资源部门对绩效指标制定的第一责任人扣减 200 元，责令限期改正。

7. 执行人、协同人、追踪人共同对相关的每一项 KPI 承担责任。

8. 汇报个人成长、部门工作时,必须直接汇报结果、问题和改进,少讲苦劳。

9. 绩效考核与员工述职时,不准只讲成绩,不讲缺陷。

年度综合专业能力测评不足 70 分的,由所属人力资源部门对其诫勉谈话;不足 60 分的,留岗察看或降级使用、直接解除劳动合同。

10. 全员应当结合绩效辅导、绩效评价、绩效反馈与公司发展需要、职业发展目标,主动制订、积极实施个人学习成长计划。

不按时提交个人学习成长计划的,由直接上级或导师、师傅对其口头批评;不主动执行个人学习成长计划的,直接上级或导师、师傅有权对其诫勉谈话或通报批评、扣减 100 元。

第十九条　对干部的奖惩首先适用《干部管理条例》;《干部管理条例》没有相关规定的,则适用本条例。

品牌管理能力,是基于组织的中长期发展即持续发展,主要为了实现顾客价值所需的管理能力(客观上也会促进内部客户价值的实现)。针对中国企业的通病,品牌管理应将内部产出与外部需求紧密联结,重点解决顾客价值对顾客需求的匹配,也就是天顺风能 2015 年响亮提出的"万事皆品质",而不是停留在品牌内涵的挖掘、品牌符号的设计这些纸面文章。见表 3-4。

表 3-4　企业能力建设的管理重心

管理能力	管理重心(基于常见问题)
计划管理	资源对目标的匹配
流程管理	任务结构对效率目标的匹配
组织管理	权力对责任的匹配
战略管理	策略对目标的匹配
文化管理	员工行为对企业价值观的匹配
品牌管理	企业顾客价值对顾客需求的匹配

第二节 企业知识管理的战略

如同研发战略、营销战略、物流战略、招聘战略、薪酬战略,知识管理战略也是一种独特的策略,这种独特性主要基于总体的企业战略,而非瞄准竞争对手的差异。

企业知识管理的战略,可以分为编码化与个性化两种。编码化战略,就是开发电子文件系统,以确保知识的编码、储存、扩散与反复应用;个性化战略,就是开发联系不同知识主体与学习主体的互联网络,从而使隐性知识能被广泛地分享,个体知识能够成为组织知识。编码化战略,不断地将个体知识从知识主体中剥离出来,个性化战略则始终保持知识与知识主体(也是知识开发者)紧密联结。这就提醒我们,采取编码化战略的组织,可以有效地防止人才流失导致的知识断层;采取个性化战略的组织,没有必要在知识的书面化、档案化方面大费周章,但如果需要防止关键人才流失导致关键知识的断层,同样需要对关键人才、关键岗位的个体知识进行编码化。

一般认为,总体上实施标准化战略的企业、公共服务部门包括中间组织,往往适用编码化战略,即主要通过知识沉淀支撑整个的知识管理;总体上实施竞争性战略的企业,尤其私人公司,往往适用个性化战略,即主要通过知识转移(包括知识共享)、知识创新开展知识管理。南京地铁运营公司,作为一家公共服务部门,总体上采用的是标准化战略,因此,其知识管理选择了编码化战略,即通过教材、案例、讲义、标准、制度等等各种知识成果的书面化,支撑整个知识管理体系;而南京埃斯顿自动化,作为一家民营竞争型企业,则无须聚焦类似的知识编码工作,仅须重点改善总经理室经营分析会、部门例会、部门联席例会等,即建构各种知识管道,建立内部知识市场,就足以支撑其日常的各种知识交易,持续推动企业的知识创新。

第三节　企业知识管理的体系

这里需要首先引入一个概念:知识链。

从知识管理的视角来看,企业在经营活动中,实质上是一个以知识为中心,围绕知识的投入—转化—创新的无限循环、迭代提升过程,在这个过程中,所有的人都被不同成员相关、相似的知识构成的有机链条所联系、所推动,这条无形的链就是知识链。一个人的知识链的结构层次是"职能—任务—能力—知识",而整个组织的知识链,则是每个人的知识链,基于相关"职能定位—任务内容—能力需求"的相关性而有机联结①。

知识链概念的提出,对于企业有着重要的意义,它揭示企业的经营活动不再是以任务流、信息流、现金流等的活动为中心,也不再是物质流、能量流、信息流这种似乎更深一层的认知,而是以胜任能力、创新能力为直接目标的知识流活动。

知识链也是一种思维方法,在不同主体的知识之间,通过知识的相关、相似性进行链接,帮助思维的推进与跨越,帮助学生、工作者提高思考能力与问题解决能力。

企业的知识流动,是通过企业知识链的不断变化而变化的。企业知识链是识别知识、沉淀知识、转移知识、创造知识等链条形成的,连续不断的企业知识循环过程。在这一过程中,企业与环境之间、企业内部组织之间、企业与

---

① 引自 360 百科。

个人之间以及个人与个人之间,被无形的知识链条所连接,产出的便是企业能力。因此,保持知识链的系统性与知识链运转的连续性,是企业成长的关键因素。然而由于员工的流动、辞职、合同期满以及退休等所导致的知识不连续或知识流失,会给企业的生存和发展造成威胁,这是知识经济时代的一个重要特征。

企业知识管理,就是企业对有利于企业能力①建设的知识,开展知识识别、知识沉淀、知识转移、知识创新、知识资产等管理活动的总和,是企业知识链的有机整合与有效运转。见图 3-8。

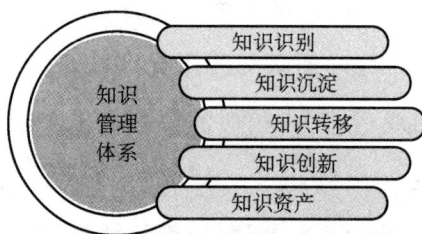

图 3-8 知识管理体系的结构模型

这一界定,一是指明了企业知识管理的对象,是有助于企业能力建设的知识,加上此前所述的知识是对实践有用的信息,这就为知识管理的第一步——知识识别确立了核心依据,即有助于企业实践,有助于企业能力;二是界定了知识管理的工作体系,主要包括知识识别、知识沉淀、知识转移(包括知识共享②)、知识创新、知识资产这五大管理模块,这就便于组织规划日常的知识管理任务。

也许你会觉得这很复杂,那么看看 2013 年南京地铁运营公司的班组知识管理体系一览表(表 3-5)。

---

① 三年前,笔者将这种能力狭义地理解为“核心能力”。随着实践探索的深入,笔者认识到,知识管理仍然有必要而且完全可以支撑能动能力和附加能力的培育,也就是,任何企业都可以开展知识管理,以支撑企业成长各阶段的能力需求。

② 一些学者将知识共享单列出来,笔者认为,知识共享本质上也是一种知识转移,只不过其知识转移的多主体交互性比较突出。

表 3－5　企业班组知识管理体系一览表

体系结构	体系内容	
知识识别 （哪些知识对我们 的工作有用）	岗位	
	岗位	
知识沉淀 （哪些格式的文案 有可学的内容）	1	示例:《故障案例》
	2	示例:《经验小结》
	3	
	4	
	5	
知识转移 （我们的学习模式）	1	示例:员工自学
	2	示例:师带徒
	3	示例:交接班会
	4	示例:班组网页
	5	
知识创新 （我们的学习成果）	1	示例:合理化建议
	2	示例:工艺小发明
	3	

也许你会奇怪:为什么没有知识资产呢？知识资产,我们可以简单地理解为知识的识别、沉淀、转移、创新所产生的各种成果性文档,而且这是部门级使用的知识管理体系表,并非企业级。随着本书的展开,你将深入了解知识管理的实务。

第四节 企业知识管理的评估

企业的知识管理,都是从最简单的培训工作开始,因此,我们运用管理成熟度模型,为南京地铁运营公司、南京埃斯顿自动化等企业,建构了这样的知识管理评估标准,它也是指导我们在企业各演化阶段部署知识管理任务的有益参考。虽然并非绝对的标准,至少你现在就可以用这套评估标准,大致判断一下自身企业的知识管理现状与下一步的目标,或许看完以下这个样板,你也能大致量身打造一套自身的知识管理评估标准。

一、初始级

1. 公司具备知识管理意识,包括对员工培训具备基本的价值认知;

2. 知识管理主要局限于最原始的知识转移即员工培训;

3. 缺乏自主培训体系规划,包括培训模式的提炼、培训技术的支撑和培训制度的管理;

4. 培训管理处于无序状态,尚未建立培训的管理职能或管理规范;

5. 员工培训基于短期经营目标和岗位技能目标,员工学习动机主要基于岗位任务的需求;

6. 培训课程、师资主要依赖于企业外部。

二、可重复级

1. 尚未建立公司培训管理部门,培训职能仍属于公司人力资源;

2. 部门自觉建立本部门的培训体系,部门间的互助培训尚处于部门间的自发状态和公司级的混乱状态;

3. 部门的自主培训工作能够解决一线员工的基础职业技能培训;

4. 各种培训模式已经积累了一定的实践经验;

5. 各部门开始以标准、讲义、案例等零散的非标准化方式进行知识沉淀;

6. 管理技能的师资队伍尚未建成。

三、管理级

1. 公司培训职能或培训管理部门得到全员的内心认同,形成事实上的强势控制;

2. 公司建成自主培训体系,包括科学的自主培训模式及操作、管理技术,完善的课程体系包括自主培训教材,成熟的自主培训师资队伍,齐全的培训与培训管理工具,配套的培训管理制度;培训资源开始市场化配置;

3. 建成培训管理系统和学习绩效管理预测系统;

4. 公司全面开展组织学习,并积累知识转移的最佳实践经验;

5. 公司制定科学的知识激励和保护制度;

6. 中高层管理者和技术人员的培训工作开始支撑组织绩效。

四、已定义级

1. 公司建立专职培训管理部门;

2. 公司制定组织发展规划与员工职业规划,并集成部门培训体系以建立公司培训体系规划;

3. 公司建成系统的课程体系与自主培训师资队伍,包括各级管理者、技术人员和作业员工;

4. 公司系统梳理各种自主培训模式并予标准化、制度化,包括配套的培训与培训管理工具;

5. 公司开始系统集成标准、讲义、案例等非标准化教材;

6. 员工基于对培训效果的认同而产生学习兴趣。

五、优化级

1. 公司建立专职的知识管理部门,包括企业大学;

2. 建成指向企业核心竞争力的知识管理的分析、建设、评估系统,包括配套的知识管理规范;

3. 建成知识资产的评估、开发体系;

4. 公司制定以企业核心竞争力为目标的知识管理规划;

5. 建成知识管理体系,包括知识的沉淀、转移、创新机制;

6. 全员自主学习文化已经形成,且基于员工职业规划和公司发展规划的统一;

7. 全员团队学习习惯已经养成,各岗位开始涌现员工自主创新成果。

第五节　企业知识管理的组织

一、组织设计

在中国企业的部门设置中,当代的知识管理组织,一般是从培训部门演化而来。最早的培训部门或培训职能,往往归属于办公室或人事部或人力资源部,仅负责培训计划的制定、培训预算的执行、培训活动的组织与实施。随着企业培训需求的提升,培训部门的职能进一步强化,甚至从人力资源部单列出来,更为注重培训体系的建设、培训需求的分析、培训效果的评估,有些培训部门甚至负责职业技能鉴定。进入本世纪初,一些外资企业的驻华机构纷纷开设企业大学,不仅支撑本企业的各类培训,而且面向产业链或社会提供相关培训,从而引领了中资企业的企业大学建设热潮。在企业大学的建设进程中,一些企业开始意识到,企业大学的功能不再是初级状态的"培训",而是高级阶段的"知识管理"了。在中国,一些企业大学开始成为真正的知识管理机构。

无论这类部门如何命名,还是实质性的功能为培训部门[①]、知识管理部门,一些企业对其的组织设计均存在着误区和不足。主要体现在以下两个方面。

1. 职能定位

笔者近几年与十多家企业大学、数十家企业培训部门交流,大部分包括CKO[②]在内的知识管理部门的核心职能,并非系统性的知识管理,仍然局限于培训(知识转移),日常的主体工作,仍是培训计划的制定、培训预算的执行、培训活动的组织,甚至企业各级、各类培训活动的亲自实施,也就是说,职能层仍在做执行层的事务。

职能定位。作为组织管理通常意义上的职能层,作为一种管理规律与成功规则,职能层对其上位的决策层或经营层,核心职责应是"参谋部"的决策参谋,即为决策层或经营层进行战略分析、规划起草、企业级计划和预算的制订,以及外部相关资源的整合,甚至职能域的对外品牌传播,也包括企业级项目的组织实施;对其下的执行层或操作层,核心职责宜定位于常规工作、关键领域、重要项目的标准监督、技术指导和资源支撑,宜授权甚至放权各业务部门做好职能工作。

拿培训部门举例,教育培训部或企业大学,其主体工作应当为总经理室做好人才开发战略的分析、培训体系的建设与完善、年度培训计划和预算的制订、企业内外培训资源的整合、企业人才工作品牌的社会传播,以及高管级、关键技术等牵涉企业核心竞争力领域的培训活动,而不是终日忙于中基

---

① 也可以视为萌芽状态或初级状态的知识管理部门。

② 首席知识官。

层业务部门的培训活动。对中基层业务部门,培训部门的重点,则是培训管理队伍的培训工作计划的管理、培训效果与培训预算执行的监督、员工学习技术和培训管理技术的支撑、部门级和班组级培训体系建设的指导、培训资源的提供。总之,职能部门原则上动用的是眼、脑和嘴,而不是手和脚,更不宜对执行层和操作层行使日常工作的命令指挥权。

2016年底成立的南京地铁运营咨询及培训学院,作为一家企业大学,我们将其对内职能定位成"公司智力支撑系统的管理部门",具体职能则是,知识管理的运营者,即规划知识管理体系、开发管理工具、管理知识的运行流程与共享平台,培训系统的管理者,即规划培训管理体系、开发管理工具;培训体系的建设者,即一个学习平台、一支师资队伍、一套课程体系、一套培训工具、一套培训制度的建设。

职能衔接。与人力资源管理的职能系统相关,即使知识管理部门,其培训工作亦属组织与人力资源管理的职能范畴。现实中许多企业将培训部门与人力资源部门分设,两个部门负责人的职级为平级,有的将单设的培训部门列为人力资源部门的二级部门。无论部门如何设置,两个部门经理的职级是否同级,但部门的职能衔接,即基于任务流程的协同职责,则是问题的核心,不可因为部门的分设,而导致任务流程的割裂,否则困难重重,诸多不顺。

2. 队伍建设

知识管理职能的组织建设,我们姑且用中国企业常用的这句"行话"——队伍建设,进行阐述。囿于经费预算和编制约束,即使部门职能已如上述合理定位,即使企业大学、知识管理部门的专职配员数较高,仍然难以满足总体任务。这就需要围绕知识管理或培训管理职能,建立一支从上而下的兼职管理队伍,有的企业称之为培训经理、培训专员,有的命名为培训管理员、知识经理等。总之,这支的队伍的建设极为必要,其要点有三:一是任职资格要求。这支队伍应当具备较丰富的管理经验、本业务部门中较高的管理职务、现代工商管理的基础知识,而不是那些初入职场的、勤快的大学生,否则很难胜任对极其复杂的"人"的管理,否则难以调动本业务部门的相关资源,否则难以在培训管理、知识管理领域学习提升。二是矩阵式管理与企业级计划管理。这支队伍,非知识管理领域服从本部门的领导,在知识管理职能上应当服从对口职能部门的宏观领导与业务指导、绩效管理甚至任职管理,部门的知识管理工作计划应当融入对口职能部门的企业级计划进行管理。三是可以将与"人"有关的管理职能集于该岗位,如同中国军队的政治干部①。组织发展、人力资源、知识管理、企业文化、党政工青妇等职能,均可集于该岗位。这样的好处,不仅在于避免对"人"的管理职能分散于不同的岗位与个人,更重要的价值是:业务部门的一把手就如同中国军队的军事主官,专注于"事",而政治主官专注于"人",两者形成有效的分工协同。笔者辅导的南京地铁运营公司,就是将这类职能赋予每个业务中心的副主任或党支部书记,苏州天顺风能、南京江南公交,则赋予每个分公司、业务部门的副经理或党支部书记。

二、企业大学

根据成功实践,知识管理作为企业大学的核心功能,已经成为全球工商界的共识。关于企业大学的讲座、内训与书籍,已经很多。但笔者近几年仍然看到一些企业对企业大学的建设,仍然存在认知的不足和实践的误区,为此,笔者结合南京地铁运营咨询及培训学院(下称:南京地铁运营学院)的创建,与读者分享一些企业大学建设的基础常识和操作要点。

1. 虚拟概念

企业大学没有必要是一个真实的物理存在,非要腾出一栋大楼或圈出一

---

① 对大中型企业来说,向部队学管理,也包括双主官制的借鉴,是很有价值的。只不过大多数企业还没有学到其精髓,即军队的双主官,职级、职务是同等的,互有分工而互相监督,而且任何一个缺位,另一个则可临时主持全局。

片土地,其本质上就是一个虚拟概念,只不过那些有条件的企业才能构建一片园林式建筑,兼顾大而强的企业品牌形象塑造。所以,真正的企业大学以内涵取胜,中小企业同样可以建设自己的企业大学,并对外挂牌、运营。抗战期间的西南联大,在残墙断垣、青山绿水间照常授课,培育人才,她仍然是我们认可的大学。

2. 实质内涵

企业大学的实质性内涵,是知识管理体系的建设与运营,至少是自主培训体系的建设和运营。如果企业的培训体系尚未建立,仍要建设"企业大学",笔者不反对这种品牌塑造行动。

早在 2011 年 10 月,那时南京地铁运营公司的自主培训体系已经建设了近 3 年,学习平台、课程体系、师资队伍已趋成熟,有力地支撑了内部员工技能的配套提升,并接包多家地铁同行的培训业务。配套的工具、制度系统也将于当年年底全面开发、修订完毕,E-learning(网络在线学习管理系统)也将同期开通。此后 3 年内,南京地铁将开通 3 条新线,初步形成网络化运营的格局,员工队伍规模也将从当时的 3 000 多人迅速扩充到 9 000 多人,因此,建设企业大学,进一步完善、优化自主培训体系,并开始全面启动知识管理,以重点打造企业的系统能力,成为南京地铁运营公司总经理室的重要议题。但南京地铁运营公司最终决策:待培训体系非常完善、知识管理体系初步建成,再全面启动企业大学的建设。这个案例,生动地说明了企业大学的实质内涵。

3. 设立模式

企业大学的设立模式,往往包括派生式、合成式、转换式三种。

派生式,即在原教育培训部门之外另设企业大学,各司其职,分工合作。这种模式,要求企业大学与原教育培训部门完善流程设计、职责定位,否则协同难度很大,甚至造成一些知识管理、培训管理的真空地带。而对于各业务部门来说,则在知识管理领域,需要同时与两个部门对接,甚至产生上面两头推诿、下面任务受阻的窘状。即使一些企业大学的职能完全对外,但调用内部资源时仍显疲累。从教育培训部门、企业大学的角度来看,则均需面临着和十几个、甚至几十个业务部门的流程接口。

合成式,一般是整合各子公司、分公司、业务部门的培训资源,专设企业大学以集约化运作。这种模式的优点,是实现全公司知识管理的系统规划、统一运作和资金集约;不足之处或管理难点在于:企业大学的员工开始脱离日常业务情境,逐渐由内行成为外行,这就增加了培训需求分析的工作量,降低了日常业务的响应效率,更致命的是,难以将更多的知识管理活动与日常业务活动有机融合。

转换式,是将原来的教育培训部门直接转换成企业大学,职能范围扩大到知识管理。其优点在于直接继承了原教育培训部门的任务流程与各类资源,仅仅是职责范围的扩大。管理要点仅在于:企业大学成员的个人能力需要快速提升到知识管理专家的水准,企业大学需要增强在各部门心目中的影响力,有的甚至需要建构、运营企业内部知识市场的高超艺术。南京地铁运营学院采用了这一设立模式。

当然,无论哪种设立模式,均需要企业根据自身条件和功能定位,量体裁衣。

4. 功能定位

各类企业大学的功能,一般是以下六大功能的部分或组合,而能力建设,始终是企业大学的本质功能或基础功能(见表3-6)。

能力建设。企业大学至少肩负着本企业员工能力的建设,作为知识管理部门的终极定位,更应上升到本企业组织能力的建设。有的企业大学积极构建自身的企业知识网络,有的企业大学为自身或同行培育特殊工种、特殊人才,客观上弥补了公共教育体系的不足,为企业、为行业、为社会发挥着巨大的价值。

表 3 - 6　企业大学的功能

企业大学的功能	能力建设
	利润创造
	资源整合
	客户服务
	价值链整合
	品牌传播

利润创造。对于有条件的大中型企业来说,企业大学支撑本企业的能力配套,完全可以分身同行或社会,彰显社会责任的同时,也将"教育培训部门"由成本中心变身利润中心。南京地铁运营学院正式挂牌前后,为国内同行的培训服务收入已过亿元,至少为地方财政节约了一些运营投资。

资源整合。许多企业大学意识到,他们还能通过各种对外的培训服务、交流研讨、活动设计,整合企业所需的管理专家、技术专家、生产专家等等人才资源,甚至捕捉到企业所需的各种信息资源、技术资源、财务资源、政府资源。这种企业大学的"附产品",都是企业家们的梦寐以求。

客户服务。从 2016 年开始筹建的江苏金旺大学(现名"江苏金旺商学院"),则通过成本式甚至贴本式的客户培训服务,让购买金旺农化制剂车间(智能生产系统)的用户,提升产能、降低成本、增加利润,就是一个真实案例。

价值链整合。围绕本企业内部价值链的高效运转,通过生产、技术、管理的能力培训与咨询服务,为上下游产业链[①]与横向价值链所涉的合作厂商,提供配套的综合智力服务,则是企业大学功能价值的升级,切实体现了企业大学与其主办企业的战略伙伴关系。

品牌传播。红豆集团将企业大学看作另一个企业窗口,通过多种企业大学功能的发挥,助推企业的品牌知名度、品牌美誉度和品牌忠诚度。

---

①　即纵向价值链。笔者将在后续拙著《企业系统管理初探》中与读者专门探讨。

无论企业大学定位于哪一种或几种功能,能力建设始终是最基础的。我们也许还可以衍生出企业大学的促销功能,但至此我们可以用一句话概括企业大学的总体功能,即:锁定顾客价值,定位核心能力,促进经营销售。

为此,我们摘录 2011 年为今天的南京地铁运营学院进行策划的部分内容,便于读者更具象地理解企业大学的功能如何具体定位:

南京地铁运营学院,根本上应当成为南京地铁运营公司的核心能力建设中心,即承担着公司系统能力的建设任务,其战略关注点不再仅是员工的个体能力,而是公司的整体合力。具体包括:

1. 企业管理研究中心

围绕组织与人力资源战略需求、年度培训需求,研究公司在各发展阶段的能力建设重心,紧密结合中高层管理者的行动学习,以课题攻关等方式推动各类重大企业管理问题的研究,配合运营公司总经理室及总公司①的相关决策。

2. 企业知识管理中心

地铁运营属于标准化服务的行业,建议采取编码化知识管理的战略定位,即大力开展知识沉淀,并同步开展以团队学习为主要方式的知识转移,才能一方面防止经济节约型公司定位带来的人才流失所导致的知识断层,一方面缩短员工能力成长周期,并培育企业整体的核心能力即协同能力。即运营大学应当作为运营公司的知识管理中心,至少今后两三年内重点开展知识沉淀,并有效支撑各级、各类的团队学习。

3. 培训资源供应中心

培训本质上属于业务部门负责人的职责,培训部门以及知识管

---

① 即今天的南京地铁集团公司。

理部门重点负责培训资源的供应，才能更科学地分配培训管理资源，发挥培训管理的协同效应。因此，运营学院应重点供应包括内部培训师（含各级业务主管）、师傅的师资培训，以及公司核心课程、重点课程，配套于各类培训方式的培训技术，例如讲授法、练习法等教学技巧。

4. 行业培训服务中心

根据运营公司经济节约型地铁的定位，以及为中国地铁同行的成功培训服务经验，可以考虑将运营学院建成一个服务同业的利润中心。这本身也是通过地铁同业培训，协助南京市政府提升在全国的城市品牌形象的有效方式。运营学院还可以考虑，自2012年起为同业提供班组管理培训即班组长的培训。

从现在开始，笔者主要结合南京地铁运营公司学习型团队和学习型员工的塑造实践，与读者分享具体的知识管理实务。

第四章　知识识别

第一节　知识识别的标准

顾名思义,知识识别,就是识别企业内外的哪些知识、可以为谁所用、何时所用。

面对庞杂的海量信息[①],以及加工过的信息——知识,用何种标准甄别企业所需的知识,就成为知识管理的首要关键。如果企业是像每个自然人那样的"一个人",知识识别并非难事,正因为企业是由一个个复杂的"人"构成,所以知识识别的难度,还在于甄别每个岗位、每项任务所需的知识,以及每位员工在不同职业成长阶段[②]所需的知识。

知识识别的重点是工作内容的界定,与知识类型、知识来源的识别。

一、知识识别工作的内容

知识识别,主要识别知识的用途和易获得性:某一知识能否为我所用?

---

① 与"知识"有关的四个概念:数据,是业经组织的数字、词语、声音和图像;而信息,则是以有意义的形式加以排列和处理的数据;而知识,则是用于生产的有价值的信息,即前文所述对实践有用的信息;而智慧,有学者认为就是获得和运用知识的能力,笔者认为智慧就是西方语境中的元认知,是中国传统语境中的"大道"。

② 员工的职业成长,从职业能力角度来看,一般分为生手、熟手、能手和专家四个阶段。

是当前的需要，还是未来的储备？能否以合理的成本进行吸收，或者需要多少学习培训成本？这需要根据不同的学习主体、发展需求、学习难度进行界定。对一个小学生而言，老师指定的课外阅读书目，显然是合理也能较快吸收的，但一个小学三年级的学生想较快地啃下初中三年级的数学教材，学习难度可想而知，除非又是一个罕见的神童，已经超乎常人地学完了从小学四年级到初中二年级的数学内容。但同样是一个小学五年级的学生，倒很有可能半懂不懂地领略《水浒传》的原著。老师和家长就是通过这样的知识识别，为孩子提供课外学习指引。

从企业的组织层面来看，诸如全面绩效管理的知识是否是当前的需要？卓越绩效管理与敏捷绩效管理的知识，今年有无必要先行储备？能否两三天的培训成本，就让管理知识匮乏的管理团队真正应用敏捷绩效管理？……

从企业的员工层面来看，诸如财务经理的财务分析报告能力是否满足明年的能力需要？市场营销人员是否需要强化工业品营销的技能？设备维修工是否需要向智能设备的操维一体化水平提升？新员工能否三个月内成为这台进口设备的操作能手？……

这些，就是企业要做的知识识别工作。

企业知识识别的难度，在于不同员工的知识基础缺乏在校生那样的标准化。同一班级的学生尽管成绩有好有差，但知识基础总体相近，都是通过前一年级的学习和考试而来的。而同一企业、同一岗位的员工，尽管学历层次可能相同，但往往来自不同的专业。理工科背景的员工，知识基础相对标准化，但文科背景的员工则千差万别，即使专业相同，不同高校的教育内容和教学质量往往参差不齐。笔者曾经给一位 MBA 背景的咨询助理开出一张书单,都是工商管理学各学科的开山之作或集成之典①,他竟然惊诧于在校期间他的导师没有开出这样的书单,那同样是一所211高校。这件事永远刻在我的人生记忆中。

那么如何开展企业的知识内容的识别呢?

既然员工的知识基础往往参差不齐,除了常规的招聘甄选策略,倒不如直接从原点出发:"我们需要什么"? 也就是从现实的工作需要出发,这个岗位需要你知道什么,那就书面考试;需要你做什么,那就动手试试。这样的思维方式和甄别策略,简单却很有效,而且适应动态提升的能力要求,也为中小微企业的知识识别提供了可能。

二、知识类型的识别

知识类型的识别,决定了企业知识管理的重心,以及知识的学习方式。

与"文化"、"理念"、"观念"、"思维"、"素养"一样,"知识"也是整天在嘴上、乍看很明白、细究却复杂的一个概念,所以学界对知识的类型也有很多视角的划分,从不同维度给了我们知识管理的实践启示。

1. 事实性知识、概念性知识、程序性知识、元认知知识

这是根据知识的内容进行的划分。

事实性知识,是术语、要素的知识,例如姓名、名称、时间、地点、人物、事件,它是系统的结构,讲的是"是什么"。从婴儿来到人世后叫出的第一声"妈妈"、"爸爸",到"狗狗"、"苹果",一直到"智能手机",都在讲"是什么"。事实性知识,其层次分为名称、事实和体系(表4-1)。名称是事实的符号,是事实性知识的细胞,也是所有知识体系与人类学习的起点,"智能手机"就是一个名称;而事实是名称的组合,"中国的首都在北京"就是事实层面的事实性知

①　笔者始终建议广大的企业家、经理人和社会科学的学生们、学习者:读书不在多,而在精,不在记,而在悟。

识;而体系则是事实的组合,"环球银行间金融电讯协会简称 SWIFT,于 1973 年成立于比利时首都布鲁塞尔",就是一个体系层面的事实性知识,更复杂的"体系",则是图 4-1 所示公交车 GPS 报站系统、设备结构、建筑建构等等。

表 4-1 事实性知识的结构层次

事实性知识	
体系	事实的组合
事实	名称的组合
名称	事物的符号

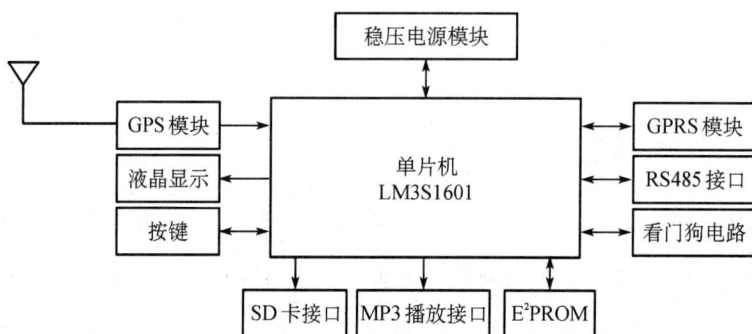

图 4-1 公交车 GPS 报站系统

这要求每一个"教师",针对即将传授的大量内容,首先识别出这些事实性知识,即哪些是关于"系统结构"的知识,并遵循"部分—整体"的教学路径,也就是由易到难的学习路径。企业内部师资同样需要向中小学教师学习,先给出一个设备或系统的结构全貌,进而对各部分逐个讲解,再进行全系统的回顾与复习,这就是关于事实性知识"总—分—总"的教学步骤。对事实性知识更大的认知价值之一,就是我们日常的各种发言、交流、探讨,大凡涉及系统结构,均可参照"总—分—总"的逻辑结构。

概念性知识。事实性知识是我们对世界"具体"的认知,属于感性知识,而概念性知识则是我们对世界"抽象"的认知,属于理性认知。它揭示系统的机理,在讲"为什么"。人类区别于低级动物的表现,就是一个刚刚学会说话的孩子,已经逐步明白醋是酸的、酸奶也是酸的……,这就是概念性知识的第一个层次:概念。人类从此开始不断地归纳各种事物的特征。概念性知识的第二个层次:原理,则是概念的组合。初中学到的勾股定理,就是直角三角形中"直角边"与"斜边"两个概念之间的关系,管理者学到的崔西定律,则是"任务难度"与"任务步骤"两个概念之间的关系。原理是我们联结各种概念、探索各种联结或关系的境界。概念性知识的第三个层次:理论,则是原理的组合。一部理论书籍,一套管理方案、一家公司的运营机制,均组合了大量的原理在内。不过如果仅是简单的组合,而不是有机的整合,这些书籍、方案、机制都是要命的。见图 4 - 2。

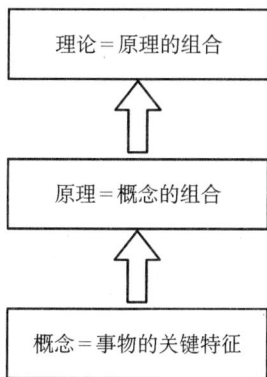

图 4 - 2　概念性知识的结构层次

对概念性知识的剖析,要求"教师"们识别出哪些概念性知识,即哪些是系统原理的知识,例如列车制动的原理、设备故障的原因与对策、顾客投诉的原因和解决策略、员工离职率居高不下的原因和对应的解决方案。要求"教师"们判断、调查学员对哪些概念仍不清楚或者认知错误,依次解决概念这块"砖"、原理这面"墙"、理论这座"大厦"。这就是概念性知识由易到难的教学路径,而不能像目前许多职业培训师激情演讲、自我表现一番了事。对概念性知识的了解,同样提醒我们,经营管理者理论修养的必要性与重要性,这方面的缺乏,只会导致大量的问题得不到快速解决、有效解决、根本解决,而且会引发更多的问题、更大的问题,直到企业的停滞、衰退、破产。

事实性知识与概念性知识,均属于陈述性知识,是一种"说"的任务技能。

程序性知识。我们通过事实性知识了解世界是什么,通过概念性知识探索世界的为什么,在此基础上,则通过程序性知识改造世界、进行实践。也就是说,程序性知识是我们直接用于完成任务的知识,它解决了"怎么做",是系统功能的"行动者",是一种"做"的任务技能。因此,程序性知识的特点是"程序"。流程示意图、检验方法、作业指导书、故障处置案例、顾客服务案例,都体现了鲜明的程序特征。

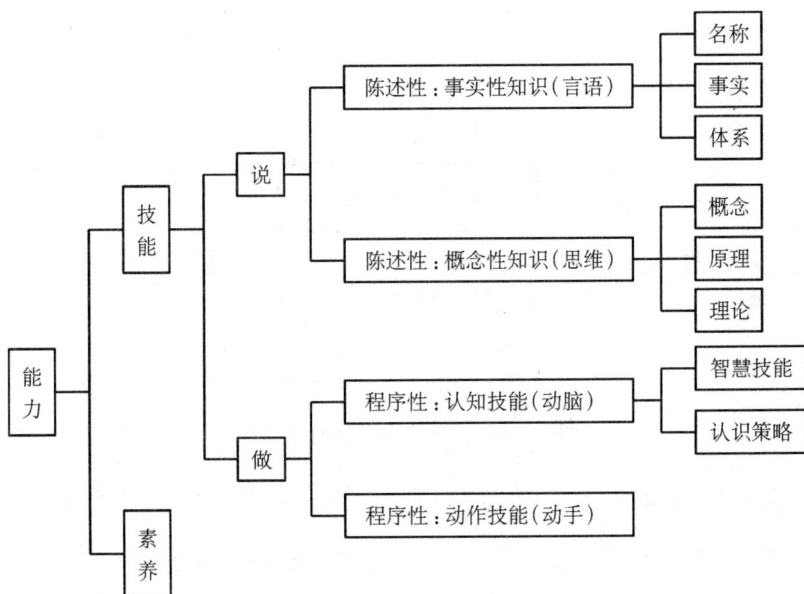

图 4-3　职业能力对应的知识类型

这就要求我们的"教师",识别出哪些是"任务"的知识,进而分解出任务的步骤或者工序,一步一步地讲解,对其中学员不清楚或认知错误的"是什么"、"为什么"这些知识点,则进行必要的辅助讲解,这就揭示了我们讲解理论时的教学结构,也可以作为我们企业课程的教学结构。那么,经营管理者对方案、标准、制度的传达与解释,按照这样的"教学步骤"与"教学结构"进行表述,也更容易被执行者、参与者们理解、实施。这是笔者对中国共产党"秀才造反"得以成功的理解之一,也是笔者主张从优秀师资中培育后备干部的原因之一。

元认知知识。前面已经提到过元认知,它是学习者对自己认知的意识和控制,因而也有人将其称为后设认知、反审认知。我们可以将其理解为"怎么学",也可以理解为"怎么变",它是社会系统涌现的源泉。对组织来说,元认知的战略价值,在于不断破除组织的核心刚性,使组织始终充满活性与创造力。这就是一个政党需要将"整风"机制化、一家企业需要将"反思"机制化的原因。

在包括一切实践过程的学习中,元认知的具体体现是学习者对学习的反思:我的学习能力如何?这门知识的学习目标是什么?我应当采用哪些更高效的学习方法?这个知识点的知识背景如何?这个知识点适用于哪些情形、如何应用?

一位高超的"教师",一个以学员为中心的课堂,更应当分出一部分重点在元认知的培育。这才是真正而彻底的"授人以渔",而不仅是满足于解决概念性知识的"为什么"。

令人担忧的是,中国的经营管理者学了太多的管理手段,甚至学到一个就立即应用,也不考虑人家的药为什么能治好人家的病、这种药的服用有什么禁忌。将竞争性企业员工评价的强制分布法,随便移植到标准化战略的国有企业;将人才市场供给充足的企业的末位淘汰制,随便移植到偏远工业区内的企业或者需要员工忠诚度很高的企业;将卓越绩效管理模式随便移植到关键绩效管理都没做好的企业;将积分制管理随便移植到一个典型的知识型组织……都是我们屡见不鲜的失败案例。同样,这对管理顾问也提出了一道职业能力底线,这也是笔者在咨询领域越做胆越小的原因之一。

人类生来首先学习的是事实性知识，随着年龄的增长与事实性知识、概念、原理的积累，理解能力逐步增强，概念性知识在头脑——个人知识库中开始占据主体地位。一般来讲，当我们达到一定的年龄段，因我们的记忆力开始衰退，事实性知识的库存开始不断减少，而程序性知识不断增加，由程序性知识发展而来的各种"公式"也急剧增加、不断重组，导致概念性知识与元认知知识的不断增生[①]。随着晚年的到来，我们的知识库中似乎只有概念性知识与元认知知识了，而这个时期的这些知识则显得更为精练、宝贵，我们更能感觉到"智慧"这个概念的存在。见图4-4。

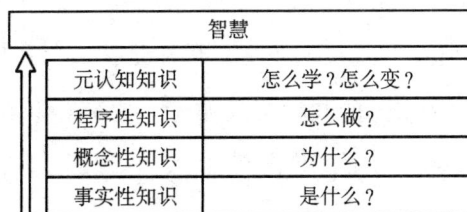

智慧	
元认知知识	怎么学？怎么变？
程序性知识	怎么做？
概念性知识	为什么？
事实性知识	是什么？

图4-4　人生的知识积累模型

我们因此可以冥想出太多的感悟：虚心地学习书本中各种"前人"、"他人"的知识；打开广阔的视野，丰富人生的阅历；不断地实践，积累丰富的经验；在人生实践中"吾日三省吾身"，不断建构、修正自身的理性认知；读书不在记，而在悟；不断地从知识向智慧迈进；不要轻易地建言、立说；大道至简，大象无形；尊重各种各样的"老人"……

姑且以此作为这一段的小结吧。

---

① 有趣的反例是，一些终生追求记忆能力的人，他们的理性认知能力却相对欠缺。

2. 显性知识和隐性知识

这是根据知识表现形式的划分。显性知识,是可以用规范语言进行表达、传播的结构化知识,例如设备结构这类"是什么"的知识、故障原理这类"为什么"的知识[①],和小学、中学、大学教材主要学习的"是什么"、"为什么"一样,可以通过讲解、复述、笔试等方式进行学习,也是容易被竞争对手模仿的知识。

隐性知识,则是超文本的、难以用规范语言进行表达、传播的非结构化知识,是只能依附于特定主体的个性化的技能或经验,例如设备操作技能、现场顾客服务经验、文字驾驭技巧、学习技巧[②]。由于隐性知识具有独占性,以及独占性衍生的稀缺性、不可模仿性、价值性,因此,隐性知识是企业的关键资源。这就从知识管理角度揭示了人才的重要性,揭示了各岗位的实践家们才是企业的人才;同时也说明了,知识管理的重点工作,至少在知识转移即培训方面,重点不是大量的课堂学习,而是工作现场面向实际任务与问题的"干中学、学中干";另一个启示就是,重点解决"怎么做"的师父、导师、教练们,他们在企业中的地位、待遇和发展,至少不能低于只解决"是什么"和"为什么"的企业内部培训师。当然,如果企业内训师同时能够重点解决"怎么做""怎么学",我们同样应当给予他们更高的地位、更好的待遇和发展。再一个启示就是,知识管理的主体工作,不包括文本的编撰与档案的书面化,能够显性化的知识,并非企业核心竞争力的主要内容。见表4-2。

表4-2　知识表现形式对应的知识内容

显性知识	事实性、概念性知识
隐性知识	程序性、元认知知识

---

① 即事实性知识和概念性知识。

② 即程序性知识、元认知知识。

3. 高附加值知识和低附加值知识

前面我们从组织的微观层面,按照知识的内容、形式,去识别"知识",但组织更需要从组织能力的高度,开展知识的识别,这就需要按照创造附加值的高低,识别出哪些知识是高附加值的、哪些是低附加值的。这个角度的识别标准,就是前文"企业能力"部分所述的核心能力与变化能力。对应于前面的两种知识分类,高附加值的则是程序性、元认知知识,是隐性知识,是企业核心能力、变化能力的内容;那些显性的事实性、概念性知识,则是低附加值的,只能满足企业的能动能力与附加能力,不能构成企业的核心竞争力。这就解决了组织能力的建设重心,也解决了个人能力的建设重心,回答了文凭为什么不能直接等同于能力;对民族和政府来说,培育大国工匠,产出大量别人无法模仿的高附加值产品,不仅能够解决大量的就业,而且个人、企业、国家的经济竞争力丝毫不亚于专利经济。见表4-3。

表4-3 企业能力对应的不同知识类型

核心、变化能力	高附加值知识	程序性、元认知知识	隐性知识
能动、附加能力	低附加值知识	事实性、概念性知识	显性知识

这种视角的知识识别,不仅告诉我们应当做好学会"是什么"、"为什么"的基础工作,而且组织内功、个人内功的投资,应当更多地用在"怎么做"、"怎么学"(或者理解为"怎么变")。

4. 个体知识和组织知识

这是按照知识主体即知识拥有者[①]的不同进行的划分。个体知识,仅存在于个体头脑中、未被组织所有的知识,如个人的经验、技能。它容易随着员工的流失而流失。组织知识,则是已经共享或为组织所有的知识,如知名品

---

① 这里的知识拥有者,并非知识产权范畴,而是指知识存在于谁的头脑中或谁的管控范围,即知识的依附对象。

牌、商业秘密、企业专利、客户关系、客服经验、已经写入企业教材的经验,它已经脱离个人而流传下来,它是与财务资产同等重要的知识资产,是人才资产的本质。

显然,通过这种知识识别开展的知识沉淀,将员工头脑中的个体知识转化为组织知识,是知识管理的重要工作。如果我们没有财力通过专项的知识管理积累组织知识,那么最简单的做法就是留住人才,这也是笔者不建议关键人才离职率很高的企业大张旗鼓地开展学习型企业建设的原因之一。这里牵涉到许多企业对"关键人才"的界定,从知识管理的角度来看,关键人才就是个体知识更丰富、对本组织更有效的人才。

三、知识来源的识别

企业即使有着富可敌国的财务资源、傲视群雄的人才资源,相对于现实任务与未来发展,永远是一个知识资源的孤岛,在这一点,全球顶尖企业与新设仅一天的小微企业,没有质的差异。因此,知识识别还需要解决:知识从哪里来?

1. 内部知识、外部知识

这是笔者按照组织边界进行的知识来源的划分。有的知识,存在于组织内部,或者我们已知,或者我们未知。当我们搜索本组织的文档、开完所有的诸葛亮会、臭皮匠会之后仍然无解时,我们不得不向组织之外寻求答案,同行专家、外部顾问、高校、科研院所、图书馆、中国知网等,都是外部知识的载体。

对识别知识来源的理解,关系到组织对外部知识的高效获取、有效利用。事实上,中国绝大多数企业并未开展自觉的知识管理,对内部的个体知识,甚至不知道它们在哪里——在谁的头脑中,更谈不上自觉地发掘、转化成组织知识,更谈不上有意识地建立起外部知识来源清单。南京地铁运营公司除了内部师资名单,另建的囊括 3 000 多位外部讲师的管理技能师资库,就是一种"外部知识来源清单",我们可以理解为管理技能培训领域的"外部知识检索目录"。

2. 直接知识、内省知识与间接知识

这是以学习者的头脑为边界、相对于"旧知"即原有知识,根据知识生成来源对"新知"的划分,均属于个体知识。

直接知识直接来源于学习者的自身实践,例如几次实际操作后提升的技能、一次设备维修后的经验、一天客服电话之后得出的对客户心理的进一步认知。内省知识就是从实践中悟出的知识,例如自身实践之后的总结。间接知识来源于学习者的外界,例如老师的传授、同事的分享。

直接知识与内省知识,不易遗忘,前者属于程序性知识,后者包涵了概念性、元认知知识,显然这两者较间接知识更有价值,而且内省知识比直接知识的价值更大。见图 4-5。

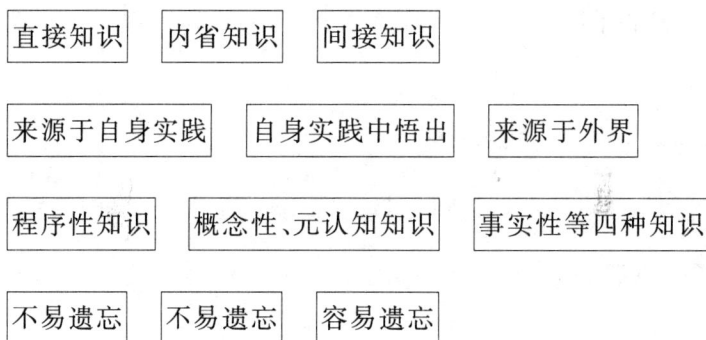

直接知识	内省知识	间接知识
来源于自身实践	自身实践中悟出	来源于外界
程序性知识	概念性、元认知知识	事实性等四种知识
不易遗忘	不易遗忘	容易遗忘

图 4-5　直接知识、内省知识、间接知识的区别

这种识别的实践意义在于,个体学习更多地应用干学合一模式,而不是脱产、半脱产为主的学习;而组织学习更多地强调团队学习,即成员的分享与思维的激荡。

第二节　知识识别的工具

如同笔者在课堂上经常涉及各种表单模板、文案模板类的管理工具,从而失去更多的咨询项目一样,也许本书深入工具层面,将失去更多的课酬和咨询费。但本着知识分子的良心,尤其是作为培训师、咨询师的"师德",本书仍将与读者分享相关的管理工具,谨供参考与借鉴。

一、知识识别模型

作为一项现实任务,开展知识识别,首先应当从企业能力开始思考。下面我们就运用前面的相关内容,构建两个知识识别模型,作为开发知识识别工具的原点,也是又一次思维模式的交流。

开展知识识别,最好首先根据企业所处的生命周期,判断自身的总体能力应当至少达到怎样的水准,进而研判该水准范畴的能力应当具备哪些知识,进而研判这些知识对企业的价值。

如图4-6所示,初创期的企业,至少应当具备能动能力,以保障行业内的生存地位;如果同时具备独有知识支撑的核心能力,甚至有望一举成功。进入成长期,则至少应具备附加能力,以拓展生存空间、打好发展基础。进入成熟期,则至少应具备核心能力,以巩固行业内的生存地位、争取更大的发展空间;但同时应当高度警惕,保障变化能力,避免陷入外部的"红海"、内部的僵化,积极进入转型期①。转型期则应具备足够的变化能力,与进入新产品、

---

① 转型期不仅是企业经营管理模式的转型与升级,更在于新产品、新领域的进入准备。

新领域的能动能力①,否则转型的风险是巨大的,这也是许多企业对新产品、新领域投资失败的根本原因之一。

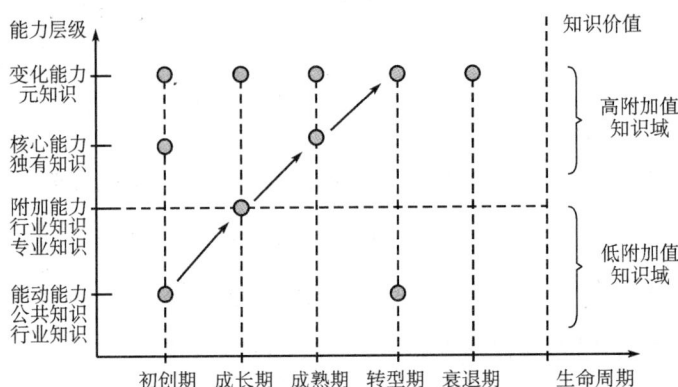

图 4-6 基于企业生命周期的知识识别模型

我们应当注意到,无论身处哪个生命周期,变化能力即创新能力,永远是必备的。成长期的企业,如果不具备足够的变化能力,就难以应对恶劣的生存环境。成熟期的企业,更应当避免核心刚性的风险。转型期的企业,更是应将心态回归"小企业",敢于归零。进入衰退期的企业,更当发奋图强,谋变重生。纵观这个历程,我们有理由向那些伟大的企业家们第二次敬礼。

基于企业生命周期的知识识别模型,第三个维度是知识价值。我们只有始终瞄准高附加值知识域,企业才能持久地生存和发展。这也意味着,核心能力、变化能力并非成熟期企业的"专利",如果初创期即具备这两种能力,企业将走出超乎同行的速度和规模,一个初创期的企业,也许核心能力就足以引领或颠覆全国甚至全球的整个行业,盖茨、马云的创业史就是生动的注

---

① 在笔者看来,严格来说不存在企业的生命周期,而是产品的生命周期。绝大多数的企业之所以衰退、消亡,根本原因在于产品没有及时升级或转入新的产品领域。转型期的核心是产品的转型。

脚①。企业能力建设由能动能力向附加能力、核心能力、变化能力的演进,只是一种逻辑路径,并非实践的必然步骤。

当我们开始制订知识管理规划或培训管理战略时,还需要基于企业能力模块的知识识别模型(见图 4-7)。

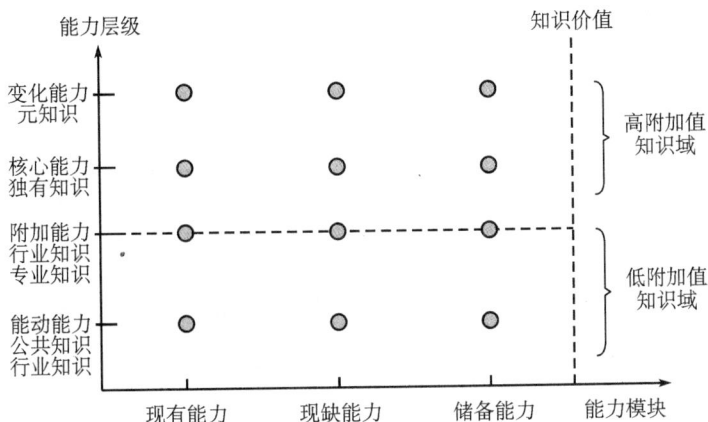

图 4-7 基于企业能力模块的知识识别模型

围绕企业的发展需要与战略目标,企业应当分析在能动能力、附加能力、核心能力、变化能力这四个方面,我们现有的是什么能力? 现缺的是什么能力? 需要为今后两三年甚至五到十年提前储备哪些能力?

也许到这里,读者只能理解、意会,还不能立即开始自己的实践。下面,笔者以南京地铁运营公司 2009 年上半年的知识识别结果为例,介绍如何利用这两个模型判断能力建设重点。根据咨询合同保密条款,图 4-8 仅列举部分内容,这些内容也是城市轨道交通运营企业初创期的总体能力状况与能力建设需要。

到 2009 年初,南京地铁运营公司已经完成草创,开始正式进入初创期。主要来自"公交"即城市巴士运营公司、"大铁"即城际轨道交通运营

---

① 为避免广大的年轻创业者误入歧途,笔者郑重提醒:这是一种创造独特顾客价值的核心能力,而这种独特的顾客价值,应由市场来评判,而非你自己的"认为"。

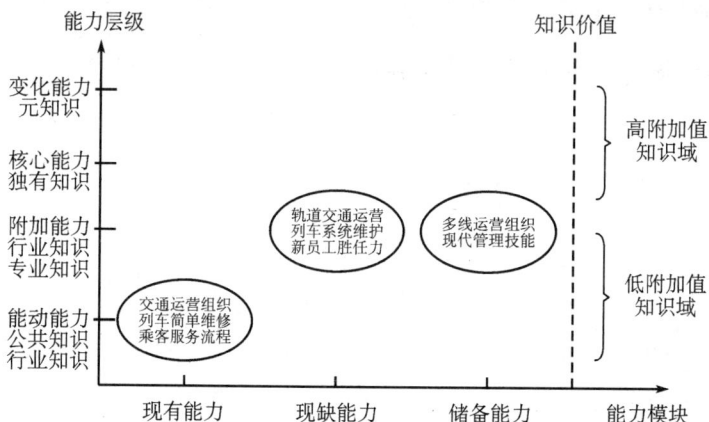

图 4-8 南京地铁运营公司 2009 年知识识别（部分）

行业的中高层管理人员、技术人员，以及来自其他企业设备维护维修的生产人员，已经奠定了这个行业最基本的交通运营组织、列车简单维修能力，乘客服务流程包括基本的标准亦已建立，这些就是南京地铁运营公司当时的"现有能力"。

但城市轨道交通运营企业仍然需要轨道交通运营的大行业知识，对主要来自德国西门子的电客车进行系统的维护、关键部件的维修，则是一个问题，而更令人担忧的是，一线列车驾驶、维护维修队伍的胜任力，尤其是一线新员工的快速胜任。这些就是当时的"现缺能力"。

当时一号线已经开始运营，但今后三五年内将迅速形成多线交叉的网络化运营局面，如果从 2009 年开始不储备多线运营或者称为网络化运营的组织能力，此后三五年内将逐步被动，谁都知道，地铁运营行业的任何一次故障，在互联网社会都是一件"国际新闻"。而在内部，中高层管理队伍虽然经验丰富，但普遍缺乏系统的现代企业管理知识，即使戴明环、甘特图这些最基本的方法和工具都没有听说过，这对一个此后三五年内人员规模裂变式增长的高技术密集型企业来说是可怕的。这些就是当时的"储备能力"需求。

每每在课堂上讲到这里,许多企业问我:这些现有能力、现缺能力、储备能力的结论,是如何得出的呢? 请相信你们自己的模糊判断,只要你的中高层管理经验比较丰富,只要你们的中高层管理团队充分讨论,应该能够大致判断出各种能力要素的。因为我们是"智慧"的人类。如果你仍然不能确信,再请外部专家全面地专业调研。

如果你觉得这种基于知识识别的能力判断,无法落到部门、班组层面,那么我们一起看看南京地铁运营公司的《班组能力建设点检表》(见表 4－4)。

表 4－4 班组能力建设点检表

班组能力体系		能力建设指标	评分					
			1	2	3	4	5	小计
安全管理	安全组织	安全员职责明确、工作正常						
		安全监督岗(控制点)						
	安全标准	安全制度						
		操作规程						
		安全预案						
		安全台账						
		安全劳保用品穿戴						
	安全实施	安全生产责任状						
		员工三级安全教育						
		安全事故						
		安全会议						
		安全检查						
		"三违"现象						

班组能力体系		能力建设指标	评分					
			1	2	3	4	5	小计
生产管理	目标管理	目标计划						
	生产计划	作业计划						
	生产组织	生产任务						
		生产作业进度管理						
		突发事件						
	生产管理	班组会议						
		交接班						
		生产组织						
人员管理	组织管理	员工岗位工作标准						
		二长六大员配置						
		员工考勤管理						
	关系管理	班组长与员工沟通						
		员工关系和谐						
技术管理	技术标准	建立技术标准						
		强化技术改进和提高						
现场管理	管理标准	现场管理标准						
		办公设施基本配置						
	现场规范	办公及生产场所						
		环境卫生及现场服务						
		特色班组工作法						

班组能力体系		能力建设指标	评分					
			1	2	3	4	5	小计
成本管理	成本管理	节能工作						
		定额管理						
		物料领用						
		经济活动 分析制度						
	维修成 本控制	配件维修						
		系统维护						
设备（工具） 管理	设备巡检	设备巡检制度						
	工器具及计 量器具管理	工器具管理						
		计量器具管理						
服务管理	服务标准	各项服务标准						
		服务管理 可追溯性						
	服务执行	仪表着装						
		规范化服务						
		行服管理规定						
		行服督察工作						
	服务改进	服务专题会议						
		服务改善						
		服务投诉						
内部荣誉	班组荣誉 （非文体）	班组获奖情况						
	员工荣誉	员工获奖情况						
竞赛	竞赛活动	公司"五比五看"						
		中心技能竞赛						
		班组岗位练兵						

续表

班组能力体系		能力建设指标	评分					小计
			1	2	3	4	5	
绩效管理机制	绩效考核机制	班组绩效考核制度						
		员工绩效考核						
	员工遵章守纪	考勤、请假						
	胜任力管理	员工持证上岗						
		员工个人考核						
		班组长综合能力						
任职管理机制	员工技能发展	一岗多能						
		职业技能鉴定						
	继任管理	后备人员储备发展						
学习管理机制	师资课程体系	内部兼职讲师队伍						
		课程体系						
	培训管理	课程计划						
		课程体系						
		培训课时						
		授课时间						
	制度体系	班组培训管理制度						
沟通管理机制	合理化建议	合理化建议数量						
		合理化建议质量						
	横向协调	班组间工作交流次数						
知识沉淀	案例库	班组案例素材质量						

班组能力体系		能力建设指标	评分					小计
			1	2	3	4	5	
知识转移	员工辅导	师徒制						
		班组长对员工辅导						
	工作轮换	班组内轮岗频次						
	互助培训	员工间互助培训开展次数						
知识创新	行动学习	班组 课题攻关项目						
	最佳实践	公司级 最佳实践案例						
特色班组创建	品牌班组	品牌班组 建设计划						
		企业文化及品牌建设知识点						
		品牌特色 活动次数						
		品牌班组 建设论文						
		《班组园地》建设						
		QC小组						
班组文化	班组文化理念	班组文化理念 和口号						
	成长手册	班组及员工 成长手册						
	班组文化活动	班组文化活动						
课题成果	成果汇总	班组课题成果						
展示展览	展示交流	公司报刊及班组网站 文章发表数量						
		外部媒体 发表数量						

班组能力体系		能力建设指标	评分					
			1	2	3	4	5	小计
外部荣誉	荣誉奖项及先进事迹（非文体）	荣誉奖项						
		先进事迹						
	入选案例	最佳实践案例数量						
对外交流	行业内交流、行业外部交流	对外交流						
社会传播	地铁案例	班组管理案例						
		班组员工成长案例						
评分合计								

这张表，就是根据南京地铁运营公司当年班组建设的实际需要，以及一线员工的接受能力，而设计出来的。在咨询顾问讲解清楚表格中的每一项之后，一线员工们集体讨论，再各自打分，汇总统计。其中，能力缺乏项为 0 分，能力最弱项为 1 分，能力胜任项为 5 分。我们仍然应当相信一线员工的智慧。只要在科学的框架和指导之下，开展团队学习，他们一般能够产生正确的判断。

二、知识体系表

知识体系表，姑且算作笔者的"独创"吧，其实就是麦肯锡的 MECE 逻辑树，你也可以将其理解为思维脑图、鱼骨图的 ECXEL 表格化。它是我们系统思维的利器，既可以用作体系化知识的梳理，也可以用于分析问题、解决问题。

我们可以将事实性知识看作以"事实"或"名称"为单元的体系，将概念性知识看作以"原理"或"概念"为单元的体系，将程序性知识看作以"程序"或"步骤"、"工序"为单元的体系。这样，我们就可以用 EXCEL 表，将这些知识系统

（我们的学习系统或工作系统），从一级到二级、三级……进行麻雀式解剖。

下面，则是笔者在人力资源管理领域，开展咨询工作或辅导行动学习所用的"人力资源管理知识体系表"之一①。囿于版面，表4-5仅展现了前四级。

表4-5　企业人力资源管理知识体系表示例（部分）

战略人力资源管理	战略目标制定	背景分析	企业经营目标
			企业战略目标
			组织能力
			外部环境（政治、经济、文化）
		路径	
		方法	
		工具	
		组织	
	战略目标实施	路径	
		方法	
		工具	
		组织	
		机制	
招聘甄选（选人）	招聘	需求分析（必要性）	立项分析（必要性）
			能力分析（标准）
		招募渠道（有效性）	
		招募工具（科学性）	
	甄选	调动	
		晋升	
培训开发（育人）	职业生涯管理	组织职业发展通道	
		员工职业发展规划	

---

① 这套知识体系，是根据中国传统人事管理"选、育、用、留"的思维模式，对西方现代人力资源管理体系的解读。笔者为南京市地铁交通设施保护办公室等机构设计的人力资源管理体系，则是基于员工评价的人力资源管理体系。借此机会，感谢南京地铁集团副总经理蔡玉萍女士的启发。

		课程	
培训开发（育人）	培训体系规划	师资	
		工具	教材、教案、讲义、案例、试题
			内训师、师傅/导师
			软件（培训技术、表单、文案模板、档案）
		平台	硬件（IT平台、教学设施）
		制度	
	日常培训管理	培训实施	模式（知识管道）、组织、文化
		培训管理	需求分析
			反馈
薪酬绩效（用人）	绩效管理	绩效目标	结果目标（做什么）
			行为目标（怎么做）
		绩效评估	界定工作内容
			绩效评估
			反馈
	薪酬管理	薪酬体系设计	原则：公平性（外部竞争性、内部一致性）
			策略（领先、追随、滞后）
			薪资结构设计
			全面薪酬
		薪酬体系	职位薪酬体系
			能力薪酬体系
员工关系（留人）	行为关系	道德	
		法律	
	人身关系	安全	
		健康	

　　读者没有必要细究表4-5的具体内容，事实上这张表内的许多内容，都

有了许多的更新。这张知识体系表,仅是为了形象地说明如何制作一张知识体系表。

　　知识体系表的制作,需要剖析系统结构,遵循"彼此独立、完全穷尽"的MECE原则。例如,人力资源管理体系的一级结构,其战略人力资源管理、招聘甄选、培训开发、薪酬绩效、员工关系五个管理模块,概念是没有交叉的,都是并列概念,而且这五个模块穷尽了人力资源的管理任务。它考验和锻炼的,是我们的概念辨析能力,也就是我们理论修养的基本功,它能完善我们的思维模式,是我们统一系统认知、思维模式和行动框架的利器。见图4-9。

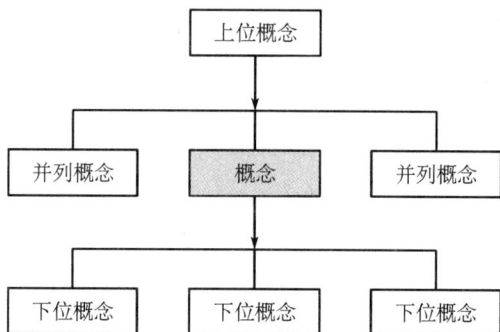

图4-9　概念体系

　　我们完全可以组织全员,用这个简单的知识识别工具,理出我们的各种工作对象系统,然后将其作为一面镜子,照照我们的现有能力、现缺能力、储备能力。我们没有必要在绘制思维脑图、鱼骨图上花费过多的时间,EXCEL不仅简捷,也给我们提供了足够的纸面。

　　对于包括CKO①在内的知识管理部门来说,则可借鉴知识体系表的结构规则和形式表现,衍生出我们各职能、各岗位的课程目录,它不仅是企业主要培训需求的"点检总表",也是一张能力清单。

　　表4-6则是南京地铁运营公司轨道维修岗位的能力分解表,和其他上百个岗位的能力分解表一样,都是标准化的知识编码,它们是南京地铁运营

---

①　首席知识官。

公司第二批、上百位企业培训师，根据第一批、三十多位培训师编制的教材，艰苦工作、群策群力的成果体现，他们为公司的员工能力建设、基本运营需要，作出了卓越的奠基性贡献。

表 4-6　员工能力分解表（示例）

序号	能力模块	能力项	能力描述
A	安全知识	A1 线路作业安全	掌握轨道作业防护条件、防护办法、请（销）点制度及电气化区段作业基本要求及安全规定
		A2 安全规章	掌握《工务安全规则》
		A3 劳动安全	了解劳动保护相关条例
		A4 公司、物设部有关安全的补充规定	全面掌握公司、物设部有关安全的通知，技术联系单
		A5 中心安全规定	全面掌握中心关于安全工作的相关规定
B	专业知识	B1 线路平、纵断面基础知识	了解线路平、纵断面设计规定；熟悉超高设计要求
		B2 钢轨基本知识	了解地铁线路钢轨类型
		B3 道床结构类型及扣件系统	了解地铁轨道类型及其构造，熟悉主要轨道病害的整治方法
		B4 道岔结构类型	了解道岔类型及平面线形，熟悉道岔结构、道岔扣件系统及轨下基础，掌握道岔常见病害整治方法
		B5 无缝线路基础知识	了解无缝线路的基本原理，熟悉无缝线路的构造，掌握无缝线路养护要求
		B6 线路设备维修标准	了解线路维修管理分类与内容,；熟悉线路不平顺管理规定；熟悉线路质量评定要求；掌握线路设备检查规定；掌握线路技术标准和维修要求
		B7 限界及标志标识	熟悉线路标志标识；掌握限界要求
		B8 应急预案系统知识	掌握各种突发情况下应急预案处置作业流程

序号	能力模块	能力项	能力描述
C	相关知识	C1 路基、桥隧设备基本常识	了解地铁铁路路基、桥涵、隧道基本知识及与线路有关的结构要求和维护标准
		C2 信号、供电及车站设备基本知识	了解与工务相关的通号、供电、运输设备基本知识
		C3 测量基本知识	了解测量原理,掌握简单测量仪器的使用方法
D	基本技能	D1 线路保养	熟悉线路设备综合维修、经常保养和临时补修的作业方式,掌握线路设备施工作业防护方法
		D2 材料管理	熟知线路设备常用材料、零配件的型号、规格、用途以及堆放、搬运、装卸要求
		D3 轻型车辆的使用	正确使用本岗位的单轨小车、单轮吊轨小车等轻型车辆
E	专业技能(一)常用仪器	E1 轨距尺、支距尺、方尺的使用	掌握轨距尺,支距尺的使用方法,熟悉操作注意事项
	养路机械	E2 电动捣固镐的使用	了解电动捣固镐的主要结构和工作原理;熟悉电动捣固镐操作安全注意事项,掌握使用方法
		E3 钢轨切割机的使用	掌握钢轨切割机的使用方法,熟悉钢轨切割机操作安全注意事项及维修保养方式
		E4 机动螺栓扳手的使用	熟悉内燃扳手和电动扳手的工作原理及使用方法,了解二者的优缺点及适用范围
		E5 液压养路机械的使用	了解液压起道机、液压拨道器、液压直轨器、液压轨缝调整器、液压方枕器等机械的使用方法,熟悉操作安全注意事项
		E6 钢轨打磨车	了解钢轨打磨车的工作原理和操作方法

显然,表 4-6 既是一份直接面向现实任务的岗位胜任能力清单,也是岗位技能鉴定清单。它为设计模块化的培训科目提供了基础。

三、课程目录

在类似南京地铁运营公司《能力分解表》这种"知识体系表"的基础上,我们可以进一步开展知识识别工作,编制课程目录,确立各岗位的培训科目。表4-7就是南京地铁运营公司当年进一步设计的轨道维修岗位的培训科目表。

表4-7 培训科目表(示例)

类别	培训科目	培训形式	培训学时	对应能力项编码
理论类	线路作业安全	脱产	3	A1
	安全规章	脱产	3	A2
	劳动安全	脱产	3	A3
	公司、物设部有关安全的补充规定	脱产	3	A4
	中心安全规定	脱产	3	A5
	线路平、纵断面基础知识	脱产	3	B1
	钢轨基本知识	脱产	3	B2
理论类	道床结构类型及扣件系统	脱产	6	B3
	道岔结构类型	脱产	6	B4
	无缝线路基础知识	脱产	6	B5
	线路设备维修标准	脱产	6	B6
	限界及标志标识	脱产	6	B7
	应急预案系统知识	脱产	6	B8
	路基、桥隧设备基本常识	脱产	3	C1
	信号、供电及车站设备基本知识	脱产	3	C2
	测量基本知识	脱产	3	C3
学时小计			66	

类别	培训科目	培训形式	培训学时	对应能力项编码
实作类	线路保养	实践性/脱产		D1
	材料管理	实践性/脱产		D2
	轻型车辆的使用	实践性/脱产		D3
	轨距尺、支距尺、方尺的使用	实践性/脱产		E1
	电动捣固镐的使用	实践性/脱产		E2
	钢轨切割机的使用	实践性/脱产		E3
	机动螺栓扳手的使用	实践性/脱产		E4
	液压养路机械的使用	实践性/脱产		E5
	钢轨打磨车	实践性/脱产		E6
	混凝土枕扣件螺栓涂油作业	实践性/脱产		F1
	混凝土枕垫板作业	实践性/脱产		F2
	线路起、拨、改道作业	实践性/脱产		F3
	手工捣固作业	实践性/脱产		F4
	整理道床，标志刷新作业	实践性/脱产		F5
	更换枕木作业	实践性/脱产		F6
	钢轨钻眼、快装接头安装作业	实践性/脱产		G1
	钢轨切割、防护作业	实践性/脱产		G2
	更换接头夹板作业	实践性/脱产		G3
	钢轨接头病害整治作业	实践性/脱产		G4
	轨端及钢轨肥边打磨作业	实践性/脱产		G5
	调整轨缝作业	实践性/脱产		H1
	矫正钢轨硬弯作业	实践性/脱产		H2
	更换钢轨作业	实践性/脱产		H3
	道岔起、拨、改道作业	实践性/脱产		I1
	更换道岔零部件作业	实践性/脱产		I2
	整治尖轨竖切部分不密贴作业	实践性/脱产		I3
	动态检测	实践性/脱产		J1

类别	培训科目	培训形式	培训学时	对应能力项编码
实作类	线路检查	实践性/脱产		J2
	道岔检查	实践性/脱产		J3
	线路故障	实践性/脱产		J4
	道岔故障	实践性/脱产		J5
	学时小计			
学时总计				

表4-7所示的课程目录,对理论类、实作类的培训科目,界定了培训形式和培训学时,还需要以下的培训科目指导书(见表4-8),进一步明确具体的培训目标和培训内容,才能通过知识识别,指导此后的其它各项知识管理工作。

表4-8 培训科目指导书(示例) 对应能力项编码:B3

科目名称	道床结构类型及扣件系统	类别	理论类
培训形式	脱产	培训学时	6
培训目标	熟悉主要轨道病害的整治方法;掌握地铁线路道床结构类型及其配套扣件系统		
培训内容	1. 碎石道床及配套扣件系统 2. 整体道床及配套扣件系统 3. 减震扣件的应用 4. 常见线路病害及整治方法		

不难看出,课程目录是显性知识,或者称作显性化的隐性知识,也是企业的组织知识清单,属于企业的内部知识。

四、考卷

这是许多中小微企业容易忽视的知识识别工具。江苏省电信公司关于培训的格言就是"培训不考试,效果等于零"。中国银行江苏省分行的参训学员,也要面对大量的考卷。这种笔试方式,不仅是对学习结果的有效评估,也能反向促进学员通力配合企业培训,而不是将课堂作为难得的休息室、娱乐间。同时,笔试也应当用于新知培训之前,测评学员的知识基础,而这一点,是许多企业忽视或不善于的环节。

前面所述的根据知识内容进行的知识划分,为我们测评新知培训前的学员知识基础提供了依据。对即将开讲的"体系",显然,应当测评基础性的"事实"和相关的"名称";对"理论",显然应当测评基础性的"原理"和相关的"概念";对流程、方法等等各种"程序性知识",显然应当测评学员对"步骤"或"工序"的了解,以及相关的"是什么"、"为什么"。企业内外的培训师们,亦当注意这个细节。现实中培训之前的需求调查,却忽略了或不善于这一点的操作,几乎绝大多数的企业培训需求调查,仅是一些培训科目等的泛泛收集。

五、内部人才库

由于知识具有鲜明的人身依附性,知识都"存放"在特定个体的头脑中,支撑企业核心能力、变化能力的那些宝贵知识,都保存在那些人才的头脑中,要将这些个体知识转化为组织知识,或者当组织需要查找知识的时候,我们不断编制、积累一个"内部知识检索清单",是极为有益的。

企业人才库不是人力资源统计表,而是知识资源备忘录,是一种个体知识检索目录。没有条件或者还不想系统开展知识管理的企业,可以通过人力资源统计表、内网发出的"英雄帖"或者与会者的记忆,找到相关问题的内部专家。但事实证明,一些高级工程师一时无解的问题,却在一群普通工人的手里轻易解决了;一些困扰某部门长达一年多的问题,却在其他部门一个毛头小伙子颠覆性想法的激荡下,找到了解决方向,因此,我们可以尝试用EXCEL 表做一个企业人才库的模板,这是一个知识管理模板,用这个模板不断发掘、登记各种知识的主体。

表4－9　企业内部人才库建设模板（示例）

序号	能力种类	能力项	能力描述	知识主体			
				姓名	经验年龄	联系方式	……
F	专业技能（三）不落轮	F1 TE2000HD 型数控不落轮镟床主要结构介绍	掌握设备简述，主要结构介绍，系统的主要工作界面				
			……				
		F4 不落轮常见故障分析	不落轮故障排查、近期故障处理过程				
		F5 U2000－400 型不落轮整体介绍	数控不落轮镟床的功用、系统组成、功能的实现				
		F6 U2000－400 型不落轮液压系统介绍	U2000－400 型不落轮液压系统介绍总体介绍、主要元器件、载重补偿部分对比				
		F7 马群不落轮车床简明操作手册	机床简介、应急自备件、突发故障应急处理及各项维护内容				
		F8 马群不落轮镟床操作介绍及实操练习（含公铁两用车）	不落轮面板介绍，不落轮操作指导，公铁两用车操作指导				
		F9 U2000－400 型不落轮应急处理及维保	应急自备件、突发故障应急处理、维保项目				

　　表4－9仅是借助南京地铁运营公司设备操作维修岗位，在其能力分解表①的基础上增加了"知识主体"，而开发的"企业人才库"。也许你会惊讶：怎么如此简单?! 是的，就是这么简单。能简单的，我们为什么要追求复杂呢？

————————————

　　①　出于企业秘密的保护，已删除部分内容，仅用于本书这里的展示、介绍。

对于混沌、复杂的"人"，我们在此没有必要解剖、列举他们的每一个能力细项，我们需要的是，在任何时候，都不用舍近求远，直接从我们内部找到解决问题的专家，以及他们的联系方式。我们需要的是，对每一个较大单元的能力项，列出组织内部在岗、转岗以及其他有过此项经验的人员名单。"经验年龄"，只是便于我们根据问题的复杂、难易程度，大致判断找哪个内部专家，但这是表格的必填项。

读者不难发觉，这种"企业人才库"，也是需要动态维护的。

再补一笔：即使其中的一些人才离职，现职员工仍可通过这张表，借助私交，向已经成为外部知识主体的老同事寻求支持。

六、外部专家库

当我们面对某项挑战和难题找不到内部专家时，建设并维护我们的外部专家库，也将在每一个关键时刻发挥巨大的威力。除了直接将上表名称的"内部人才库"替换成"外部专家库"，或者将这两表的内容合成一张表以外，我们也可以按照管理、技术、营销等领域的大类，像社会培训机构、南京地铁运营学院那样，制作类似《管理培训师资库》的表格。至于每种表格的大项即一级目录如何设计，则完全根据对特定"系统结构"的理解和需要，就像《管理培训师资库》中按照通用管理能力、物流与供应链、生产运作等等课程门类进行划分。

七、知识银行

如果没有记错，"知识银行"是早年北京大学一个 MBA 班的首创，在导师的辅导下，他们将入学之初的学员能力，逐项填入一张名为"知识银行"的表格中，此后不断动态增加，此举极大地激发了学员的学习热情。原理很简单，一个人如果没有坚持储蓄的习惯，则他的银行账户往往是空白；但如果无论每笔收入的多少，坚持储蓄，随着账户余额的不断增加，他将不断想方设法地存钱。知识的储蓄也是如此。见表 4 - 10。

南京地铁运营公司高度重视班组建设,我们在打造学习型班组的过程中,开发了这家"部门知识银行",也是"个人知识银行",推荐给当时的300多个工班。

表4-10 企业知识银行示例

类别	内容		姓名	财富等级
	事务	技能		
职业素养		动机	张三	★★★★★
			王五	★★★
		个性		
		形象		
		态度		
职业技能	生产技能	质量保障		
		成本控制		
		……		
	……			
	计划管理	统筹		
		跟进		
		反馈		
		分析		
	沟通	公文		
		新闻稿		
		散文		
		诗歌		
		小说		
		唱歌		
		跳舞		
		体育		
		交流		
		演讲		
		协调		
		公关		

类别	内容		姓名	财富等级
	事务	技能		
职业技能	OFFICE	打字		
		WORD 排版		
		EXCEL 排版		
		EXCEL 计算		
		PPT 设计		
		图片处理		
	办公室	电脑硬件		
		电脑软件		
		网络维护		
		网络工具		
		电路修理		

初建之后,经常记一记,改一改,天长日久,你就会爱不释手。因为,这张表能够很快让你发现哪些人能教什么,哪些人需要学什么。这就为建设团队内部的知识市场打下良好的基础。

那么有了这个"知识银行",我们又能怎么办呢?也很简单,你可以"以长补缺":拉出一份培训计划表,用张三的"长板"去补李四的"短板"就行了,其实这就是团队内部的标杆学习了,这里的张三不就是标杆吗?

也许你会说:有没有搞错?唱歌、跳舞、写诗什么的也要列上?

是的!你要搞公司晚会呢?你要出一期板报呢?……平时有意识地建立、维护好这个极简易的"知识银行",你将受益无穷。

八、学习日志

关于琐碎事务的工作日志,笔者不提倡大多数企业、大多数岗位强制使用。对那些典型的知识型组织、知识型岗位,建议使用和工作计划配套的效率手册。至于企业开展知识识别所用的学习日志,笔者建议企业一试。作为组织成员直接知识和内省知识的沉淀工具,这种学习日志已不是我们通常的学习记录本、听课笔记——学习内容的记录,而是我们学习中三、五百字或者寥寥数行的心得、体会、感悟、创意。如果我们将其设计成公司内网或 E-LN 中的共享社区,这不仅是将个体知识转化为组织知识的便捷途径之一,也是知识转移包括知识共享的一种有效方式。

九、知识地图

地图,是我们到达目标的资源线索与路线指南。同样,知识地图,就是我们建构企业内部知识市场的资源索引与路径指南,是组织知识识别包括个人知识识别的集成性工具。知识地图的五个关键要素,是学习主体、知识主体、知识渠道、知识索引、激励机制。见图 4-10。学习主体是知识的需方;知识主体是知识的供方;知识渠道则是学习主体与知识主体的交易模式,即各种知识转移包括知识共享的方式,我们可以理解为包括个体学习目的、组织学习目的在内的各种交互学习方式;知识索引,是学习主体和知识主体之间相关知识资源的联结,如同地图上的坐标、旅行中的指南针、互联网的搜索引擎,它让我们更准确、便捷地找到前进的方向和路线;如果没有完善的激励机制,组织将前面的四个要素准备得再好,学习主体也不会主动向知识主体索取知识,知识主体也不愿意认真响应甚至推诿、拒绝学习主体的需求。

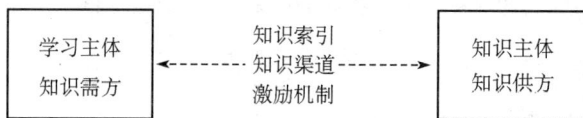

图 4-10 知识地图的结构模型

关于知识管理的著作和互联网信息,对知识地图都有详细的阐释与介绍。本书的视角与重心在于学习型组织建设,而且这个章节更偏于学习型团队和学习型个人的塑造实务,因此,笔者提出一些建议,谨供知识管理的实践家们参考。

笔者关于知识地图的全球现状和实践研究还不够全面,但是一味地寄望于 IT 工具①,似乎走进了"极左路线"的误区。IT 版的知识地图,对知识地图的架构师、管理员提出了极高的要求。知识地图的架构师应当由一个高级专家团队组成,他们应能识别企业各类知识的结构,并精通不同业务领域的各类知识的逻辑关联;而 IT 版知识地图的管理员团队,且不说他们同样应具备专家级水准,单 24 小时的快速响应,就是一个很大的问题。如果用机器人代替人工进行管理,那么这种机器人应当是智慧型而非智能型的,因为"它们"面对的是一个海量的、几何级数裂变的、非线性的复杂巨系统。即使能用极其高昂的成本解决前面这些问题,完善的线上、线下激励政策也需要很高的设计技术与财务成本。在 IT 版知识地图中,类似游戏闯关、消费积分的激励模式,难以永久维持知识主体和学习主体的主观能动性。

2010 年,E-LN 建设风靡工商界,我们也试图为南京地铁运营公司赶一下时髦,我们很快发现,IT 版的学习管理系统,实质性内容仍是线下的东西,诸如师资的课程开发与现场培训能力、足够的课件、面对面的学习模式、培训管理组织的健全等等,才是最关键、最有效的。大约 2012 年左右,O2O 营销课程的职业培训师们生意开始越来越好,但除了消费品、标准化小件商品可以借助阿里巴巴、京东等完成线上交易过程,大多数工业品生产企业、一部分服务业,那些需要签署正式书面合同的复杂产品或复杂服务,仍主要依赖于线下交易。大约 2013 年左右,微信群崭露头角、迅速流行,直到今天,但有效交往、交易的人群基本上仍是来自线下的各种人际交互。到这里,我们似乎可以得出一个结论:大凡由信任关系决定的人际交往或者说需要遵循社会网"游戏规则"的 IT 平台,其更有效的活动、更有价值的交易交换,基本上都在线下。我们不否定 IT 系统强大的工具性能,但也不应高估、夸大 IT 系统的功能。

---

① 笔者并不反对运用 IT 工具建构组织知识地图,而且认为这是十分必要的工具。

因此,将知识地图理解为一个虚拟概念,或许更有利于实践的简便性。那么,无论虚拟的、还是现实的知识地图,只要系统设计学习主体、知识主体、知识渠道、知识索引、激励机制这五个要素,就是"一份"成本合理、交易有效的知识地图。

我们可以借用培训术语进行类比,更方便地理解这五个要素。学习主体类似于培训对象,知识主体类似于师资队伍,知识渠道类似于师生的交流方式,知识索引类似于培训指南,激励机制则类似于培训制度。

十、搜索引擎

无论真正具有知识识别功能的知识地图,还是包括知识地图在内的 E-LN,还是单独来看搜索引擎,运用 Spider 技术的搜索引擎,都是一种高效的知识识别工具,它能对以上九种知识识别工具所编码的内容进行快速检索,高效、低廉甚至免费地响应学习主体的需求。前提是搜索引擎的开发者与学习主体的关键词技术,搜索引擎的机器学习技术,以及 IT 技术专家、业务管理专家、知识管理专家的共同努力。见表 4-11。

表 4-11　企业知识识别的工具

知识识别的工具	知识识别模型
	知识体系表
	课程目录
	考卷
	内部人才库
	外部专家库
	知识银行
	学习日志
	知识地图
	搜索引擎

第三节　知识识别的主体

知识识别的主体,是指谁去识别知识。按照知识识别的有效性排序,知识识别的主体包括知识主体、学习主体、知识管理者。知识主体在此拔得头筹,因为"为师"的他/她最清楚知识的体系和内容,以及学习主体的真正需求；"为生"的学习主体屈居第二，因为知识交易的发起人是他/她，而且他/她也许知道自己大概需要怎样的知识；作为"外人"的知识管理者，除非他/她是一个"通才的校长"，也很清楚各种知识的体系和内容，以及学习主体的真正需求，但事实上这样的"校长"似乎尚未横空出世，绝大多数校长也是最多几个领域的知识主体。

在企业实践中，各类业务专家和管理能手、企业内部培训师、导师、师父、教练、行动学习促动师，都是最好的知识识别主体，应当由他们去判断：谁、需要在何时、可以在哪里、向谁、怎样交易知识。

第五章 知识沉淀

为了让实践家们形象地理解知识积累,知识管理学家借用物理学、化学当中的沉淀现象,描述知识如何积累到企业的知识库①中。

第一节 知识沉淀的内容

这里就产生了第一个问题:企业沉淀的应当是哪些知识?

个别企业耗费大量的时间、人力、资金,对庞杂的各类文本进行知识梳理,工程量类似《四库全书》的"举国之力"。当企业高层和知识管理团队举杯相庆时,作为知识"买主"的广大员工却在抱怨:他们在企业知识库中经常找不到自己需要的东西,反而在百度、360 搜索、行业网站、专业网站中轻而易举地解决了。……很快,越来越多的员工在寻求知识时首选那些公共知识库,……很快,越来越多的员工忘记了本企业知识库的存在,企业的知识管理员们开始"失业"。

我们应当沉淀哪些知识呢? 显然,公共知识库中已有的内容,企业没有必要再去另起炉灶,公共知识没有必要成为企业知识沉淀的内容,企业需要

---

① 这里也请读者将知识库理解成一个虚拟概念,更便于实践操作。

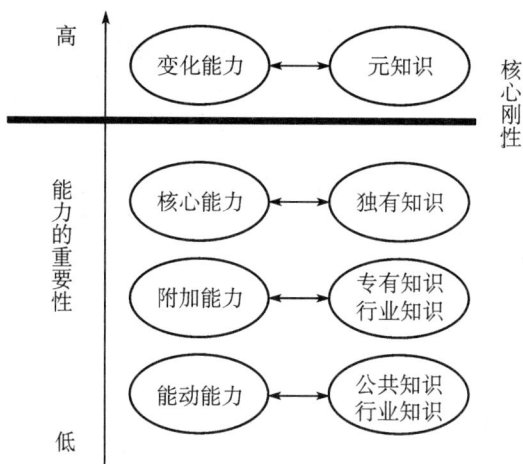

的是自己独需的、独有的且是公共知识库所缺乏的或外部购买成本过高的知识。这是知识沉淀的首要标准,是企业知识沉淀内容的边界。

这些知识,就是本书第四章第二节提到的企业能力所对应的知识。按企业的外部视角,则是费用昂贵的公共知识、行业知识,以及企业的专有知识、独有知识与元知识,而且从企业的生存来看,企业专有知识是知识沉淀的重心;从企业的发展来看,企业的独有知识、元知识更为珍贵,而且这些知识也是知识沉淀整体的重点、永恒的重心。按企业的内部视角,则是企业的营销、研发、生产等等各类业务知识,及其配套的管理知识,即各类业务的计划、流程、组织、战略、文化、品牌管理知识。

现在,我们可以综合以上两种视角或维度,整合出知识沉淀的内容架构,这也是企业知识库的内核结构,也请读者将其理解为"企业知识沉淀的内容结构模型",或者"企业知识库一级开发模型",而不是直接填写、应用的表单模板。见表 5－1。

表 5－1　企业知识沉淀的内容结构模型

能力类别			知识类别									
			营销								研发	
			业务知识	管理知识							业务知识	管理知识
				计划管理知识	流程管理知识	组织管理知识	战略管理知识	文化管理知识	品牌管理知识			……
能动能力	公共知识	事实性知识										
		概念性知识										
		程序性知识										
		元认知识										
	行业知识	事实性知识										
		概念性知识										
		程序性知识										
		元认知识										
附加能力	行业知识	事实性知识										
		概念性知识										
		程序性知识										
		元认知识										
	专有知识	事实性知识										
		概念性知识										
		程序性知识										
		元认知识										
核心能力	结有知识	事实性知识										
		概念性知识										
		程序性知识										

需要说明的是,即使已经进入知识库的知识,绝非一成不变,恰恰相反,这些五花八门的知识之间不断地发生加乘效应,整个知识库的内容始终呈现出动态的裂变状态。如何处理内部知识库的更新速度,不断识别裂变出的新知,并不断为企业各阶段所用,是持续推动知识管理的核心工作之一。因此,知识沉淀是一个持续的过程,"知识管理员"永无停歇的机会。

第二节　知识沉淀的方式

一些西方知识管理学家,从能否编码的角度,将知识分为编码知识与意会知识。

"编码"这个概念,可能最早来自计算机软件专业中计算机编程语言的代码,是指信息从一种形式或格式转换为另一种形式或格式的过程。编码知识,

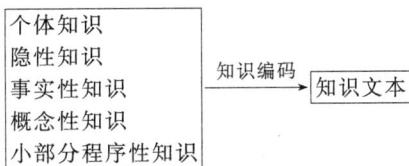

个体知识
隐性知识
事实性知识　知识编码　知识文本
概念性知识
小部分程序性知识

图 5 - 1　适于知识编码的知识类型

就是那些可以用语言、图形、符号、数字等明确地表示、表达、处理、加工和传递的知识,它是潜在的可共享的知识。因此,知识编码就是将各种个体知识、隐性知识,转换成文本方式进行表达、存储,这也是一个知识显性化的过程,而这些知识包括事实性知识和概念性知识。各种标准、案例、教材、讲义的编写,就是知识的编码工作。见图 5 - 1。

对程序性知识,编码工作者只能走到表述"任务程序"和"相关标准"这一步,对于真实现场的实践过程,则是大量的意会知识在发挥核心功能。意会知识的英文原词是"tacit knowledge",由英国 20 世纪著名物理化学家、思想家波兰尼(Michael Polanyi)1957 年在《The Study of Man》一书中首次提出,国内一般翻译为缄默知识、沉默知识、默会知识,也就是那些只能意会、难以言传的知识[①],以及那些模糊知道其存在、但说不清楚的知识。根据目前的理解和技术手段,它们难以编码和估量。

何谓"可以言传的知识"? 就是那些可以用结构图、示意图、概念、命题、公式、图形等加以陈述的知识,那些可以编码的事实性知识、概念性知识、在

[①]　主要是程序性知识和元认知知识。

说"是什么"和"为什么"的知识,就是"可以言传的知识"。

何谓"说不清楚的知识"?拧螺丝用多大的力道是最合适的,我们说不清楚;这个男人和这个女人为什么能终生相伴,其实我们也说不清楚;为什么这首曲子大家都认为优美,我们说不清楚……人类的认知范围与认知成果是相当渺小的,还是将这些问题统统交给那些伟大追求的科学家们,我们继续围绕企业的现实需要,探索知识沉淀工作吧。

至少可以将程序性知识和元认知知识作为沉淀的另一种对象,只不过这两种知识无法用编码的方式。那么对程序性、元认知这两种知识,用什么方式进行沉淀呢?笔者的建议是,不要为了沉淀而沉淀,而是将复杂问题简单化,在日常的各种知识转移和知识创新活动中,将各种知识主体的个体知识、隐性知识,持续沉淀到相关学习主体的"头脑"中,直接收获、运用新的知识成果,持续推动企业知识的新陈代谢、企业能力的螺旋式上升。在与管理顾问现场辅导同理的行动学习中,促动师引导学员得出的解决方案进行书面化,就是对大量意会知识①的沉淀结果。

到这里,读者也许觉得谈知识沉淀,怎么又扯到知识转移、知识创新呢?知识管理的五项工作或五个模块,仅是我们出于研究、表述的方便而提出的,现实工作中,知识沉淀往往也包含了知识的识别、转移、创新、资产工作,知识创新往往也包含了知识的识别、沉淀、转移……

至此,我们可以为知识沉淀的方式作一个小结:用编码的方式,重点沉淀事实性知识和概念性知识;主要运用知识转移和知识创新,沉淀程序性知识和元认知知识。见图 5-2。

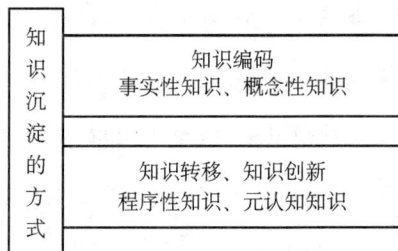

知识沉淀的方式	知识编码 事实性知识、概念性知识
	知识转移、知识创新 程序性知识、元认知知识

图 5-2　知识沉淀的方式

---

① 当然也包括大量的编码知识,即事实性知识和概念性知识。

第三节 知识编码的形式

关于知识编码,实践家们无须沉浸到最内核的形式要素:语言、图形、符号、数字,这些交给知识管理学家们,我们仅须了解知识编码的主要文本形式,即通过企业常用的哪些文本进行知识沉淀? 笔者看来,主要是方案、标准、制度与教材、档案。

一、方案、标准、制度

方案、标准、制度,这也是企业经营管理者经常挂在嘴上,却容易混淆的三个概念,尤其后两者。并非咬文嚼字,仅出于协助读者至少写好管理文档的动机。

案,最早可能是指长形的桌子或架起来代替桌子用的长木板,如书案、香案。方案,则是呈放到案上的方法,如提案、议案,后来则泛指具体的工作计划或解决问题的方法,总之,其核心仍是方法,讲的是"怎么做",是一种程序性知识。

方案一般可分为工作方案与解决方案,前者如企业发展规划、详细的年度计划、专门的项目计划、以通知形式作出的任务部署、关于某项任务的具体请示;后者均指向某类问题或特定问题,如铁路道岔常见故障的修理方案、信号系统惯性故障的解决方案。无论工作方案还是解决方案,无论方案一般包括多少要素,其制作要点,一是全文应以程序为纲,因为它是程序性知识。二是充分应用 5W2H 法,表述标准、制度及其细节。三是必要的、基于资源分配与配置的保障措施。

标准,是衡量事物的依据。实践就是检验真理的标准;榜样本身并非标准,其有关内涵才是标准;铸造的模与范,才是标准;秦始皇统一的度量衡,就是标准。标准,同时也是区分两种事物的规则,是一种基于美学的价值判断,是区分好人与坏人、好事与坏事、善举和恶行的规则,因此,标准也是一种参照物、一面镜子。在管理领域,标准就是衡量一切管理对象的依据和规则,它来自重复性事物和概念性知识,是管理对象共同遵守的准则和依据,它的语言表达式是"为"与"不为","为"就是应当做什么、怎么做,如同"作业指导书";"不为"就是不应当做什么、不应当怎么做,如同"三大纪律、八项注意"。

与制度相比较,标准的核心特征是规范性,它只讲为与不为,而制度的核心特征是利益性,它对各种标准的施行进行约束、节制、限制,以保障管理对象的行为不超越边界。制度,包括收益性的控制,如奖金[①];也包括惩戒性的控制,如罚款。

优秀的经营管理者,都习惯于在一份制度文本中,先描述标准,再描述对应的奖惩;都习惯于在一份方案中,既描述方案,也描述相关的标准和制度。这样既节省文档的数量,又便于管理对象理解、遵守、实施或执行。

方案、标准、制度,是知识编码的主要文本形式,教材、档案则是据此通过进一步的知识编码产生的两种文本形式,你也可以理解为对方案、标准、制度进行知识转码[②]的产物。见图 5-3。

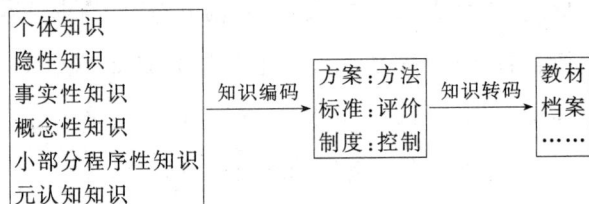

图 5-3　企业知识编码与知识转码

---

　　①　各种奖励或正激励,是通过对管理者预期结果的利益设计,诱导管理对象的行为,从而实现标准的约束功能。

　　②　知识转码是一种更深度的知识编码,即知识文本的内涵发掘;有时则是知识文本的形式转换。当然也有内涵与形式的双重转码。

二、教材

这里的"教材"，是一个广义概念的教材，泛指用于"教育"的各种文档材料，是方案、标准、制度这些工作文档向培训文档的转化版。例如我们狭义理解的 WORD 版教材、PPT 讲义。条件不具备的企业，可以将现成的方案、标准和制度直接作为教材使用，但从教育培训效果来看，他们仅是按照工作的程序逻辑组成的文字，没有按照知识的结构重新编码，因此，有条件专项开展培训体系建设或系统建构知识管理体系的企业，则需要用教材的形式对它们进行编码。

三、档案

此处的"档案"，是指按照知识管理要求，系统整理的各类知识载体，是知识库的重要文档形式。

1. 档案与档案管理的价值

令人遗憾的是，绝大多数企业，尤其民营企业，普遍没有意识到档案的重要性，或不善于管理档案，这一点，需要向图书馆和党政机关学习。我们需要按照档案管理的规范，在日常工作中做好、管好各种客户档案、研发档案、产品档案、设备档案、人力资源档案、工程档案、项目档案……，即使无须或者不想开展知识管理体系建设的企业，也可以通过档案的逆向管理功能，从每项任务的第一步开始就控制好产出和质量，加上归档时限的要求，则进一步控制每项任务的进度。即使我们没有意识到"知识管理"，但知识管理真实存在于每一个企业的每一步，而且她价值巨大。

2. 档案管理的基本要求

档案管理至少需要做好以下九个方面的工作：

1. 设计档案管理的组织，并与企业组织结构合二为一；

2. 明确档案的内容,包括企业级、部门级、员工级档案,与项目类档案的内容;

3. 界定档案的使用期限:永久保存类、长期保存类、短期保存类;

4. 界定档案的密级:绝密级、机密级、秘密级、公开级;

5. 明确档案的形式:文档类、音像类、电子类;

6. 归档的形式要求;

7. 归档的时间要求;

8. 日常的调档与销档;

9. 档案的保护。

为了更直观地理解档案的管理,我们在此呈现南京地铁运营公司的培训档案管理方案(2015 年版①)。

南京地铁运营公司培训档案管理方案

(2015 年 7 月南京地铁运营公司总经理室讨论通过,2015 年 8 月 1 日起施行)

第一章 总 则

第一条 为了规范南京地铁运营公司培训档案管理工作,以加强知识沉淀,持续提升组织核心能力,并通过培训档案逆向管理培训工作全流程,经公司总经理室研究,特制定本方案。

第二条 培训档案工作纳入各级部门主管与相关管理人员的岗位职责。

第三条 培训档案施行分级管理,公司培训档案与部门培训档案(含中心培训档案,下同)由人力资源部培训中心统一管理,员工培训档案由其所在部门管理。

---

① 出于企业秘密的保护,现行版不再展示。

第四条　员工培训档案随员工在部门间流动,由其所在部门管理;员工离职后,员工培训档案转入公司培训档案。

第二章　培训档案的分类及内容

第五条　公司培训档案的内容

(一)公司知识管理体系建设规划。

(二)公司员工培训与组织发展规划。

(三)公司培训计划。公司培训计划按时间分为年度计划、季度计划、月度计划;按层级分为公司培训计划、部门培训计划和工班(含工、班、组,下同)培训计划。

(四)培训制度。

(五)课程体系规划。

(六)教材。教材包括读本、讲义、案例和各类相关的工作标准、技术标准、管理标准、管理制度。

(七)师资。包括内部培训师、外部培训师和导师、师傅。其中,内部培训师包括专业技术内训师、管理技能内训师、TTT内训师、行动学习辅导师。

(八)培训模板。培训模板包括培训活动、培训管理的各类表单模版和文案模版。

(九)监督记录。监督记录包括各类测评记录和检查记录。

(十)公司培训活动资料。培训活动资料分为三大类,即文档类、音像类和电子类。

(十一)培训总结。含阶段的、项目的培训小结。

(十二)外部咨询。

(十三)各类公司培训项目。

(十四)培训成果。公司培训成果包括公司所获荣誉、员工发表的论文以及各部门和全体员工的培训档案。

第六条　部门培训档案的内容

(一)部门的知识管理工作计划。

(二)部门培训计划。

(三)部门的培训制度。

(四)教材。包括教材读本、授课讲义、案例和各类相关的工作标准、技术标准、管理标准、管理制度。

(五)本部门的内部师资。包括内部培训师、和导师、师傅。其中,内部培训师包括专业技术内训师、管理技能内训师、TTT内训师、行动学习辅导师。

(六)培训表单。包括培训工作表单和培训管理表单。

(七)本部门培训活动资料。

(八)培训总结。含阶段的、项目的培训小结。

(九)部门的培训项目。

(十)培训成果。部门培训成果包括部门所获荣誉、部门员工发表的论文、合理化建议、最佳实践、创新成果以及部门全体员工的培训档案。

第七条　员工培训档案的内容

(一)个人学习提升计划。

(二)个人培训记录。个人培训记录包括员工在公司《培训流程管理方案》中各类培训方式的参与情况和测评成绩与结果,以及公司人力资源管理中的绩效考核、胜任能力测评、职业技能鉴定、职称评定、资质认证的结果。

(三)培训成果。员工个人培训成果包括个人所获荣誉,个人发表的论文,合理化建议,最佳实践,个人创新成果等。

第八条　培训档案按使用期限分为三类:永久保存类、长期保存类、短期保存类。

(一)永久保存的培训档案包括:

1.本方案第五条的第(一)至(八)款、第(十)至(十四)款。

2．本方案第六条的第（一）至（四）款、第（八）至（十）款。

3．本方案第七条的第（三）款。

（二）长期保存的培训档案，保存期为 10 年，包括本方案第六条第（五）款至第（七）款。

（三）短期保存的培训档案，专指本方案第七条规定的员工培训档案，保存期为员工公司离职后的 1 年。

第九条　培训档案按密级分为机密级、秘密级和公开级。

（一）机密级档案的认定

1．涉及公司技术秘密的档案。

2．涉及公司财务的档案。

3．涉及公司隐私的档案。

4．涉及公司品牌的档案。

5．其它经核定为机密级的档案。

（二）秘密级档案的认定

1．涉及自主研发课程的培训档案。

2．涉及员工个人隐私的培训档案。

3．其它经核定为秘密级的档案。

（三）公开级档案的认定

除机密级、秘密级档案外的所有档案。

第十条　培训档案密级的认定由人力资源部培训中心组织或自行认定；涉及技术类的培训档案密级的认定，由人力资源部培训中心与相关技术管理部门协商后确定。

第三章　培训档案的归档

第十一条　培训档案的形式分为三类：文档类、音像类、电子类。

第十二条　归档规范

（一）归档应按照自然形成、保持历史联系原则、归档要求特征及档案内容进行归档。

（二）按归档要求进行装订、编号、填写卷内目录备考表，全部案卷组成后，要对案卷作统一排列并编写档号，并逐卷进行登记，填写案卷目录。

第十三条　文档类档案的归档

（一）文档类档案必须是办理完毕的正式材料，材料应完整、齐全、真实，文字清楚、对象明确，有经办单位或个人署名，有形成材料的日期。

（二）文档类档案必须统一使用 16 开规格的办公用纸，文字须用铅印、胶印、油印或用蓝黑墨水、黑色墨水书写，除电传材料需复印存档外，其它材料一律不得用复印件代替原件。

（三）中文横写或外文文件以左侧装订为原则，中文竖写文件以右侧装订为原则。右侧装订时，对准文件及其附件右上角；左侧装订时，对准文件及其附件左上角，理齐钉牢。

（四）文档材料应区别不同情况进行排列，密不可分的文件材料应依序排列在一起，即批复在前，请示在后；正件在前，附件在后；印件在前，定稿在后；其它文件材料依其形成规律或特点，保持文件之间的密切联系并进行系统的排列。

第十四条　音像类档案的归档

（一）音像类档案可分为照片、录音带、录像带三类。

（二）移交归档的音像类档案资料，须按要求整理立卷，并填写音像档案记录卡。

（三）照片档案的归档须依照三个"有利于"，即有利于保管，有利于提供使用，有利于保持照片档案的有机联系。

（四）录音、录像档案须在归档前进行验收，须检查录音带有无变调失真或噪音干扰，录像带内容是否完备，画面是否清楚，声音是否清晰等。

第十五条　电子类档案的归档

（一）电子类档案在归档移交前，应对归档电子类档案的载体及技术环境进行检测，确保载体的安全利用。

（二）具有保存价值的电子档案必须及时生成纸质文件等硬拷贝，进行归档时，须将电子文件与相应的纸质文件一并归档。

第十六条　归档时间

（一）公司培训档案自生成后每年归档一次，由人力资源部培训中心具体实施。

（二）部门和员工培训档案自生成后每半年归档一次，由各部门培训管理员具体实施。

（三）每自然年度结束前，所有培训档案应完成向公司培训档案库的归档。

第四章　培训档案的调档和销档

第十七条　调档的流程

（一）调用档案的单位或个人需填写《调阅培训档案登记表》，经人力资源部培训中心副主任或部门培训管理员批准后，方可进行调档。

（二）档案管理人员核查后同意调用，并于登记表单上填注借出日期。文档类档案经批准后可直接调档，音像类和电子类档案实行备份制，原件存档，以复制件提供利用。

（三）调用档案的期限规定：文档类档案为 15 天，音像类和电子类档案为 7 天。若因特殊情况需延长期限，应至人力资源部培训中心或部门培训管理员处办理续借手续，续借期限同上述期限。

（四）档案归还时，经档案管理人员核查无误后，档案即归入档夹。

（五）登记表单由档案管理人员留存备查。

第十八条　不同密级档案的调档

（一）机密级档案只能由总经理室成员调用，各职能部门、中心负责人仅能调用涉及本部门信息的档案,如财务部部长只能调用财务类档案。

（二）秘密级档案只能由相关部门负责人调用,包括各职能部门、中心负责人,以及经总经理审批核准的个人。

（三）公开级档案可为公司所有员工调用。

第十九条　调档的注意事项

（一）调用档案须严格履行登记手续,限期归还,不得擅自转借他人。

（二）任何个人不得查阅或借用本人及其直系亲属的档案。

（三）查阅者不得泄露或擅自向外公布档案内容,不得擅自摘抄、复印档案内容,归还时须保证档案的完整无缺。

（四）严禁私下涂改、圈划、抽取、撤换档案,对违反者,视情节轻重予以批评教育,直至纪律处分,或追究法律责任。

（五）因工作需要从档案中提取法律证据的,须经人力资源部培训中心主任批准后方能复制办理。

第二十条　培训档案的销档

（一）对超出保存期限的档案,经人力资源部培训中心主任鉴定并签字批准后方予销档,同时须上报总经理室备案。

（二）销毁档案实行两人监销制,监销人须在档案销毁清单上签字,未经鉴定和批准,不得销毁任何档案。

第五章　培训档案的保护

第二十一条　公司设专门的公司培训档案室,各职能部门设置专门的培训档案保存设施或培训档案室。

第二十二条　公司培训档案由人力资源部培训中心实行集中统一管理,不得由其他部门或个人分散保存;员工培训档案由各部门培训管理员负责管理。培训档案统一存放在专门的档案室或档案保存设施中。

第二十三条　对档案室的要求

（一）档案室要注意防盗、防火、防光、防潮、防尘、防高温、防污染、防有害生物。

（二）对档案室至少每周打扫 1 次，并做好档案室的清洁记录。

（三）注意调节和控制档案室的温湿度，确保档案的安全。

（四）档案室的温度应控制在 14℃—24℃，相对湿度应控制在 45％—60％；保存音像类制品的库房温度应控制在 13℃—15℃，相对湿度应控制在 35％—45％。

第二十四条　档案保存的要求

（一）文档类

1. 档案管理人员在调用、检查重要纸质文档时应着工作服并戴洁净手套操作，防止汗渍、细菌等有害物污染档案。

2. 对破损和字迹模糊或变质的档案，应及时修补或复制。

（二）音像类

1. 照片类资料应立放，以免照片、底片受压后发生粘连。对于大幅照片，可采用平放体式格局，但叠放高度不宜超过 5 厘米；对于宝贵的、使用频繁的照片，应进行复制，以拷贝照片提供使用，或扫描刻制成光盘备份。

2. 对于录音、录像类资料，应注意防磁、防紫外线。

（三）电子类

1. 归档载体应作防写处理，不得擦、划、触摸记录涂层，载体应直立存放，做到防尘、防变形。

2. 存放时应注意远离强磁场，并与有害气体隔离。

第六章　附　则

第二十五条　各部门可根据自身培训工作特点细化、完善本方案，并报人力资源部培训中心批准，作为本制度的补充。

第二十六条　档案的开发和利用。公司适时组织专业人员对培训档案进行系统梳理、二次开发，汇编各类专业教材，以持续丰富、优化公司知识库。

第二十七条　本方案由人力资源部培训中心负责解释并组织实施。

第二十八条　本方案自 2015 年 8 月 1 日起实施。

第六章　知识转移

第一节　知识转移的概念

知识转移,就是知识从知识主体向学习主体的转移,是学习主体的知识内化与知识转化过程。

在这个过程中,学习主体主要通过记忆和理解等认知方式,了解学习主体的知识,这仅是知识转移的第一个成果——知识内化,但这时的内化知识,严格说来还不是学习主体真正拥有的知识。学习主体还需要通过亲身实践,以及实践过程中应用、分析、评价、创造等认知方式暨认知目标,将知识主体传播的知识与自身头脑中的旧知深度联结、结构重整,从而生成自己的新知,这就是知识转化,这才标志着知识转移的最终成功。见图 6-1

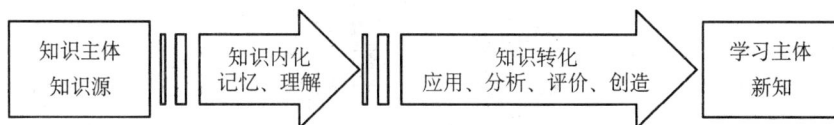

知识主体
知识源 ▶ 知识内化
记忆、理解 ▶ 知识转化
应用、分析、评价、创造 ▶ 学习主体
新知

图 6-1　个体知识转移的过程模型

这就很好地解释了为什么在校生需要通过课堂练习、实验室试验、社会实践,才能产生真正的知识——对实践有用的信息;这也很好地解释了企业的理论学习与书面考试,只能解决"应知"而不能解决"应会"。

第二节 知识转移的方法

一、知识的内化

1. 基于学习背景的知识内化

研究知识内化有许多视角,笔者同样是一个"摸象的盲人",但偏好于从知识转移情境的角度,去研究、应用知识内化。这种情境,可以理解为学习的背景条件,是知识转移成功的三大前提条件,缺一不可。这就对企业内部、外部的培训师提出了一个看似很高、实则基础的要求,尤其对于那些职业培训师。

任何知识,之所以成为我们实践需要的知识,总是离不开知识有效的背景因素。这种知识转移的情境,主要包括学习者的任务情境、文化情境和战略情境。或者说,高效的知识转移,或成本低廉的知识转移,往往需要这三种情境条件同时满足。见图6-2。

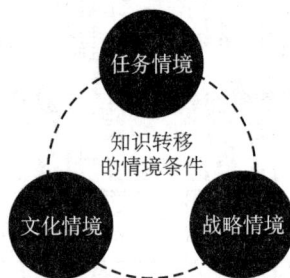

图6-2 知识转移的情景条件

当管理者没有意识到教学法对日常管理工作的重大价值时,TTT培训师的教学法知识,很难被这些管理者们吸收,但是这些管理者以企业内部培训师的角色参加TTT培训时,他们则会主动消化教学法知识,这就是任务情境在知识转移中的影响。

当你对没有较完善的绩效管理机制,而且各层级、各部门充斥着怠惰习气的企业员工,依据十足、妙趣横生地讲述职业化理念、绩效意识、绩效管理实务的时候,你会发现,他们十分开心,而内心里嗤之以鼻。因为他们的骨子里还没有建构真正的绩效文化、结果意识。这就是文化情境在知识转移中的影响。

当你对一家公共服务企业大讲特讲市场营销,那些学员们则开始频繁地看手机、上厕所,因为,他们采用的是标准化战略,不需要太多的竞争性战略知识,这就是战略情境在知识转移中的影响。

假设一家政府财政支撑的公共服务部门,总体采用的是标准化战略,只有一定程度的内部竞争机制,严格说来也没有什么人员退出机制,真正的竞争文化并未普遍形成,在这种背景条件下,学习一些竞争性民企的做法,对员工评价运用强制分布法是可取的,但如果进一步运用末位淘汰制,结果是可想而知的。反之,你对一家仍在红海中残酷打拼的民营企业,大讲特讲企业级的标准化战略、全系统的精细化管理,结果则是误人害企。这就是战略情境与文化情境在跨组织知识转移中的影响,虽然任务情境是相同的。

因此,我们在知识转移之前,就必须审慎、准确地判断即将传授的知识,是否学习者的实践需要,是否具备相同或相似的文化背景、战略背景。这对组织向外部的标杆学习活动,也具有重大的启发价值。

2. 基于知识基础的知识内化

从学习者的学习背景,去理解、开展知识内化,是不够的,我们还需要从学习者的知识基础,进一步做好知识内化。基于知识基础的这种知识转移,包括相似性转移、适应性转移。

谁和谁相似、谁适应谁? 一端是知识的源单元,即"师",另一端是知识的接收单元,即"生"。什么相似? 适应什么? 就是"师"所传授的知识,其应用的任务、文化、战略情境,和"生"的任务、文化、战略情境是否相似,如果不相似,则需要"生"去适应"师"的知识。

如图 6-3 所示,对于"老师"头脑中的知识,重叠区的那部分是"学生"的知识基础已经具备或者容易理解的内容,这部分知识内容的转移,就是"师生之间"的相似性转移;而"老师"头脑中、重叠区之外的那部分内容,"学生"则须充分发挥学习能动性,主动适应老师的"教学",这部分知识内容的转移,就是"学生"的适应性转移。

①相似性转移(源单元与接受单元处于重叠区)
②适应性转移(源单元与接受单元处于重叠区之外)

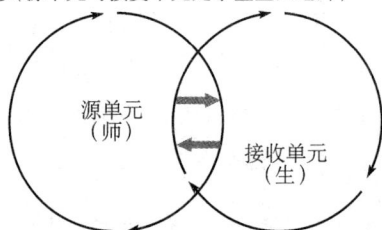

源单元
(师)

接收单元
(生)

实践价值
①教学的根本原理:同一性、相关性
②培训的有效性,一半取决于老师对学员既有隐性知识的深刻洞察
③培训的有效性,一半取决于学员的现有知识结构
④培训工作的循序渐进,决定于学员知识结构的逐步提升

图 6-3 基于知识基础的知识内化模型

这种认知,对教学培训工作的启示至少有五个方面,一是首先建构培训现场和谐的师生关系[①],快速创造接收单元对源单元的认可、尊重甚至崇拜,形成身份位势差,为知识位势差[②]的运作打好关系基础;二是教师应首先识

———————

① 笔者总结为传播的同一性、相关性与专业性,缺一不可,否则这种传播的效果将大打折扣。例如,回顾师生类似的经历、"讨好"学员以拉近心理距离,建构同一性。例如,讲透传授知识对学员的各种价值,甚至扩展到工作、学习、生活等等细分领域的巨大价值,建构传授内容与学员实践的相关性。例如,通过主持人的介绍、自己巧妙的"故事"、精彩的观点,在学员心中建构强大的专业性。

② 有效的知识转移,需要老师的相关知识远远多于学员,知识如同瀑布之水,总是由高位向低位流动、冲击,这就是知识位势差。令人尊重甚至崇拜的老师几乎不用备课,就能随时满足学员的提问。

别哪些知识是学生已经具备的,或者考虑如何测评学生已经知道了哪些基础知识、容易接收哪些新的基础知识,这是教师在知识内化环节的第一步;三是教师应将培训重心,放在重叠区以外的知识内化,对学生普遍已知的内容,没有必要大玩脱口秀;四是教师应当想方设法调动学生的积极性,讲透事实性、原理性、程序性知识,不断从技术、心理角度,支撑学生完成这段艰苦的学习历程,协助学生完成重叠区以外知识的适应性转移;五是必要的学习纪律与评估管理,以保障缺乏良好学习习惯、学习毅力的学生完成适应性转移。

我们只需要将上一段阐述,换成"管理工作",同样可用。管理者和下属,首先基于同一性、相关性、专业性进行沟通、相处,建构和谐的管理关系,进而不断判断下属的能力现状和能力短板,重点通过日常辅导和专项培训,像一位称职的教师那样,热心、细心、耐心地补足员工的能力短板,当下属想"偷懒"时,经常敲打敲打。管理效果又将如何?

这就不难理解,为什么南京地铁运营公司曾经接纳笔者的建议,将王小明老师的《学习心理学》这本教育培训领域的专业著作,列为中高层干部人手一本的管理学书籍。这就不难理解,为什么笔者建议企业将内部培训师列为后备干部的重要人选,或者通过内部培训师的培养建设后备干部梯队。这就不难理解,学习并非仅存在于教育培训领域,知识管理包括培训工作并非纯粹的教育培训职能。

因此,笔者希望,经营管理者们也可以从"管理"的角度,来理解本书与"学习"有关的一切内容。对本书许多内容的理解,只需要将"学习"二字替换成"管理",将"知识"二字替换成"能力"。

3. 知识内化的实践体会

从学习者的学习背景、知识基础两个角度,去理性认知"知识内化",这对我们的实践价值,笔者感触很深的有两点。一是知识管理需要全员、至少主体队伍发自内心的支持。因此,培训管理的充分授权与支撑,是培训工作成功的必要保障,同时应在组织设定的框架内,充分考虑员工的培训需求。二是自主学习的良好氛围,一定是兼容并包的文化氛围。员工容易接受的是指正而非嘲笑、批评;对嘲笑"同学"的"同学",立即予以惩戒;别忘了在"课后"鼓励一下被"同学"嘲笑的"同学"。

根据企业师资队伍的培育、长期的咨询辅导实践、亲历高管和总经理的体验、将持续终生的学习总结,笔者现和读者共享一些知识内化的实践要点,并非系统性的理论归纳,仅是经验的部分总结。

学员自主:对学员、下属少一些约束。

允许失败:给学员、下属多一些机会。

持续激励:给学员、下属多一些激励。

允许偏见:给学员、下属多一些包容。

二、知识的转化

知识转化,一定发生在课堂的实战练习、课外的任务实践当中。只有实践,才能完成知识转化。

以下关于知识转化的实务要点,同样并非理论的概括与归纳,仅是经验的部分总结。见表6-1。

表6-1　知识转化的实务要点

知识转化的实务要点	动作管理
	行为修正
	反复试错
	反思改进

动作管理。动作管理不仅是对生产工人的技能训练手段,对写字间的文职人员来说同样如此:第一步打开公司指定的表单模板或文案模板,第二步

根据相关标准,开始填入第一个词组,第三步……,第四步……,第五步……。这就是管理者走动式管理、现场辅导的核心任务。

行为修正。也称为行为矫正。对不符合标准的各种错误行为、偏差行为,及时制止,反复修正,强化标准。这也是企业文化落地、"入行"①的核心手段。

反复试错。没有绝对的真理,学习本质上就是试错的过程。员工通过试错生成的知识,往往终生难忘、坚决应用。想想自身的来路,再看看你们的子女,就容易理解了。

反思改进。反思改进不仅推动新知质量的不断提升,而且不断更新我们的元认知,让我们更快速地成长、成熟。

关于知识转化,笔者在前述基础上,进一步与读者分享五个实践体会。

第一,行动,是最有效的学习。动手出新知,实践出真知。

第二,管理者包括知识管理者,每天对下属的关注重点:标准行为习惯化。

第三,知识管理包括培训工作,需要各业务部门与知识管理包括培训职能部门的通力配合,知识管理的成功,最终取决于业务部门。

第四,学习文化建设的重大议题:科学的容错制度。

第五,培训管理的核心目的是持续改善,而培训评估本身,对培训并没有重要意义,绝大多数企业、部门,没有必要在培训效果评估方面钻入牛角尖、死胡同,因为培训仅是完成绩效的支撑手段。

第六,培训评估的主要手段是绩效考核,而非传统意义上的培训效果测评。坚持科学的标准与过程,成果是瓜熟蒂落、水到渠成的。

---

① 企业文化管理,也可以看作企业价值观对员工的入眼、入脑、入行、入心的过程。

第三节　知识转移的方式

　　知识转移的方法,是一种策略,是相关客观规律的应用,是实现知识内化、知识转化而采取的路径、程序、手段,可以看作工作方案与解决方案。而知识转移的方式,则是这种策略的思维形式与工作形式,是人们在最佳实践基础上总结出的主观规则。因此,方法是一种内容,它只存在于我们的思维当中,方式是一种形式,是可以感知到的东西[①]。

　　根据知识转移的范围暨知识源的不同,以及任务的性质与难度等多项要素,知识转移包括连续性转移、近转移、远转移、战略转移和专家转移五种方式。也许读到这里,你还是云山雾绕,那我们就从连续性转移开始吧。见表 6 - 2。

表 6 - 2　知识转移的方式

知识转移的方式	连续转移
	近转移
	远转移
	战略转移
	专家转移

1. 连续性转移

　　个体或团队将常规任务的知识,不断应用于持续变化的背景条件下相同的常规任务,这就是知识的连续性转移。这种转移,发生在个体身上或团队内部,针对的是看似相同的、反复操作的常规任务,其实随着任务背

---

　　① 你也可以运用这段阐释,去理解"方法"和"方式"这两个概念的区别与关系:经营方法和经营方式、管理方法和管理方式、谈判方法和谈判方式、写作方法和写作方式、沟通方法和沟通方式、生活方法和生活方式……

景、任务条件的不断变化,个体或团队必须将旧知与新背景、新条件进行联结,从而"创造"新知,这种创造还不是真正的知识创新,仅是旧知应用背景、应用条件的经验化丰富,是对旧知适用背景、适用条件的进一步认知。这就解释了"经验"为什么往往解决不了复杂的新问题。见图6-4。

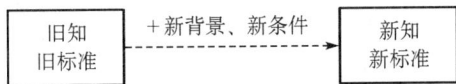

图6-4　知识连续性转移的过程模型

姑且以笔者的管理咨询工作为例,同样是企业培训体系的建设,同样是其中的培训管理制度设计,对有些企业需要正激励为主,而有些企业则需要增加一点暂时的负激励措施。因为对笔者脑中"培训管理制度设计"的旧知来说,不同的企业,组织学习文化、员工学习能力这些"背景"是有差异的,因而特定的解决方案作为一种"新知",也是应当有所差异的①。对笔者来说,"培训管理制度设计"的知识并没有太多的创新,只是这个知识点适用背景与适用条件的丰富化而已,是发生在笔者个人身上的知识连续性转移,是知识的迭代更新。类似的正例、反例,在企业经营管理者中不也是每天都在发生么……

个人知识的连续性转移尚且如此,那么团队知识的连续性转移,就比较复杂了。这个命题就是,同一团队如何在新的背景、条件下重复完成相同的任务?一个企业的公关接待部门,即使已经制定了看似完备的接待流程与接待标准,但对不同的接待对象、接待目的,仍然有着很多细节上的差异和要求。

笔者的实践体会就是,标准化+反思改进。在常规任务标准化的基础上,不断反思改进。反思改进的实质,就是在新的背景、条件下进行标准化工作;反思改进的任务,就是穷尽探索所有的背景、条件,以及这些背景、条件下

---

① 如果照搬照套原来的解决方案,只会贻害企业客户,犯了刻舟求剑的低级错误。

应当如何标准化工作。伟大企业的工作质量,正是几乎穷尽了所有的背景与条件,及其相应的工作标准。

这还仅仅是一种比较抽象的行为准则,还需要具象的操作要领,这种要领主要是利用团队会议进行团队知识连续性转移的操作要点(见表6-3),现与读者分享:

表6-3 团队知识连续性转移的要点(基于团队会议)

跳摘目标
全体会议
没有责备
不交报告
例会机制

跳摘目标。任务目标设置成"跳一跳,够得着",才能对团队成员产生有效的动力。这是团队会议开展知识连续性转移的首要前提,很少有人对唾手可得或高不可攀的任务目标感兴趣。

全体会议。全体行动者都应当参加这种会议,共同讨论在订单突增的情况下修订车间生产计划,共同讨论在竞争进一步恶化的背景下如何增加订单,共同讨论在流程优化之后如何调整岗位分工……,群众的智慧首先彰显在团队范围内的这种知识转移。

没有责备。团队知识的连续性转移,需要每一位成员心情愉悦地贡献自己的智慧,其他成员包括会议主持者的责备、嘲笑,都将注定这种知识转移的失败。没有责备、没有嘲笑,几乎是所有知识管理活动的戒条。

不交报告。即使企业的知识沉淀,一般也无须对知识连续性转移的过程与结果进行文本化,否则企业中几乎每天、每时都在发生的这种知识转移,将产生太高的文案成本与时间成本,将严重扼制团队成员的积极性。

　　例会机制。正因为知识的连续性转移支撑着企业每天都在发生大量常规任务,而企业几乎每天、每项常规任务都充满变量,因此班组的班前会、班后会,部门或团队的周例会、月度例会,项目组的阶段性例会,等等,都有必要进行合理的设计并予制度化。例会机制将保障大量常规任务的流程、标准适应日新月异的背景与条件。

　　相信你或多或少已经体会到,一个人的知识更新远远不如团队的知识更新,以及这种更新对常规任务支撑的快速与有效。因此,团队的知识连续性转移,效果远远大于个人的连续性转移,这也是组织中应当以团队学习为主的理由之一。

　　2. 近转移

　　我们主要用知识的连续性转移支撑个体的、以及团队范围的常规任务,但事实上总有一些常规任务在新的背景与条件下,整个团队都没有很好的解决方案。这就需要向本企业的其他团队请教,这就是知识的近转移,这种"近",是因为它还没有去向"远"在本企业以外的"老师"们求教。

　　对知识管理者们来说,这个实践命题就是,同一公司内如何共享其他部门、员工的最佳实践?

　　笔者的实践体会就是,跨部门的互助培训、标杆学习与行动学习。见表6-4。

表6-4　知识近转移的有效培训模式

近转移	互助培训
	标杆学习
	行动学习

　　互助培训。无论是否需要付费,跨部门的知识转移,也是一种知识的交易,应当建立在双向互惠的基础之上,因此,南京地铁运营公司各部门之间的互助培训,就是互相取长补短的长期交易,由此则可建构一种企业内部知识

交易机制,或者叫作企业内部知识市场①。

标杆学习。对于知识管理比较完善的组织来说,没有必要首先听外面的和尚念经,应当首先从企业内部寻找标杆,这就需要知识管理者像南京江南公交那样,不断在本企业的各个领域、各个细节、各个部门,设标、育标、学标、提标,即设标准、育标杆、学标杆、提标准,循环迭代,螺旋提升。

行动学习。对于企业级流程管理不足的企业或领域,跨部门组成的行动学习小组,将在特定的企业级常规任务中,集成各部门的知识,有效推动组织范围内的知识转移。我们近期在潍柴扬州盛达特种车推行的营销、技术、生产、采购四部门参加的联席例会,其实也包括了自发或自觉的行动学习过程。

对习惯于总是缩在部门内的那些部长、经理与员工们,知识的近转移,更需要企业主动推动、加强管理。需要设置企业级的经营管理目标,需要项目化管理、模板化管理、制度化管理,甚至需要通过企业级的绩效管理与计划管理,反向推动,让他们尝到联合的甜头,从而推倒各部门负责人理念中的"部门墙"。

3. 远转移

从十几年来笔者对数十家企业的计划管理统计分析来看,当今大部分企业,也许常规任务仅是全部任务的 1/3,几乎 80％ 的关键部门都要面向 2/3 的非常规任务。而这 2/3 的非常规任务,靠知识的近转移往往无法快速、有效地解决,那些任务中人不得不去翻书本、查资料,不得不向本公司的其他部门,或其他公司的熟人求援。这就产生了一个新的命题:如何向外部同行汲取知识? 站在知识源的角度来看,这就是知识的远转移。这种知识转移针对的是非常规任务,是发生在团队之间或组织之间的一种知识转移。

知识的远转移,往往需要通过自主学习、企业专家库、外部标杆学习去解

---

① 当然,企业内部知识市场,是由许多组织学习、团队学习模式建构的知识交易机制组成的,包括免费、付费的交易机制。

决(见表6-5)。但自主的书本式、课堂式学习,仍是一种个体学习,是显性知识的内化,对绝大多数经理人、员工来说,仍然难以完成有效的知识转化,更不用说生成直面现实任务的解决方案了,通常情况下仍须直接向专家本人"调取"隐性知识,即通过与"人"的交流完成知识的远转移,而远转移不仅需要说好话,往往还需要付费,即使请吃饭、送点茶叶,都是需要费用的。这就提醒我们的知识管理者,对知识的远转移,一是在培训经费或管理费用中增加培训与咨询的预算;二是注重内外部专家库的建设,注重向专家请教,而非书本与课堂。此外,还需要一个前提:至少总经理室需要将任务难度提升到企业级的年度重点目标或重点项目任务,这同样是为了保障知识远转移学习主体的动力。

表6-5　知识远转移的有效培训模式

远	自主学习
转	企业专家库
移	外部标杆学习

4. 战略转移

事实上,企业仍有一些非常规任务,是整个组织无法解决的。笔者接受的咨询订单,几乎只有20%是企业没有时间完成的任务,而80%都是企业全范围内都无法解决的难题。这些难题几乎都属于企业变革的范畴,即系统改良或企业改革。站在外部的知识源来看,这就是知识的战略转移[①]。这种转移针对的是非常规的系统性任务,而且是发生在组织与外部之间的知识转移。

这种知识转移的实践命题就是,如何从外部专业系统引入结构化的知识体系?培训体系完善的企业,往往建立模块化培训的外部课程包,随时响应

---

① 这里的"战略",并非战略管理中的"策略"概念,而是中国语境中的层次概念、范围概念,也许是管理著作翻译者的失误吧。

企业的这种能力需求。这种模块化培训的外部课程包,往往指向每一个职能域,如研发、营销、生产、HR 等等,其中都是每个职能域较完备的知识体系。但面对亟须解决的任务难题,往往仍得请教大咖,或引入咨询团队系统解决现实难题。在咨询辅导中,许多企业非常强调自身项目团队的充分参与,其目的自然包含了自身职能团队的知识战略转移。江苏金旺包装机械主动要求的口头顾问式(而非劳务外包式)咨询模式,给我留下了深刻的印象。事实上,他们的知识管理团队在"做作业、讲作业、改作业"的过程中快速成长。

5. 专家转移

这里的专家已经特指外部专家。知识的专家转移,针对的已不是一般的非常规任务了,而是极少发生的高难度任务了,我们可以看作一种更复杂的知识的战略转移。虽然知识的远转移、战略转移往往涉及外部咨询项目,但专家转移更突显了一个实践命题:组织如何与外部的顾问、专家通力合作?

这就牵涉到两个主要问题,一是专家转移中双方的人际关系,二是专家转移中双方的分工协作关系。

专家转移,显然发生在所有组织成员对重大问题均无解的情况之下,这种情况下专家是"请"来的,虽然多多少少地付出了咨询费或顾问费,但许多企业仍然沿袭建筑工程项目中的"甲方乙方"意识,在实际的咨询项目合作中,仍将专家实质上视为仅仅贡献劳务的"乙方",这就需要企业切实认知到专家知识的宝贵,并愿意诚恳地向专家付"学费",而不是纯粹的商业"交易款"。因此,一个有效的咨询项目,首先需要企业对专家的真正理解、尊重与信任,专家才有更强的动力充分贡献自己的潜能。

在咨询项目的组织中,双方的分工或者叫作角色定位也很重要。如果在项目的调研、开发中,项目团队的客户成员不去主动参与,对最终的解决方案就不能充分理解,专家脑中的相关系统化知识也就无法完成战略转移,企业也就无法更有效地实施这个方案,遇到方案的背景、条件发生变化时,企业就无法自行判断、有效调整。笔者在一些国企咨询项目中感触尤深,项目推行一年了,那些或多或少参与全程的项目客户成员,仍然不能自行操作,甚至对方案设计的原理都半懂不懂。

一声叹息。

笔者始终认为,专家团队的价值在于思路、方法、工具,客户团队的价值在于背景、经验、执行。专家团队贡献的是分析问题、解决问题的思路,即以不变应万变的思维模式,针对特定问题、特定背景、特定条件下的解决方式,以及工具的科学、简捷设计。而客户团队,则在于充分提供各种问题存在的背景因素,充分提供以前类似问题的解决经验,充分参与调研分析、方案设计,亲自操刀工具设计与方案实施。见图 6-5。

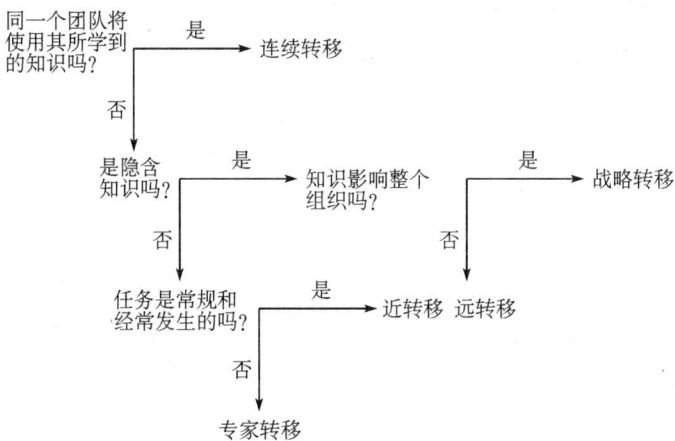

图 6-5　知识转移的决策模型

第七章 企业自主培训体系

虽然知识转移也会发生在知识的沉淀、创新工作中,但笔者还是重点解决企业培训问题,协助企业更为系统地开展知识转移工作,因为知识转移主要发生在培训工作当中。

笔者以南京地铁运营公司的学习型企业创建项目为主,总结出企业自主培训体系的系统结构,称之为"五个一工程",即一个学习平台、一套培训课程、一批培训师资、一套培训工具、一套培训制度。

相对于培训管理,从更高层面的知识管理来看,自主培训体系中的学习平台,实质是知识转移的通路,是以培训模式即各种知识转移方式为中心,加上配套的培训管理组织与学习文化,构成了企业培训全部工作的载体、舞台,也是如同沟渠交错的"知识管网";而培训课程则是知识转移的内容,解决了这张"知识管网"中的"水"——知识;培训师资则是知识转移的核心主体,如同这张"知识管网"中的"泵站",解决了"谁的知识、何时流向何人";培训工具则是知识转移的工具,如同运用、维护这张"知识管网"的"水管钳"、"电力"等;培训制度则是知识转移的机制,控制着各单元的有效运行与各单元之间的优质协同。见图7-1。

我们可以大略看一下南京地铁运营公司某班组的自主培训体系建设规划模板,产生一个大致的感知。见表7-1。

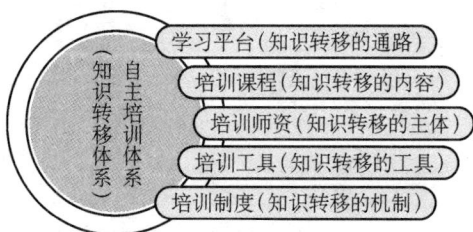

自主培训体系(知识转移体系)
- 学习平台(知识转移的通路)
- 培训课程(知识转移的内容)
- 培训师资(知识转移的主体)
- 培训工具(知识转移的工具)
- 培训制度(知识转移的机制)

图7-1 企业自主培训体系的结构模型

表 7-1　企业班组自主培训体系(示例)

南京地铁运营公司			班组自主培训体系一览表		
课程			师资		
			姓名	培训资质	业务职称
岗位	1	示例:电机工作原理	张三	见习讲师	技术员
	2	示例:电机维修技能	李四	师父	技师
岗位	1				
学习模式					
模式名称		应用目标	具体要求		
1	反思改进	持续改进作业、技术和管理标准	每周五下午召开周例会,反思一周各项工作的经验和教训,共同探讨改进措施,并纳入后续计划或管理文件		
2					
培训工具					
培训管理工具	技术	《学习型班组工作法》			
	表单	《班组学习计划》			
	文案模版	《员工成长手册》模版			
学习工具	技术	《班组自主学习指南》			
	表单	《反思改进会议记录》			
	文案模版	《客户投诉处置案例》模版			
		《故障处置案例》模版			
培训制度					
制度名称			生效日期		
1					
2					

第一节 学习平台

平台是近年来工商界极为"时尚"的虚拟概念,我们可以通俗地理解为"舞台",学习平台则是组织成员开展组织学习和个体学习的综合性载体。学习平台的结构包括培训模式、培训组织和学习文化三大单元。

学习平台的内容和原理也很简单,学习平台就像大剧院的舞台,由唱歌、跳舞、相声、小品等等各种类型的演出形式(培训模式,也就是员工的学习方式)组成,围绕这些演出,就需要导演的、卖门票的、维持秩序的这些组织者吧(培训管理组织)? 要让大家喜欢这些节目,还需要灯光、音响这些营造气氛(学习文化氛围)的吧?

一、培训模式

从知识管理的角度来看,培训模式,或者企业实践俗称的培训方式、学习方式、培训活动,可以理解为学习平台中的"知识管道",而众多的知识管道则形成了有机的"知识管网",将知识从一个、一类主体流向另一个或另一类主体。例如,课堂教学与师带徒,是从一个主体向另一主体进行知识转移的培训模式,头脑风暴、行动学习,则是一群主体与另一群主体交互式知识转移的培训模式。

对知识管理者来说,这是培训模式,但笔者更愿意从学习者的角度,称之为学习模式,这就是我们即将开始的重头戏:个体学习与团队学习。

个体学习就是个体的知识生成,团队学习就是团队的知识生成。笔者就企业常用的一些个体学习方式、团队学习方式,以及相关学习方式的创新组合,针对企业培训中的常见问题,提出一些操作要点,供读者参考,不枉本书同时注重实务的初衷。

（一）个体学习

1. 书籍阅读

任何一个走上社会岗位的人,随着年龄的增长,总体上组织赋予的任务愈加繁重,家庭的责任愈加繁重,平衡好工作、学习与生活,已经不是仅有这种意识就能解决的,还需要切实的行动与有效的方法。无论积极上进,还是随波逐流,客观环境都要求我们不断学习,以胜任当前的任务难题与未来的挑战。即使所在组织的培训体系非常完善,仍然不能完全满足日常任务的要求,我们不得不频繁地向网络、书籍求助。问题是,时间! 时间的分配与利用效率! 如何"读书"? 就成为社会人、职业人的严峻挑战。那些理工科背景人士对管理学以及相关社会科学的学习方式,更是一个极其现实的重大命题。笔者就从以下两句话开始。

读书不在多,而在精。不得不说,互联网汪洋大海的信息,当今哗众取宠的"新概念",庞杂错乱的理论体系,市场上沽名钓誉、商业制作的管理学书籍,让我们在碎片化的丛林中迷茫,让我们在错误的知识、含混的表述当中迷失,让我们在"大师"林立的时代迷踪。将科学管理视为"科学的管理"、用人本管理主导关键过程的控制、搞不清先战略后目标还是先目标后战略、将问题解决当作问题管理、将程序当作流程、将组织架构当作组织结构、将学习型企业建设理解为培训工作或知识管理、将文体活动等同文化工作、将品牌说成文化、将绩效管理与计划管理割裂、就薪酬优化而薪酬优化……,凡此种种,无不根源于当今"书林"之紊乱。笔者只能战战兢兢地告诫自己:学无止境,不可妄言。只能半开玩笑地对助理们说:读书要读"他爹他妈"的书——理论创始人的书。只能无奈地对我的学员们说:读书不在多,而在精。

读书不在记,而在悟。

一份经典书籍的书单开出之后,它就是我们的经典阅读书目。但如何在一年之内甚至更短的时间内读完并能为我所用呢? 下面给出两种读书工具:

知识体系表和读书脚手架。不仅自己可用,同样可用于团队学习;不仅实践家们可用,同样可用于社会科学领域的研究生与研究人员。

◎ **知识体系表**,本书第四章关于"知识识别"的内容,已经大略提到。在此,笔者补充一些操作要点。

TEP-1:想想你的实际工作体系包括哪些任务模块,将结构图画在草稿纸上(从此开始应用 MECE 逻辑树的要求:互相独立,完全穷尽)。

TEP-2:新建一份 EXCEL 文档,命名为"知识体系表(××管理)"。并要求自己为了完成这张表而读完这本书(切记:不是为了读书而完成这张表),而且最多 24—40 小时内必须完成这份表格。

TEP-3:打开书籍的目录或"百度"等搜索引擎的网页(如果你已有较完整的知识体系)。对照任何一篇你觉得有价值的文章,只要大略看一下一级标题。

TEP-4:对照书籍目录,根据"做什么、怎么做"的逻辑结构,修正你的工作体系,并写入 EXCEL 表的第一行或第一列(如果对一些概念不清楚,请根据目录跳读,并开始运用概念体系工具辨析上位概念、并列概念、下位概念)。

TEP-5:完全以现实任务为导向(而不是书籍的理论结构),大体按照"是什么"、"为什么"、"怎么做"的逻辑层次,不断跳读,将相关的关键词填入EXCEL 表(这个过程需要不断地修改;不要过多地考虑所谓的完美;在书中不断地标注关键词句;在表格中不断地对一些关键词注明书籍所在的页码)。

TEP-6:当你觉得工作体系中的模块、方法、标准等关键词,都在EXCEL 表格中体系化地呈现出来了,你可以打印出来放在公文包里,然后休息了。

不要自责于 50 万字的书籍只速读了 5 000 字。

飞机、高铁或地铁上有空时,可以翻一翻这张知识体系表;遇到相关任务、问题或会议时,拿出这张知识体系表,用她点检我们的思维,或者作为我们讨论问题、行动学习的框架。

……

TEP－7:今后读到类似书籍、文章、信息时,结合自己的观察与工作,几分钟、最多一小时,修订一下这张知识体系表(这样的动作反复持续……)。

相信你试用一两次以后,你会发觉自己的思维模式快速完善,你的理论能力快速提升!我深信,这样坚持两三年的学习效果,绝不亚于拿到一张工商管理博士文凭。

◎ **读书脚手架**。知识体系表,是用于主动的知识体系建构。但在日常任务中,遇到特定问题,我们如何将书本作为"脚手架",尽量让自己准点下班?这就是笔者开发的读书脚手架。见表7－2。

与知识体系表同样,既然是通过读书解决问题,那就"为了这个脚手架而读书"吧,不要为了所谓的读书而读书。

同样的道理,读书脚手架,也可以成为企业培训管理者主动提供的学习工具。

表7－2　读书脚手架(示例)

××车间读书脚手架(示例)				
待解决的问题	改善现场设施布置,以提高作业效率			
阅读内容				
阅读书目/资料	《生产与运作管理》		读者	王小二
关键内容(要点)	1	设施布置要考虑的4个问题		
	2	设施布置的基本类型及选择		
	3	设施布置的方法		
知识运用(练习运用阅读内容分析待解决的问题)				
可能的原因	1	本工段缺少工具库		
	2	本工段空间太大		
	3	5台机器的排列增加作业时间		
根本原因	改善5台机器的布局			

解决方案	最优方案	ALDEP 方法
	次优方案	CRAFT 方法
	备选方案	一人多机
实施关键	1	利用晚间机器保养时段调整布局
	2	一人多机的实作训练
	3	聘请 B 车间张三师傅在调整前期提供动作矫正
备注		

需要注意的是,在制作《读书脚手架》的过程中,要求成员围绕"待解决的问题",首先根据"知识运用"中的几个方面作为学习线索,在书籍资料中跳读以快速查找答案。你会发现,单单运用"读书脚手架"这个环节,就能锻炼我们"问题—可能的原因—根本原因—解决方案—实施关键"这一相当重要的思维模式,锻炼围绕工作问题去快速阅读的功夫;如果你将它转换、细化成团队学习会议的 PPT,它还能进一步锻炼你的陈述与沟通技能。

2. 课堂讲授

之所以这里没有称为"课堂教学",因为课堂教学也可以采用后面详加介绍的各种团队学习模式,而以讲授法为基础或主体的课堂教学模式,是主要解决个体知识生成的个体学习模式。

需要特别说明的是,在任何培训模式、培训现场,讲授法都是最基本的教学模式,对任何管理者而言,讲授法都是管理者阐述、讨论、指令、解释、沟通、陈述的重要法器,是任何人与外界良好沟通、获取资源的必要技巧。

讲授法的适用情形

讲授法的适用情形,是指运用讲授法做什么,其实是指什么情况下需要用好讲授法。下面我们对课堂讲授中需要注重讲授法技巧的六种情形略加阐释(见表7-3)。

表7-3　讲授法的适用情形

唤起学员兴趣
指导学习方向
呈现信息
学员仅须短期内记忆的内容
引导学员阅读
讨论问题

◎ 唤起学员兴趣

良好的开端是成功的一半。吸引听众的开场白,与小品演员上台伊始一分钟的效果是一样的。前面谈到如何建构培训现场和谐的师生关系时,大略提到三个原则,即传播的同一性、相关性与专业性,这里我们细加阐释。

同一性,是知识转移的基础保障,是双方相互吸引、相互联结、相互渗透的倾向,这种倾向源于双方同样或相似的内容与性质。人以群分,物以类聚,求同存异,方能共处,都是同一性规律的体现。人们有时异中求同,有时同中取异:划分概念、区分事物时,人们同中取异;概括规律、联结事物时,人们异中取同。当陌生的两人或两个人群第一次见面时,只有快速求同,才能迅速建立起传播通路,否则只要一方感觉到对方的"异类",就意味着糟糕甚至失败的沟通已经开始。

我们看到,许多优秀的讲师、管理者,第一次面对陌生的学员、下属时,往往会说"我们都是管理者"、"我也是从业务员开始做起的",或者会说"你们真的很辛苦啊"、"我想死你们啦",或者会说"我也是你们的老乡"、"我们都是中国人",这些表达式的背后,就是建构双方身份的同一性、情感的同一性、亲缘的同一性,从而建树双方的关系基础。

我们也看到,许多优秀的讲师、管理者,会说"我希望大家好好学习,天天进账"、"从今天起,我与你们同在!",会说"大家知道某某概念吗"、"大家知道2018年我们将面临什么样的市场环境吗",会说"你们也许曾经遇到这样的情况……",会说"你们也许曾经这样解决问题……"。这些表达式的背后,就是建构双方的有关目标、基础知识、知识情境、实践经验的同一性,从而统一双方的知识基础,即内容基础。

相关性,是知识转移的动力保障,是双方相互吸引、相互联结、相互渗透的纽带,这种纽带来源于"听者"的需求,只有"说者"的内容、形式与"听者"需要的内容、能够接受的形式紧密相关,有效的传播才得以继续。这就解释了那些笨嘴拙舌的师父同样能带好徒弟,也说明了企业师徒制运作中,对师父、导师、教练没有必要苛求优美的语言表达。

讲师的培训内容需要和学员的学习需求具备相关性,培训方式需要和学员的认知基础、认知能力具备相关性,才是一堂至少能够顺利结束的课程。管理者的高谈阔论,只能让下属心想"公司的事,关我屁事",管理者对学历不高的老工人概念迭出、洋话连篇,只能让下属左耳进、右耳出。

专业性,是知识转移的质量保障。前面介绍"知识转移的方法"时,已经大略提到"知识位势差",这个概念的英文短语是 Knowledge Potential Energy Gapy,也有西方学者称为 knowledge potential difference,或者 knowledge gaps,中国知识管理学者有的译为"知识势能差",有的译为"知识势差"、"知识位势差"。这个概念描述知识资源分布的非均衡性及其产生的知识差势,借此分析知识运动的流程和途径。便于实践者理解,笔者更愿意采用"知识位势差"这个译法。如果将教师看作山峰,将学生看作山谷,那么教师的知识流就如同瀑布,冲向谷底的学生。"瀑布的冲击力"即教学效果,则取决于教师的知识深度、知识广度与知识整合水平,教师讲得越透彻深刻、纵横捭阖、系统清晰,知识转移的效果则越好。同样,绝大多数下属都愿意跟随他们眼里近乎无所不能的上级,在这样的领导手下,至少具备挑战、完成一切任务的底气。因此,知识的位势差对建构魅力型领导品牌,同样具有重要的启发。

对教师而言,则需要加强学习研究,建构理论体系的专业度与实践应用的专业度,从而在师生之间建立起知识的位势差。这也是近两年职业咨询师、高级经理人开始逐渐"挤占"职业培训师市场份额的原因之一,因为他们始终扎根企业的解决方案与动态实践,而后者仍在讲述过去的故事。

传播的同一性、相关性、专业性,存在于人类社会的一切传播情形,不仅可以用于教学与管理者的各种发言、沟通、讨论,也可以用于日常生活中的一切"讲话",包括谈恋爱中的"情话",同样也可以用于营销决策与客户交流。无论市场营销学领域的 4P 到 12P、4C、4R、4I 理论,以及从市场营销学延伸出的分支——客户关系管理理论、品牌管理理论、O2O 理论,等等等等,其核心都离不开如图 7-2 所示的传播机制。

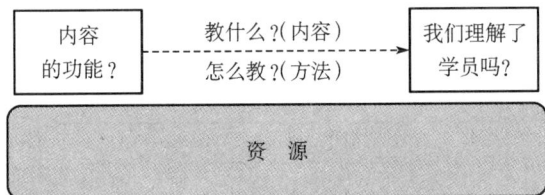

图 7-2 知识传播机制模型

通过讲授法唤起学员兴趣,不仅在开讲之初需要,在整个教学过程中都需要始终保持传播的同一性、相关性、专业性,才能保障课程的有效持续,以及知识转移的效果。

我们将教学理解成知识的营销,将营销理解成产品的教学,道理都是相通的。研发人员、营销管理人员、广告策划、销售人员可以将自己定位成教师,需要分析目标客户的各种消费需求,同时从不同的角度,关联分析产品"有卖点的差异性",建构客户与产品的各种相关性;进而研究"教什么"、"怎么教",即建构交易双方的同一性与卖方的专业性。

◎ 指导学习方向

"方向"一词,隐含了我们现处的位置、前进的目标之义,它也告诉我们应当努力到什么程度；学习方向，就是说我们学员现在的知识基础、学习的目标与知识掌握的程度。中学生希望考入北大、清华还是一所职业大学，这是学校导向的学习方向；本科生希望毕业后做销售、做技术工作，这是职业导向的学习方向；研究生希望工作后从事公共管理、从事工商管理，这是专业导向的学习方向；一些人希望终生从事某细分领域的研究，或者管理顾问，或者成为企业家，这些都是事业导向的学习方向。教师就需要清楚学员不同的学习方向、现有的知识基础，通过讲授法告诉他们应当重点把握哪些知识，应当努力到什么程度，这既是建构学习目标的同一性，也是建构学习内容的相关性，也需要教师在所授知识与学员导向之间的关系方面建构专业性。

◎ 呈现信息

用讲授法呈现信息，是讲授法的基本任务。笔者总结出讲授法应当用好的最基本的三个语言逻辑关系，即包含关系、因果关系、递进关系，这也是正式交流当中语言传播必备的三个逻辑关系[①]。见图 7 - 3。

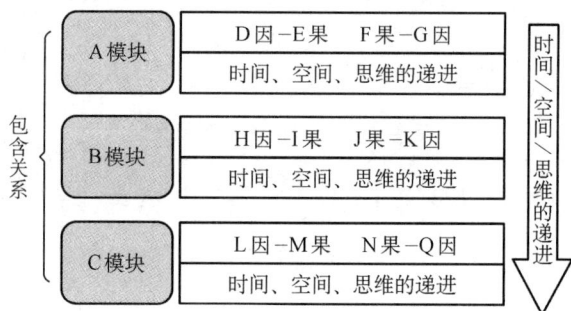

图 7 - 3　讲授法常用的语言逻辑

"今天的课程，一共五个部分，第一部分……；第二部分……"

"这一节有三个知识点必须掌握，第一个是……，第二个是……"

---

① 与非正式组织类似，非正式交流同样是为了共同的情感、兴趣、爱好的培养，与父母、配偶、子女的日常交流，没有必要过多地应用包含、因果、递进关系，东一句、西一句的意识流表达式，也许更能促进家庭成员的亲密度。

"我们本部门的重点任务有两项,第一项是……,第二项是……"

这就是讲授法中包含关系的运用,在半小时或者三天的整个过程中,始终用足包含关系,这符合人脑结构化认知、结构化思维的本能。包含关系让听众直接了解大致的信息总量,一些讲师、管理者、员工,也许受一些港台演员"然后呢……然后呢……然后呢……"这样的表达式的影响,导致听众产生焦虑:"你到底还有多少'然后'呢?!"听众的潜意识中开始怀疑:你有没有认真备课? 你的头脑是否足够清晰?

"这个原因,导致我们产生了这样的结果。"

"这种做法,将使我们避免……"

"这种后果,原因一般有以下五个……"

从因到果、一因一果、一因多果、一果一因、一果多因、多因多果,这就是因果关系。在讲授中用足、用好因果关系,才是我们常说的"将知识掰开了、揉碎了",才是我们常说的"把知识讲透了"。人类的天性是好奇——探究因果。

无论 10 分钟的班前会、班后会,还是半天的部门例会,还是一天 6 小时的讲课,我们还需要遵循讲授结构即各内容模块之间的递进关系,即先讲什么、再讲什么……最后讲什么。这包括时间的递进、空间的递进、思维的递进。

"这个月第一周的重点任务是……第二周的重点任务是……"

"今天甲小组做什么,乙小组做什么,丙小组做什么。"

"甲部件的操作要注意什么、乙部件的保养要注意什么……"

"请一位学员先为大家描述一下我们即将开始分析的问题……接下来我们开始分析原因……下面我们共同探讨解决方案……"

这些就是根据时间的递进、空间的递进、思维的递进,编排所有的讲授内容。这符合人脑结构化思维的本能与习惯。

只要稍加注意,将这三种语言逻辑关系综合应用于我们的各种"讲授",

一个个至少语言表达合格的讲师、管理者就诞生了。

◎ **学员仅须短期内记忆的内容**

这里牵涉到"瞬时记忆"、"短时记忆"与"长时记忆"三个概念。

根据记忆过程中，从信息输入到提取，所经过的时间间隔不同，编码的方式不同，一般把记忆分为三种系统或称三个阶段，即瞬时记忆、短时记忆和长时记忆。当教师关于某个知识点的语音、图片、影像消失后，学员对这个知识点的感觉并没有立即消失，这个知识点开始"登记"在学员的大脑中，因此有人称为感觉登记，这就是瞬时记忆。学员对瞬时记忆的内容，迅速与大脑中的旧知进行联结，这就产生了短时记忆，这个存储的时间大约只有 20—30 秒，一般不超过 1 分钟；短时记忆让我们在工作中始终记得上一步骤的"计算"结果，从而让我们得以延续直至完成任务，所以有人称之为工作记忆。但人类最终追求的是长时记忆，恨不得自己的大脑像网络服务器那样能够存储足够的知识，以便将来随时调用，这需要对新知的反复加工。见图 7-4。

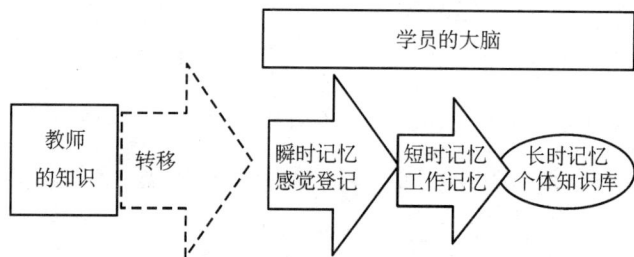

图 7-4 知识转移中的个体记忆过程模型

关于人类记忆的认知，对我们至少有四点启示：

一是课堂模式应当以学员为中心，而非教师为中心，更不能依靠单一的讲授法，从头到尾的滔滔不绝，只能让学员不断产生瞬时记忆，课后的第一分钟开始，学员已经基本上将知识统统"还"给了教师，因为这种课堂模式，学员产生的都是瞬时记忆。这就很好地解释了大多数企业课堂基本无效；解释了许多讲师、管理者、销售员的传播失败，因为他们的语速如同打机关枪，听众只有瞬时记忆；这也从一个角度解释了下属左耳进、右耳出的原因，因为管理者总是一言堂、脱口秀，下属对管理者的苦口婆心往往都是瞬时记忆，除非少数下属能够真心听取，主动进行"知识加工"。

二是一堂课所有教学法的组合运用中，讲授法的用时不宜过长，或者说不宜占据较大的比例，甚至可以说，讲授法的用时相对越短，教学效果反而相对越好，我们仅须保留必要的讲授时段即可。我们应当用其它教学法，协助学员大量生成长时记忆。

三是应当组合运用"复述—组块—编码—提取"的教学方法，协助学员生成长时记忆。教师每讲一段，则用讲授法自行回顾，或让学员复述，或让学员结合旧知谈谈感想、想法、方案，这些都是复述法的应用；教师的备课、讲课，努力将新知与学员的旧知整合成一个更大单元的知识模块，并以图示的方式呈现、讲授，这就是组块法的应用；教师要求学员勤做笔记，就是让学员将听觉编码转换成视觉编码；要求学员进一步解释新知，就是让学员将听觉编码与视觉编码转换成语义编码；要求学员不断地、较为系统地复述、默写、阐释、归纳，提醒学员课后休闲日或平时结合工作再看看讲义，南京地铁运营公司对新员工可以随时随地抽问抽背，这些都是提取法的应用。一般而言，组织运用这些教学法，才能很好地协助学员丰富自身的知识库，这是教师最基本的使命。

四是严格界定记忆方法的适用范围。记忆术只是根据记忆需要发明的记忆技巧，而不是根据认知规律发现的记忆方法。记忆术只能应用于没有意义的知识，11 位数组成的手机号码、三四个字组成的姓名或名称、银行账户经理要记的上百种甚至上千种金融产品的名称，都是没有意义的知识，对这些知识，我们必须用足、用好记忆术，这也是教师备课的基本要求；那些让孩子参加社会培训机构训练记忆术的家长，往往害了自己的孩子，即使面对大量的英语单词，用词根法总比那些记忆术更为有用。对于有意义的知识即有着内在逻辑结构的、体系化的知识，我们需要运用概括法协助记忆，教师应当主动制作各种结构图,也要求学员制作或默写、创新各种各样的结构图。

需要强调的是,要将有限课堂变成有效课堂,在记忆导向的教学环节,不可让学员分心。许多教师在连续 90 分钟、持续一天甚至两三天的教学过程中,为了保持学员的注意力,向充斥荧屏的肥皂剧学习,几乎每三、五分钟就穿插一些与记忆内容毫无关联的笑料,殊不知,这样反而严重干扰了学员的记忆过程。每三、五分钟通过讲授法保持学员的兴奋度,才是必要的。兴奋度不等于笑闹。

前面所述讲授法的四种适用情形,往往都属于教学的启动、教程的安排、内容的呈现,而在教学过程中细部的安排,还包括引导学员阅读、讨论问题等等情形。

◎ 引导学员阅读

引导学员阅读,需要讲清楚阅读的目标、范围、重点、方法以及时限、评估方法。"这段阅读是为了解决什么问题……读哪几页……重点是什么……,有几个基础概念我先给大家简单讲一讲……,要求大家将重点摘录到笔记、再画一张知识结构图,……10 分钟读完,……读完之后我要看看哪位学员画得最好,……我要随机抽一位学员上台给大家讲讲",这就是讲授法在引导学员阅读环节的应用要点。

这里最需要注意的是目标、基础知识、时限、评估方法,必须说清楚,这是强化学习动机的要求。

◎ 讨论问题

在讨论环节,我们需要运用讲授法明确讨论的问题、在讨论前提供多种可选观点、总结各种观点与方案。

明确讨论的问题,需要用足 5W2H 法,说明现状,描述问题,指明目标,为学员提供解决问题的动力,为整个讨论过程创造张力;有时在讨论前,还需要教师或管理者提供多种可选观点,需要用足 5W2H 法,说清楚不同观点,需要用足因果关系,说清楚不同观点的利弊或者长处与缺陷;但在讨论环节,始终需要综合不同来源的信息,例如,课堂上不同学员的理解与想法,会议室不同与会者的看法与观点。这些都需要"主持人"善于综合不同来源的声音,否则现场极可能失控,靠"强制命令"不能统一认知、统一思想,反而降低了教师与管理者的威信。这就需要教师与管理者善于不断总结,善于从大家的看法中分析出错误的认知,归纳、概括出共性的或者正确的认知,引导互动的继续,这是运用讲授法提升课堂效率、避免时间浪费的关键控制点。

再次提醒:总结时的语言表达,同样离不开包含、因果、递进关系的组合运用。

讲授法的步骤

在每个知识点的转移过程中,讲授法一般需要遵循"导入—讲授—维持—内化"四个步骤。导入一般应用于整个课程的开端,或者重点内容的开端,而讲授、维持、内化则贯穿教学全程。

◎ **导入**

导入的关键在于引入学习、激起兴趣。这需要通过学习目标或解决问题的阐述,建构学习目标,建构起教学传播的相关性。用问题、案例、故事等情境开场,是我们常用的手段。

◎ **讲授**

讲授,即呈现知识,建构记忆。这里的记忆就是前面所说的短时记忆。在这个过程中,单纯的讲授法只能满足学员的听觉记忆,还需要教师的手工板书、电子板书(我们俗称的PPT),以及学员做笔记、画示意图等等方法,满足学员的视觉记忆。那些不要求学员做笔记的教师,基本上都在误人子弟;想迅速挑出努力学习的学员,可以直接找出那些不断笔记的学员,就八九不离十了。

需要说明的是,在讲授环节,除了教师适度而非过度的短距离走动以外,还需要手工板书与PPT的不断呈现,以免学员长时间盯着PPT导致大脑的麻木。

◎ 维持

维持，要求不断地师生讨论，维持学习。要求教师不断地自我复述、提问、学员复述、一对一讨论、一对多讨论、多对多讨论，这样才能将短时记忆的内容"刻录"成学员大脑皮质层的长时记忆，才能协助学员尽可能在课堂上完成知识内化，而不用学员课后太多的复习。因此，我始终怀疑那些让中小学生做作业到半夜的教师，怀疑那些下属始终不能践行公司价值观的管理者，是否用足了这些课堂要点。

◎ 转化

知识的转化，需要协助学员自我生成新知，而不是一味地原话复述。这就需要教师结合学员的工作任务，设计真实解决方案的讨论与练习。财务课程，可以让学员生成一份应收账款管理的优化方案；全面质量管理课程，可以让学员生成一份自身企业的质量管控指标；企业培训管理的课堂，可以让学员完成一份培训计划、一套培训管理的表单模板……，这比要求学员像鹦鹉学舌一样的笔试评估，效果都好。

讲授法的类型

一般而言，讲授法包括讲述法、讲演法、讲解法、点拨法、引导法五种类型（见表7-4）。

表7-4 讲授法的类型

讲述法
讲演法
讲解法
点拨法
引导法

讲述法，是运用生动、幽默的语言，叙述和描述知识内容，它强调语言的趣味性，这是任何教师都需要的基本功、几乎任何课程都需要的表达效果。

讲演法，是运用演讲的技巧传授知识，它强调内容的渲染与气氛的煽动，这是社科讲座以及诸如《职业化员工》这些理念类课程的技巧，也是一些培训"大师"赖以生存的"必杀技"。

讲解法，是运用阐述、分析、概括等手段传授知识内容，重在"解"得透彻。

点拨法，是在以学员为中心的课堂模式或教学环节中，点石成金，拨云见日，或诱导启发，顺势点拨，或造阶搭梯，逐级指引，或补充角度，完善思维，或推理归谬,促其自省。

点拨法的应用需要注意,学员卡壳时应用点拨,此谓时机恰当;寥寥数语甚至一语惊醒梦中人,此谓语言简炼;略揭谜底而非直揭答案,此谓程度合理。总之,在点拨法的应用中,教师仅是学员的"拐杖"与"阶梯",扶持、支撑学员步步提升,管理者在日常的工作激励[①]中更应当用好点拨法,这再次说明了真正科学的 TTT 培训,是后备干部培养的有效手段。

引导法,同样是以学员为中心的教学法,是在既定的讲授框架内,根据知识的先后顺序,引导学员一步步完成全部知识的学习,或者一步步引导学员得出问题的答案。

各种教学模式中的讲授法

"语言精彩"的课堂不一定是有效课堂,有效课堂一定是以学员为中心的课堂,有效的教学模式绝非占据主要时长的讲授模式[②],而是以下九种教学模式或者其中几种的组合(见表 7-5)。

表 7-5　常用教学模式

任务驱动教学法
小组合作教学法
讨论教学法
WebQuest 教学法
读书指导法
范例教学法
操练教学法
游戏教学法
情境教学法

---

①　本书"创建学习型企业的基础条件"中,阐述"职业平台"时,就"任务管理"专门介绍了工作激励。

②　遗憾的是,囿于工学矛盾或培训经费或教学规律的认知,企业的大量课堂都变成了讲师的"满堂灌"。殊不知,这反而是培训资金的巨大浪费。与其 300 元买一件精美的废品,不如 500 元买一件用品。

◎ **任务驱动教学法**

任务驱动教学法,由教师主导,模仿创设或直接运用一个学员真实的任务,以这个主题任务为主线,以学员为探究主体,将教学目标与教学内容隐含在教学全程。这种真实的任务直接建构了教学的相关性,主题任务的挑战性始终维持着强烈的学习动机。行动学习法,就是最典型的任务驱动教学法,而且几乎融合了各种教学手段。

在此教学模式中,教师需要运用讲授法,布置学习任务,点评、总结学员的成果,不断提醒学员应当注意的学习重点,以免学员兴高采烈地完成了任务,却忽略了问题解决能力和创新能力所需的新知。……企业的团队学习会议为什么不能如此设计呢?

◎ **小组合作教学法**

同属于探究式教学法,任务驱动教学法,重在培养学员个体的问题解决能力与创新能力,而小组合作教学法,重在培养互助学习、协同工作的团队能力。因此,小组合作教学法,可以穿插应用在任务驱动教学法与其它大部分课堂模式。

在合作教学中,教师尤其需要注重分配学习任务、调控教学进程,引导各小组围绕共同的目标,共享知识,互相帮助,协同解决问题。整个课堂上组内合作、组际竞争。在此过程中,教师需要运用讲授法,适时提出全班讨论的问题,适时讲解普遍性的知识难点,不断表扬先进、鼓励后进。

笔者在工商管理课堂的合作教学中,往往首先简要介绍知识体系表,进而让各组分别讨论知识体系表的一级结构,进而各组分工,不断完善二级、三级……,直至最后一级管理知识对应的管理工具开发成功。这就是小组合作教学法的一种应用。

◎ **讨论教学法**

显然,讨论教学法可以、而且应当用于几乎所有的课堂,也是管理者不可或缺的重要技能。即使情感态度、企业文化理念的课堂培训,看似精彩的讲演可以完成授课,但这种口头灌输仍然缺乏理性提升与具体感、参与感。我们在一些企业文化、职业化员工之类的课程中,如果时间允许,往往让学员结合现实的标杆人物、最佳实践、工作短板甚至人生、社会、生活中的所见所闻所感,讨论、提炼相关的文化理念,进而讨论改善方案与配套的管理制度,这种文化宣贯的课堂效果是显而易见的[①],至少优于单一的讲授法、讲演法。

在讨论教学法中,无论同桌讨论、小组讨论、集体大讨论,教师都需要运用讲授法,不断激发那些心态闭塞或羞于发言的学员,防止那些偏好自我表现的学员时间过长或发言偏题,不断进行必要的点评与总结。

◎ **WebQuest 教学法**

WebQuest 教学法同样是一种有效的探究式教学法。"Web"是指网络,"Quest"是指寻求、调查,这让我们再次想起我们日常工作中不断向互联网求知的学习模式。

这种教学法培养的已不是记忆、理解这样的低级思维能力,而是应用、分析、评价、创造这样的高级思维能力,可以说是在培养"专家级"的思维模式与问题解决能力,当然,这种教学法也可以和其它各种教学法组合运用。

如果我们不能用自身的 E-LN 创设一个学习主题网页,也不能运用公共图书馆、大学图书馆的网站,但完全可以直接运用公共互联网这个庞大的知识库。在 WebQuest 教学法中,教师需要运用讲授法,对各小组成员进行互补性的角色分工,阐述需要用到的知识体系,或者引导学员共同建构分析模型,给出一些参考网址,引导成果汇报阶段的同学接受全体质询,不断补充知识、点评总结。

---

① 企业文化的宣贯绝非朝夕之功,需要日常的各种行为矫正。

◎ 读书指导法

读书指导法,可以应用于企业内训的全程,也可以用在课堂培训即将结束时,指导学员进行课外的延伸阅读。当然,这又是管理者开展下属培训的有效手段之一。

前面已经提到了如何运用讲授法"引导学员阅读",前面的"个体学习"部分也提到了读书脚手架,除此以外,课堂检测与练习,是不可或缺的环节。在读书指导法中,教师重在运用讲授法,说清楚学习内容、阅读方法、注意要点。

◎ 范例教学法

前几种教学法,指向体系化的问题解决、知识建构、思维能力,而范例教学法,则主要应用于操作技能的模拟训练,用在脱离工作现场的教室,一般由教师主导完成。这不仅用于一份解决方案的课堂练习,亦可用于《OFFICE的高级应用》这样的课程。

对学员来说,范例教学法是一种样例学习方式,教师需要运用讲授法,针对多样性的正例、反例,针对不同层次的普通范例与精品范例,从中提炼出共性的最佳实践与普遍的操作问题;需要依次介绍操作的步骤,每个步骤的标准,常见的问题与对策手段,并注意语言的生动幽默,不断释放正能量,让枯燥的操作性课程充满变式。

如果范例教学法与游戏教学法有机结合,效果更为突出。当然,也需要其它多种教学法的有机配合。

◎ 操练教学法

操练教学法,不是范例教学法的模仿,而是直接面向现实任务的实训。《OFFICE的高级应用》、管理模板的开发、生产技能的练习、客户现场服务技巧的训练,都必须大量运用操练教学法。

南京地铁运营公司将师带徒的教学步骤设计为"五部曲":我说你听,我做你看,你做我说,你做你说,你说我评。这里的"我"指师父,"你"则是徒弟或学员。

我说你听：师父现场讲解，学员听课、记录、提问、讨论……这一步生成学员的短时记忆。这一步和常规的课堂教学一样，只不过将课堂搬到了工作现场。这个阶段需要师父根据"怎么做"的步骤，逐步讲解标准、要领，针对学员的疑问，讲清楚"为什么"和"是什么"①。

我做你看：师父现场示范程序、标准和技巧，学员观摩。这一步开始生成学员的长时记忆。这个阶段，师父需要分解动作，边示范、边讲解，务求每个步骤都问清楚学员的疑问，切不可一气呵成，看得学员眼花缭乱。当然，针对一些不服师尊的学员，在培训伊始即表演一番，这是师父建构知识转移专业性、激发学习动机的需要。

你做我说：学员练习，师父点拨。这一步开始进行知识的转化。这个阶段，师父则捧着茶杯，根据需要导入变式练习或间隔练习、集中练习②，不断反馈、鼓励正确的、创新的操作，不断观察学员的操作误区与操作难点，尤其在学员遇到瓶颈时，则需及时点拨，协助学员挑战新知。

你做你说：学员练习，学员自我点评。这是学员的出声思考，不断修正、补充知识短板。出声思考的效果远远大于默背与默写。

你说我评：在学员反复练习一个阶段后，学员小结，师父进一步点评、总结，促成学员比较彻底的知识转化。这个阶段，是学员对某项任务由生手成为熟手的阶段，也是学员开始向能手、专家前进的起点。

---

①　在一个培训体系比较完善的技术密集型企业或知识密集型部门，往往由讲师、师父形成"接力"，讲师对新手按照"是什么—为什么—怎么做"的顺序编排教程，对熟手按照"怎么做—为什么—是什么"的步骤进行培训，而师父则按照"怎么做—为什么—是什么"进行现场训练。江苏金旺在生产技能培训领域，将讲师和师父合为一人，称为教练，将课堂直接设在车间，直接讲授"是什么—为什么—怎么做"。

②　这里的变式练习，是针对操作规程的一种练习方式，即要求徒弟在不同的问题情境下如何应用操作规程。间隔练习，又称间隔训练、间歇性训练法，是在两次练习之间给予并控制休息时间，以开展较大体力强度的训练项目。集中练习，是在一个学习时段内，连续不断地练习一个工艺要求较高的动作。

◎ **游戏教学法**

生存和娱乐,是人类的天性需求。衣食住行是生存,工作也是为了生存,琴棋书画是娱乐,旅游性爱也是娱乐,网络游戏、课间游戏都是娱乐。因此,游戏教学法是一种重要的辅助性教学法,在拓展训练中甚至成为主要的教学模式。它能始终保持学员高涨的学习热情与学习动机。

在游戏教学法中,教师需要说清楚游戏规则是闯关式,还是设计开发式,或者是竞赛式;需要不断大声鼓励每一位学员,不断挑战自我;需要及时控制游戏时间,以提高培训效率;需要及时小结、总结、评价,将学员从游戏中回归教学,协助学员完成知识迁移。

◎ **情境教学法**

本书在"知识的内化"部分,已经提到了基于知识转移情境的知识内化,即注重学员对学习背景的体验和认知,因此,有人又将情境教学法称为体验教学法。在教学过程中,教师往往调用视频手段,还原或创设一个逼近学员工作背景或生活背景的情境,看电影、学管理,就是一些培训师惯用的高招。南京埃斯顿自动化的一位内部讲师,曾经气喘吁吁地搬着一个部件进入TTT实训教室,令笔者印象深刻。这就是在一时没有视频的情况下,用实物直接打造情境。也有一些讲师,自己动手制作仿真实物模型,这些都是情境教学的辅助教具。

但许多知识点是无法运用视频呈现情境的,这就需要教师努力练就一点评书家的基本功,绘声绘色,让情境如在眼前。

3. 在线学习

网络在线学习系统(E-LN)曾经风靡中国,甚至一些地方政府部门都不遗余力地推动、普及。但高昂的课件制作成本,让许多企业望而却步或半途而废。这还不是问题的关键,关键是一些耗资数千万甚至上亿美元的影视大片,仍然叫好不叫座,何况那些学员无法与讲师互动的学习视频,何况那些枯燥的PPT与练习题,也许只有充斥动画与游戏的洪恩学习软件,才是成功的在线学习课件之一。

如果需要运用 E-LN 的"知识社区"实现企业全员的知识共享,恐怕已经不如公共互联网的各类社区包括 TIM、QQ 群、微信群的功效了。这并非说 E-LN 毫无用处,从现实来看,在线学习系统最大的功用在于,仿真课件的练习,应知内容的辅助学习与笔试管理,以及多端、远程的团队学习虚拟教室。

4. 互助培训

互助培训,也是一种合作学习,在没有讲师、师父,或者讲师、师父没有时间的时候,我们仍然可以通过互助培训,取长补短,从而提升团队的整体水平。

这种方式直接体现了"个个是学员,人人是老师;人人为我师,我为人人师"的学习文化理念。你看,学习文化就是这样建设的,而不是空洞的说教。

怎么做?很简单。每半月或者每周、每几天,把大家组织起来,每次可以一小时,也可以半小时,先由一个人主讲,讲完了大家来点评、提问、交互式的讨论。

作为培训的组织者,只需要抓住三个关键:

一是严格规定每个员工必须上台主讲,毫无退路,否则……(事先大家共同议定奖罚规则,这是前提)。

二是定出每个员工每期培训要讲的主题,你也可以称之为"培训计划"。每个员工外出培训回来,也要给大家讲一讲培训内容,这叫"转培训"。

三是做好主持人。主讲人没有讲到的、讲错的,你要补充、纠正;还要小结。

也许你会担心:有的员工文化程度低,说话都不利索;有的一上台就哆嗦;更普遍的是谈不上什么讲话的技巧……。我们的实践证明,只要不是哑巴,即使一个中学毕业的工人,都可以在这种团队学习中快速提升。为什么呢？任何一个人，上台发言之前都会逼迫自己"备课"，这本身就能迫使主讲人梳理思路、查找漏洞、补充知识。至于主讲人讲错的、讲漏的，可以让大家在结束主讲之后，共同讨论、纠正，你作为组织者也可以弥补、总结，当然别忘了对主讲人的鼓励，——无论他（她）讲得所谓好还是不好。

作为听众的其他员工，在听讲、讨论过程中也会自然而然地被这种"气场"所影响，开始积极思考、分辨对错，这比什么都讲得对而且讲得也很生动的职业培训师的培训效果还要好，因为在听那些"好老师"讲课的情况下，学员往往容易"大脑偷懒"，不去积极思考，只是一个被动的"录音机"。——学员思考的过程，其实就是拼命将知识往脑子里装的过程。

非常有意思的是，这种互助培训式的团队学习还能给你的团队带来许多"附赠品"：

一是促进了员工的个人学习。讲者自然会在备课当中查漏补缺，听众自然也知道自己的差距在哪里。

二是锻炼了员工的表达、沟通和公众演说能力。

三是培养了员工开放的心态。要上台"忽悠"，要被哥们姐们"批斗"，就得"不要脸"吧？

四是及时发现员工的技能短板。在讨论的过程中，不仅你能发现哪些员工在哪些方面欠缺，而且员工自己也会发现自己的不足之处；即使那些过于自信的家伙，也会经常发现自己原来功力还不够深，还在"茶壶里煮饺子"的阶段混呢。

五是及时发现员工骨干和后备干部人才。那些功力较深、充满自信、讲得还算不赖的家伙，总会让你眼前一亮吧？

六是增强了团队的凝聚力。大家互相"批斗"，知无不言，言无不尽，斗完之后还是抱成一团，凝聚力怎么能不强呢？

七是……，你在实践中慢慢总结吧。

需要特别提醒的是，千千万万别忘了涉及"怎么干活"的内容，最好还是拉到工作现场去讲。

从培训管理者的角度来看,需要把握好两个要点,一是制订具体的培训计划,开展互助培训的计划管理;二是每个员工互助培训的内容,记入或称之为《员工成长手册》的员工培训档案,它是重要的人力资源数据。

5. 师带徒

师带徒,或者叫作师徒制,在企业所有的培训模式中本当排在第一位介绍,但因本书理论体系的因素、便于读者循序渐进而作的内容排序,至此才较为详细地阐述师带徒。

师带徒直接面向现实的任务与绩效,无论一个企业是否将其上升到管理内容,它都是现实任务的必要,它是人类传承的最基本手段,已经成为所有百年老店而非国际尖端科技企业的生存法宝。老农向儿子传授种地的一切,母亲教女儿如何烧饭做菜,中国的木雕、微雕、刺绣、京剧、越剧,瑞士的钟表、军刀……,其知识体系几乎全是隐性知识,而且是只能意会、难以言传的默会性知识,而这种默会性知识,恰恰是至为宝贵、无法剽窃的核心竞争力[①]。瑞士、德国,均对师徒制进行立法,中国亦已提出"工匠精神"。可见师带徒对一人、一家、一企、一国之重要!

南京地铁运营公司成立之初,面对高新技术密集的欧洲电客车,几乎所有人都是"老革命、新同志",一线更是大量的"新兵蛋子",而且面临着厂家封锁核心技术,国内同行因行政管辖的区割而不愿鼎力相助,国内同业即"大铁"对城市轨道交通业"恨之入骨"[②],南京地铁运营公司硬是靠工程师队伍

---

① 笔者断言:靠科技创新形成的核心竞争力,只属于自有资产雄厚的大型企业与资本财团,而对于99%的中国中小企业来说,基于默会性知识的工艺与工艺创新,才是中国企业基本面的提升主旋律。虽然中国的许多工艺没有赢得多少盈利规模、市场份额,但他们只要不断传承、创新,加以商业模式、盈利模式、营销模式的综合配套,终有一天将彻底证明这一企业核心竞争力的真理性规律。

② 城市轨道交通业的较高薪酬,曾经吸引了城际轨道交通企业中希望常驻家乡的的一些骨干员工,导致中国铁路系统对隶属地方的城市轨道交通企业不予全面、深度的合作。

即第一批企业培训师编写专业技术教材,进而靠师带徒传授任务技能,"两板斧"将一号线推上轨道。所以,笔者奉劝所有的企业,如果将师带徒做到极致,将工艺、质量做到极致,反而是生存、发展、壮大的光明捷径。……与浮躁斗争到底!

下面,我们共同探讨师带徒的要诀。

师带徒,既然是一种结对学习关系,就得真正地"结成对儿",而不是组织的"拉郎配",这关系到师父能否将隐性知识毫无保留地传授给徒弟,关系到组织的核心竞争力能否代代传承。

师徒关系,需要同时具备心理的信任度、情感的亲密度与行为的接触度。心理上彼此互信,情感上距离亲密,行为上经常接触,师父才愿意主动教,徒弟才愿意拼命学。忠贞不渝的情侣,高度信任,两相无间,即使长期分居、聚少离多,没有足够的接触,也能建立起牢靠的伴侣关系;白天昼夜忙于事业的父母,没有多少时间关注孩子的情感需求,陪伴孩子参与社会体验,即使具备信任度与亲密度,但父母的社交经验往往难以传承给孩子。以传承知识为导向的师带徒,则需要在两个没有亲缘、血缘关系的人之间强化情感的亲密度、行为的接触度。

南京地铁运营公司基于这一深刻认知,探索出自己的一套做法:

甄选师父

很显然,师父应当是作业高手和技术强手,但更重要的应当具备"三心":热心、耐心和细心。

热心,就是乐于分享知识,乐于在工作上帮助别人。耐心,就是脾气温和,在传授技艺时能够不厌其烦地分解示范、分步指导,协助徒弟分段提升。细心,就是心思细腻,做事细致,善于观察、分析徒弟的一举一动。

绩效捆绑

除了带徒津贴、优先提拔以外,南京地铁在日常分工时,让师徒结对工作并捆绑绩效。

实践中的绩效捆绑，就是将师徒二人作为一个整体的业务绩效考评对象，徒弟的绩效产出计为师父的，提升师父的带徒积极性。对许多内部竞争机制充分的民营企业来说，"教出徒弟、饿死师父"是不争的现实，因此许多师父不愿意认真带徒。笔者的建议，一是根据"教学相长"的原理，将徒弟的培养目标由熟手级提升到能手级，同步要求师父在此过程中由能手级提升到专家级，并根据岗位的技术复杂度、工艺精湛度，将师带徒的周期由3—6个月提升到1—3年甚至更长，在此期间，徒弟的绩效贡献工资、绩效奖金，均归师父所有。我们想想晋商的钱柜伙计、瑞士的钟表学徒匠是怎样成为掌柜、巨匠的，就能理解了。二是对于一些因年龄、健康、职业倦怠等原因而不能或不愿再亲力亲为的师父，可以让他们逐渐脱身亲力亲为的劳动，转型为全职教练，负责几个徒弟或者一个班组甚至一个车间的学徒培训，这一方法对写字楼内的"老同志"们同样适用，给他们一个"全职导师"的岗位吧。这也是员工职位管理的完善，能够有效提升功臣、员老的忠诚度。

单一的绩效捆绑亦有不足之处，因为师父往往能够独立完成绩效，最终结果反而成了徒弟沾光，常常导致师父好好教、徒弟却不好好学。因此，南京地铁相应设置了技能鉴定，并与徒弟的上岗资格、职级晋升、工资水准直接挂钩，这是压力管理的手段。

技能鉴定

南京地铁运营公司根据完善的操作标准、课程体系，以笔试与实作考试的方式，通过上岗资质的技能鉴定，倒逼师带徒，让一批批新手迅速适岗。

潍柴集团的扬州盛达特种车公司，则从2017年底，开始完善职位序列规划，并以阶梯培训体系支撑各序列的员工"拾阶而上"，甚至允许"跳级"，只要员工的绩效水准与技能考评达到相应的职级标准。当然，每年一度的职级评定，也意味着将有部分员工的职级下调。这是一种让全员永不懈怠的长期激励机制。

学徒规范。南京地铁运营公司设计出完善的"学徒规范",包括正式的拜师仪式、出师仪式;策划季度谢师宴、年度谢师宴,鼓励所有的徒弟 AA 制和师傅聚餐、沟通,并大力宣导、建树"一日为师,终生为师"的尊师风气。江苏金旺则精心设计每年的教师节,对师父在内的所有企业培训师慰问、表彰。

联络感情。不仅不反对,并鼓励徒弟主动帮师傅家里跑腿、干活,鼓励徒弟为师父家里的端午节、中秋节、春节和师傅生日宴、师母生日宴,缴点"小学费";在班组活动中增加融洽师徒气氛、增强师徒沟通的游戏。

树立榜样。树立优秀师父和明星徒弟的榜样,并以各种形式大力宣传,提高师父带徒和徒弟求教的热情。

及时把控。南京地铁设计了《师带徒日志》模板,师父按实训进度填写表格,让师带徒的日常细节处于可控状态,也为人力资源甄选提供了另一个有效数据来源。

6. 项目参与

项目参与,主要为了提升中基层管理、技术、营销、作业人员的综合技能。南京地铁运营公司,在项目参与的培训计划中,安排资深的内部培训师和内部专家参与其中,担负起训练任务。整个培训计划的实施,则遵循项目管理的基本原则和方法,流程主要包括调研、决策、执行、学习、汇报。培训结束后,要求学员完成项目案例的编写,学员编写案例的质量考评结果,与一些过程性细节,同样记入《员工成长手册》。

7. 学习路径图技术

学习路径图,来源于六西格玛管理法,通过分析关键业务流程,提炼和组合人员培训内容,以最优配置达到培训目标,它起源于上世纪 80 年代的摩托罗拉公司,随后在 90 年代中期被通用电气发扬光大,形成完善的体系和模板,它不仅适用于教育培训领域,也是流程管理技巧的精华和最有效的方法之一。

我们以往的员工学习路径是能力模型:岗位——能力——知识,即根据岗位分析,确定能力的结构与标准,进而开展学习,是学以致用的培训思维。在能力模型之下,我们需要大量的专业知识,甚至聘请外部顾问,找到某一岗位所需的技能、知识、态度、特质或经验,来完成一项工作任务,它乐此不疲地分析各种前提条件;而且所学与所干相脱节。而学习路径图则是任务模型:任务——流程——知识,即根据任务分析、每项任务的流程分析,开展直接面向现实任务流程的学习,是用以致学的培训思维;所学即所干,所干即所学。它符合实践性知识都是程序性知识的规律。

需要说明的是,不管你所在的组织是否培训员工、有无正式的培训计划、如何培训员工,学习路径图是客观存在的,它是员工实际的学习过程。我们可以理解为现实的学习路径图。

南京地铁运营公司的工务中心,发现即使通过技能鉴定的上岗员工,仍然难以完全胜任现实的复杂技术工作,遂从 2012 年开始,将现实的学习路径图上升到部门培训管理层面,自主探索这一学习方式。我们课题组发现这一试验,即全面导入学习路径图技术,辅导完善,并在全公司推广普及。下面,则结合这一案例,与读者分享学习路径图的应用。

(1)分析工作任务

梳理核心业务(见表 7-6)。

表 7-6　核心业务体系分析表(示例)

轨道、结构、房建系统的巡检
轨道、结构、房建系统的维修
轨道、结构、房建系统的改造
轨道、结构、房建系统的升级(或性能优化)
……

选择一条专业线或任务流程(见表7-7)。

表7-7 任务流程结构分析表(示例)

轨道系统的巡检
整体道床线路
碎石道床线路
轨枕(木枕)
轨枕(混凝土枕)
地下线联结零件
地面、高架线联结零件
车辆基地联结零件
道岔维修
车挡维修……

(2)分析学习任务

以"基地线路维修"任务为例,如表7-8《"基地线路维修"的任务流程》所示,该任务的流程共4步,分别为线路检查、台账记录、线路保养、线路维修等等,共计包含"线路检查及画橛"等12个单项作业技能和1项台账记录技能。

表7-8 任务技能结构分析表(示例)

流程步骤	项目名称	作业技能
步骤一	线路检查	线路检查及画橛
步骤二	台账记录	《线路维修台账》填写
步骤三	线路保养	标志刷新作业
		夹板涂油作业
		螺栓涂油作业

(3)制定培训方案

这里的关键,是找到学习成功的关键过程域和关键因素,将培训工作聚焦于最有任务价值的环节。寻找关键过程域或关键因素的前提,在于对现实流程和相关标准的深刻理解。

"基地线路维修"任务里,最核心的作业技能是"设施设备的维修和保养",这就是阶段性的培训目标。随后就是确定培训周期、培训方法、培训标准。其中,培训周期,就是员工达到胜任标准所需的时间,为此需要定义何为胜任标准,测算达到胜任标准的时间,以及配套的培训方法。这是衡量学习路径图设计优劣的标准。

表7-9《部分"基地线路维修"任务的培训计划》则是一部分主要内容。

表7-9　标准化职业技能培训方案(示例)

培训流程	培训内容	培训方法	培训标准	完成时限
线路检查	线路检查及画橛	示范实训	线路检修规程、岗位说明书、标准化内培教材	2—3天
台账记录	《线路维修台账》填写	示范实训		2—3天
线路保养	标志刷新作业	示范实训		2—3天
	夹板涂油作业	示范实训		2—3天
	螺栓涂油作业	示范实训		2—3天

表7-9所列的时限,是在假定新进人员经过了系统的专业理论知识培训,对轨道设备已有一定的感性认知。完成这项任务的培训最多需要39天,在培训结束后,新进人员能够掌握该任务的流程,在不限定时间的情况下独立开展12个单项操作和1项台账记录填写。但是,还不能独挡一面地完成全套任务。这就需要今后日常工作中反复的、整体性的"练习",以达到技能"全面固化"的效果。

(4)绘制学习路径图

绘制学习路径图,其实就是根据学习路径图技术,制作一份培训计划(见表7-10)。

表 7-10　学习路径图（示例）

时间	培训项目名称	形式	所需资料	讲师
1周 （累计）	工班的运作、台账和材料知识介绍；工班安全教育；中心和班组层面的座谈会	面授 资料自学	1. 工班知识材料 2. 全知识材料及考卷 3. 学员清单	A
16周 （累计）	各基地的技能训练：接头作业、线路维修作业、道岔维修作业、故障处理等5个模块共计28个单项作业、5个综合作业。	示范 实训	1. 培训计划 2. 单项作业的操作和质量标准 3. 合格标准	B\C\D\E
1周 （累计）	技能考核和总结	操作考试 面谈	考核标准	F
1周 （累计）	集中的理论知识培训：轨检车知识等9项。	面授 资料	1. 理论知识培训资料 2. 课堂考试试卷 3. 训后自学指导	G

也许细心的你已经发现，学习路径图的核心结构是"任务流程＋导师制"，这里的导师包括必要的讲师与师父，而且导师的配备，不是一徒一师，而是一徒多师，这就意味着是用全部门甚至全公司的师资力量，支撑学员的全任务流程的学习，这也意味着任务的每个步骤、每项技能，都配备了全部门或者全公司最好的导师，从而从师资配备方面保障了培训质量。

南京地铁对理论知识，采取了"自学＋考试"的培训方式，而不是课堂教学，对任务技能，则采取师徒制支撑的"在岗辅导＋指导自学"。

（5）实施学习路径图

在学习路径图培训模式之下，需要注意两点。一是动态维护计划。学习路径图第一次制作出来，仅是一个开始，在试用过程中，还需要不断分析、改善培训方式，努力缩短每项技能的培训时长；与此同时，当任务流程发生变化，则须立即修订学习路径图，确保路径图始终与时俱进；必要时，应将任务流程的变化，及时报备公司流程管理部门，以便公司实时修订企业级流程。

二是设定学习里程碑,以便开展阶段性的效果评估。

(6) 培训效果的评估和报告

员工胜任力的达标,主要靠技能鉴定与薪酬管理进行倒逼管理。但一个培训项目结束后,培训责任部门应当系统完善学习路径图培训模式,并向管理部门报告成果。这个评估和报告,有助于绘制其它专业线的学习路径图。

至此,我们可以系统小结一下学习路径图对我们的价值(见表 7 - 11)。

表 7 - 11　学习路径图的价值

缩短培训周期
保障学习效果
易化培训评估
节约培训经费
解决工学矛盾
应用领域广泛
促进标准化

缩短培训周期:一般可以免去课堂教学、岗前培训,直接从任务流程的第一步开始,并在较为精确的培训时长控制下,快速胜任现实任务,使培训效率大大提升,原先半年甚至几年的培训周期,可以缩短为半年甚至 3 个月、1 个月;让业务部门与培训管理部门惊喜的是,无须满足一定学员数后再开展集训,对任何一个学员包括新员工,可以立即开展培训。

保障学习效果:学员完全在真实、全息的任务情境中,学习理论,操作实务,练完则已做完,做完则已学完,省略了从课堂到现场的中间转化环节,从而规避了传统课堂培训低效甚至失效的风险。

易化培训评估:显然,当一个学员全部练完一个任务流程的每个步骤,已经意味着他/她开始由生手脱胎而成熟手。

节约培训经费：这样的模式，绝大多数情况下无需外部师资以及高昂的培训费用，一般无须企业培训师的课堂教学，只需要拿着工资与课酬补助的内部师资，无疑是培训经费的极大节约。

解决工学矛盾。显然，基本不需要学员脱产、半脱产，现场就是课堂，上班就是学习。

应用领域广泛。学习路径图，不仅适用于生产岗位，对管理岗，对秘书、助理、干事、专员等等辅助岗，均可应用；甚至对技术岗、营销岗的某些能力训练，均可适用。

促进标准化。这是学习路径图跳出培训管理范畴，对部门和企业的重要贡献。通过学习路径图技术的全面应用，自然能够促进部门流程的不断优化、任务标准的不断细化。为此，江苏金旺从 2018 年开始，向各部门全面导入学习路径图，并作为重要的公司级管理项目。

8. 工作轮换

工作轮换，是一种全景体验式实训，让培训对象完全进入能力建设所需的真实环境，面对真实的目标和无法完全预设的各种任务与问题，系统吸收需要的所有显性知识和隐性知识。它基于工作的丰富性与未知性，用工作激励的手段，驱使培养对象不断挑战新的能力域。它是解决能手级、专家级员工职业倦怠的有效手段，是解决中高层干部系统决策思维与跨岗位沟通意识的有效手段，更是培养中高级复合型人才的有效手段；同时，它便于员工在组织范围内找到自己最愿意、最适合的岗位、部门或职级，从而提升员工的稳定性，同时优化整个组织的人力资源结构。中国企业习惯称之为轮岗，但我们仍然不能将这里的"岗"局限于岗位说明书的"岗位"，应当扩大到"工作"。因为，在当代复杂多变的商业世界，企业内部的相当一部分岗位说明书似乎永远跟不上外部变化，除非这个企业成长得缓慢或者僵化。即使那些提供标准化服务的公共服务部门，也需要响应不断变化的顾客需求与环境要求，不断增加个性化的服务内容。

现实中,那些恨不得用更多的智能设备、机器人减少员工数量的企业,那些受地方政府财政预算制约严重的国有企业,普遍配员较少,一人多岗、一人多责愈加突出,这种情况下如果工作轮换的规模、频次较大,将影响相关职能的日常运营。这其中也有不善于运用工作轮换的原因,但无论如何,我们不得不说,工作轮换仍然是培养复合型人才综合能力的有效手段,也是开展角色管理的基础工作之一。

在此,笔者略费笔墨,主要从人才培养的角度提出一些操作要点,谨供读者参考。

（1）培养对象

从企业实践来看,可以通过工作轮换,快速培养中高层管理人员、复合型技术人才、多能工与全能工。此外,还可以通过正、副职中层干部的跨部门轮换,了解其他各协作部门的全息,培养换位思考意识,从而促使他们养成"总经理思维",即站在企业全局高度去系统思维的决策意识,以及部门协同意识、跨部门沟通技巧。这样做的衍生效益就是,经过一段时期的工作轮换,中层干部很容易形成一个真正的管理团队。

（2）轮换范围

哪些人、在哪些部门或哪些岗位之间轮换,就是轮换范围需要解决的问题。这需要根据培养目标的能力结构予以确定。

生产岗位、服务岗位的多能工、全能工的培养,可在不同工序或服务岗位之间进行轮换。

研发、设计、工艺等等复合型技术人才,除了本部门内不同岗位、角色之间进行轮换,还可以到相关的企划、营销、生产、采购等部门见习或锻炼,让他们深刻了解:如何在企业级流程管理不足的环境下与相关部门有效协作,这远比反复宣讲协同意识、责任理念有效得多。

业务员、销售工程师与复合型技术人才的培养一样,可以到相关的研发、企划、生产、采购、质量等部门耳濡目染，或切身参与，这比营销部门关起门来的大量培训更有效。

比较极端的情况是，将一些服务意识不强的辅助序列、后勤序列人员，轮换到服务对象手下"贴身服务"一段时期，让他们切身体会到所服务的内部客户的不易与艰辛。这也启发我们，可以为了内部客户理念的培育，设计工作轮换。

前面已经顺便提到中高层管理人员的轮换范围，笔者主张在各职能部门见习或锻炼一遍，然后到上级部门的"助理"岗位锻炼一段时期，例如，一位优秀的班组长、也是后备中层干部的培养对象，可以先在同级班组转一圈，再提到车间或生产部工作一段时间。

南京地铁集团正在探索一种新的轮换思路，即同一部门、不同分工片区的"作业组"之间的轮换，这已经是一种"人群"或者叫作"团队"的轮换，而不是上面所说的"个体"的轮换。因为任务性质、任务内容、基础知识等等都相同的作业组之间，不同的分工片区，其工作对象、工作量以及其它业务因素，都有较大的差异。这种团队的工作轮换，如同将熟悉平原作战的部队拉进山区作训，将熟悉山地丛林战的部队拉到海上训练，如同将西北片的销售团队与华南片的销售团队对调，可以让团队胜任不同的挑战，也可以避免每个同质化团队的过多增员。

（3）培养模式

运用工作轮换，对不同的培养对象、培养目标，其培养模式自有差异。也就是说，工作轮换的设计应当因人而异，不可一刀切。

工作轮换的不同模式，笔者分别命名为见习式、实习式。见习式，轮换到新岗位的培养对象，核心任务是考察、学习，不介入新岗位的具体工作，每个新岗位的工作时间较短，往往一至两周，最多一个月。实习式，培养对象需要介入新岗位的具体工作，甚至主持部分或全局工作，大多数培养对象都需要实习式；类似走马观花的"管理生培养"、"研发工程师培养"，这种见习锻炼的实际效果是很差的。

这些培养模式的个性化设计,很容易写入培训计划,但具体培训方式的设计,则挑战着企业培训成本的控制能力。

作为培养方向的生产岗位、服务岗位的多能工、全能工,复合型技术人才,业务员、销售工程师等等,以及向中层干部方向培养、现职为基层主管的,或者向高层干部方向培养、现职为中层干部的,都可以采用学习路径图为技术主线、导师制和行动学习法为支撑的培养模式,而且这种培养模式,需要企业刚性的管理,否则工作轮换就会成为反对者的借口。培养周期,则根据学习路径图技术,分析所需的培训时长而定,少则两、三个月,多则半年到一年甚至两三年。

管理岗的正职人员(培养方向为上一级管理岗),则完全可以在同级部门之间轮换,并主持接训部门的全局工作。高压力才能培养出优秀的复合型管理人才。至于对部门绩效的影响,则需要综合的配套设计,诸如部门管理的机制化、部门副职承担部门 KPI 的权重提到 80%、分管副总与接训部门原来的正职共同担任培养对象的导师、限制培养对象的管理权限、总经理室加强对接训部门的动态支撑。对基层管理岗的正职人员(培养方向为中层管理岗),培养周期至少一年为宜,而中层管理岗(培养方向为高层管理岗),培养周期至少两年为宜。这些周期的界定依据,除了管理的复杂性以外,没有太多的理论依据,均是经验的总结。

团队的工作轮换,最大的担忧是分工片区的绩效下滑。这同样需要综合的配套设计,诸如完善职能任务的系统化、标准化管理,两个团队彼此之间的实时指导与必要补位,公司行动学习法的实时支撑,分管部门与总经理室加强两个对调团队的动态支撑。培养周期至少两到三年。

(4)操作要点

作为实践经验的总结,笔者试图针对中国企业工作轮换常见的六个问题,简要剖析,除了前述的一些常规对策,另外给出一些参考性的对策,与读者探讨。如果你的企业尚未开展工作轮换，或者准备尝试工作轮换，这六个问题的对策，也可以视为参考性的操作要点。

◎ **对经营管理指标的影响**：这是开展工作轮换的首要问题，也是许多企业不敢对中高层管理者尤其中层干部应用工作轮换的主要原因。

我们给出的建议，一是部门任务体系与管理体系的机制化建设。许多组织更换了组织一把手或部门一把手，组织或部门的绩效就会产生较大的波动，甚至明显的下滑，根本原因之一则是部门管理仍然处于"人治"阶段，尚未提升到机制化水平。所谓机制化，即决策机制合理而刚性，任务体系、管理体系的界定非常明确，各种业务与管理的流程与标准比较完善，工作方法、管理方法基本上模板化和/或 IT 化、制度化，问题管理系统包括自主改善机制较为完善，即对各种问题的梳理、归纳比较完整，相关的原因梳理、可供选用的对策比较齐全，整个企业或部门的自组织特征较为明显。这样的机制化状态下，即使正职长期病养或空缺，一般不会影响整个组织或部门的正常运行与绩效稳定[1]。

二是重视各部门副职团队的打造[2]，包括副总团队、副经理团队、副主任团队等。这支"分管团队"是否具备战斗力、是否形成合力，关系着部门运行、部门绩效的稳定，如果过于依赖一把手，则不仅每个分管副职的责任意识有所淡漠，而且一把手离职、调任，对部门运行与绩效的影响往往较大。建设好"副职团队"，不仅为部门正职的跨部门轮换提供了基础保障，也能为"正职团队"不断提供后备人选。

三是对参与工作轮换的新任正职，同样需要对其考核管理新部门的个人绩效。指标设计可以采用渐进提升法。假设该正职轮换培养的周期为三年，

---

① 相信你读到这里，已经再次感受到学习型企业建设、学习型团队与学习型个人的塑造，其实践价值的伟大。

② 这几乎是大多数中国企业在实际投入与行动层面忽视的细分管理领域，我们几乎没有见过专门的"副总经理培训"、"副经理培训"。

因其第一年不熟悉情况,可以第一年只设定 20％的考核权重,第二年提升到
30％,第三年提升到 40％。……那么另外的 80％或 70％、60％给谁呢?副职团
队。无论是否参与工作轮换,部门正职对部门 KPI 的最大考核权重多少为宜
呢?笔者建议不超过 40％。这样既可以避免正职的不负责任,又可以充分激
发副职团队的能动性。但实际上大多数企业,有的将正职的考核权重提升到
70％—80％,有的设为部门考核 100％,同时授权部门正职对部门成员全权考
核。前者容易滋生一个敷衍应付的副职团队,后者则容易强化下属与正职的
对立,除非正职向下属妥协。此外,无论哪种考核方式,都让正职疲于奔命,而
无暇为总经理室很好地履行参谋功能、助手功能,无暇专注本部门的系统优化,
无暇个人领导力的快速提升。

◎ **权责设计**:一线生产岗、服务岗,以及无需较多管理权力的技术人
员、营销人员,他们轮换到新的部门或团队、岗位,基本不存在新部门、新团
队的权责调整,即组织结构的微调。但对轮换到新部门、新团队的任何一
个管理人员,或需要相应的管理权的人员,则牵涉到新部门、新团队的权责
调整。

对新部门、新的项目团队而言,轮换过来的新任副职与原有副职之间如
何分工?还是新任副职充当原有副职的"助理"?显然,在那些仍然等级观念
盛行的组织当中,后者的推行难度较大,但笔者仍然认为,应当优先采用后一
方案。这不仅真正践行"三人行,必有我师"的学习理念,同时培育"没有等级
高低、只有分工不同"的平等观念、角色意识,建立组织内部人员能上能下的
流动机制,而且不打破原有的分工体系与工作状态,不影响原来的绩效能力。
如果采用前一方案,即新任副职与原有副职重新分工,将影响原有副职及其下
属的整个工作系统,在培养对象离任之后,原有副职及其下属的整个工作体系
又要再次变动,而这种变动已经不是简单的还原,因为工作环境与绩效要求已
经发生了较大的变化。那么,作为原有副职的助理,新任副职的角色是什么呢?
学员兼参谋、助理。某位原有副职就是他/她的直接导师,所有管理团队的成

员,对他/她均负有培养责任。

对新部门、新的项目团队而言,轮换过来的新任正职,前面提到了绩效权重的渐进提升法。与此相对应,给予的责任越大,赋予的权力则越大。但从新任正职履新伊始的第一天起,必须赋予其组织领导力,和对副职团队的人事考核权,以及违反公司底线原则事项的一票否决权,否则将导致接训部门的目标管理系统出现问题,而且正职对副职没有任何管理抓手,也容易导致部门重大决策出现失误。

在此,需要对与组织领导力相关的"企业系统领导力",略加阐释。见图7-5。

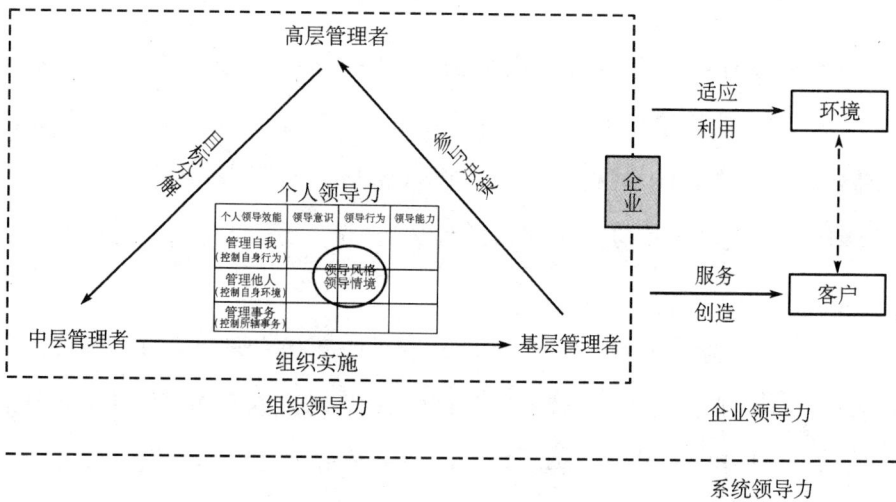

图 7-5　企业系统领导力的结构与运维模型

执行力的首要功能,是对"事"的控制力;领导力的首要功能,是对"人"的控制力。在领导力建设领域,国内工商界普遍注重个人领导力(管理者对员工个体的控制力),导致因各种原因的管理者的离职、流动,影响部门的顺畅运营。我们应当将领导力建设上升到组织领导力(管理团队对组织的控制力)与企业领导力(企业对环境和客户的控制力)的高度,即重在建构企业的系统领导力。其中,组织领导力,主要包括部门对公司目标决策的参与、公司目标的部门分解与组织实施。

◎ **个人领导力**：前面设计了一套对策，避免接训部门的绩效、新任正职的组织领导力受工作轮换的影响，这仅是组织以行政命令的方式，将培养对象"嵌入"新部门、新团队，给予新任正职的仅是法定领导力，但培养对象真正发挥管理效能的个人领导力，则往往首先存在团队融入的困阻。这不仅需要企业平时对管理者强化个人领导力的培训与塑造，需要企业在工作轮换时考虑培养对象与新下属之间可能的融合度，包括管理风格、工作习惯、性格、应变能力等等。更大的问题可能是，企业出于战略考虑，不得不安排工作轮换，那么，如何从组织的层面，迅速建树培养对象在新部门的个人领导力？笔者提出个人领导力建树的四部曲，纯属一家之言。

团队融入：既然这种工作轮换是组织的强制命令，那么高层领导者应在培养对象履新之初，尽可能频繁出席接训部门的内部会议，至少从仪式上警示那些"各怀心思"的副职们。此外，还可以从培训经费中拨出一笔费用交给培养对象全权操控，专门用在培养对象与新部下的各种非正式交流：拓展训练、聚餐、联谊、生日礼物……，这并非表面的上对下的"贿赂"，而是加强性格差异与文化差异的磨合，加深情感、兴趣、爱好的培养，加强各自隐性知识的彼此认知。主要通过这两种手段，促成"包办婚姻"迅速成为甜蜜的"婚后恋"。

专业领袖：管理者融入团队，并不意味着能让下属心悦诚服，这就需要培养对象尽快成为接训部门的专业领袖，至少成为接训部门某个重要领域的专业领袖。这需要培养对象本人的智慧与勤奋，也需要企业以严正提醒、绩效考核等等正式的方式，要求副职团队做好辅弼大臣，否则"严惩不贷"。要求副职团队不仅承担大部分、大比例的部门绩效，他们还要共同做好新上司的"导师团队"。

意见领袖：各种关于组织内信任关系的实证研究表明，物质、劳务的帮助，往往只是一种势利的交易，并不能建构长期、深厚的信任关系。管理学大师埃得加·沙因的《互相帮助》,揭示了最有效的信任关系,更多地来自意见的帮助。试想,一个专业高能甚至全能的上级,但不注意或者不愿意、不善于点拨下属、指点迷津,那么他/她在下属心目中的个人威信又有多强呢?因此,我们有必要发挥培养对象的原有特长,为接训部门的决策增光添色,为接训部门的工作更上层楼。加上培养对象的能力提升,培养对象就能迅速成为接训部门的意见领袖,那么培养对象在接训部门的个人领导力,可以说基本建成了。……但还不够牢靠。

精神领袖:管理者融入团队,不被团队成员内心排斥,进而通过原先的专业才华或迅速掌握的新业务技能,令团队成员由衷折服,平时片言只语之间一语惊醒梦中人,拨云见日、点石成金,或看似无为、却常常四两拨千斤,见招拆招,游刃有余,或化繁为简,化腐朽为神奇,其个人领导力就真正具备了么?我们看到不少企业主、经理人,有的没有一定的思想修养,有的缺乏起码的道德素养,有的对下属简单粗暴,这样的管理者何谈真正的领导力,即使他们的下属心甘情愿地服从他的一切指挥,这也是一支纪律涣散、没有战斗力的鸦片兵、土匪武装。管理者只有成为下属的精神领袖,才是下属团队真心接纳的"我们的头儿"。

◎ **绩效管理**:工作轮换的绩效管理,是对这种模式下的"教学双方"进行绩效考评,防止部门不好好带、导师不好好教、学员不好好学。这同样需要企业级的绩效管理,对"教学双方"均予结果性指标、过程性指标的考核,同样需要与考核对象的绩效工资挂钩,如果绩效工资的力度不够,再加上制度管理。

需要强调的是,对人的管理领域还是多用正激励措施,我们不能一提到"考核",就"本能"地想到批评、罚款等负激励。

前面已经提到对管理岗正职人员的绩效管理要点,包括对正职、副职团队的绩效管理技巧。但在另外一些情形下,如何开展绩效管理呢?

见习极为短暂的培养对象,与其他实习的非管理岗人员,在那些接训部门的眼里,往往是可有可无的,大家对他/她都很"友好"却不负责任,背后往往忿忿不平:这家伙懂啥呢? 为什么却享受公司的这种待遇?! ……这需要公司培训部门明确见习的内容与考评标准、考评方式、考评制度,明确"导师团队"及其具体的责任和权力,否则培养对象的见习将变成"考察",将变成纯粹的"观摩",而见不到多少预期效果。

较常见的情形还有轮换到新的部门,任务形式均是项目制,这就牵涉到项目的绩效管理。大型项目组更像一个分工细化的部门,可以借鉴前面提到的一些方法;而三五个、八九个人的小型项目组,往往分工比较模糊,除了常规考评项目组的整体绩效以外,对锻炼对象及其导师,则需要制订学习培养的过程性指标。总体上,对项目参与式的工作轮换,可以通过计划管理的统计分析,进行绩效考评,即统计分析每月或每个项目阶段计划任务的完成率、及时率、优良率等,再与绩效工资、管理制度等挂钩。这种主观定量评价法①,不仅可以用于一些项目管理,而且可以用于任务大多是定性工作的部门和岗位,例如管理岗、辅助岗、后勤岗。

◎ **薪酬管理**:让一些管理岗的副职"屈尊"于同级的副职,让一些薪酬等级、薪酬水准较高的岗位人员轮换到相对较低的岗位,是许多锻炼对象不愿意接收的。如果锻炼对象真心意识到公司的善良动机,那么公司将节省一点人工费用。可是如果薪等、薪准较低的人员轮换到相对较高的岗位,是否应当补偿锻炼对象一笔费用呢? 除非公司不在乎这笔人工成本。总体上,笔者赞同华为"降级不降薪,调岗不调薪"的做法,因为这是人才培训开发的手段,而非对绩效和表现下滑的惩戒。

◎ **培训档案**:培训档案,既可以看作员工培训管理的表单模板与文案模板,也是重要的人力资源数据,员工参与工作轮换锻炼的每个细节与结果,应当实时记录,归档备用,它将在内部招聘、晋升、调动等各种人力资源甄选中

---

①　主观定量评价法,是对评价内容过程性、结果性的定性指标,按照质量、时限等等的符合度或目标完成度,进行量化打分、统计的评价方法。

发挥效用。

（二）团队学习

团队学习，就是一种狭义范围的组织学习（并非个人自学），但绝不是我们传统理解的把一群人组织在一起的"集中学习"那么简单，其关键的关键就是，这种集中学习，一是互相学习，而不是一群人听一个人讲；二是团结协作，而不是自我防卫，更不是互相攻击。

在由个体学习向团队学习出发之前，我们有必要首先提到团队学习的两个要点，这也是企业团队学习常见的普遍问题。

1. 团队学习要点

（1）主持能力

团队学习的主持者，首先必须具备倾听的习惯、归纳的能力、发问的技巧、总结的技能，也就是始终紧扣团队学习的目标（需要解决的问题或完成的任务），鼓励大家畅所欲言，认真倾听而不是随意打断别人，并及时把别人的 N 句话归纳成 1 句话，并持续发问，引导大家深入思考、积极发言，最终系统化地总结。——到这里，相信你能体会到我们为什么总在提系统思考了。因为在团队学习中，需要我们的主持人有结构化思维的习惯和能力，还要引导大家感受、养成结构化思维的习惯和能力。

不用担心自己所谓的理论水平、主持技巧，只要在团队学习中反复运用"聆听、归纳、发问、总结"四部曲，始终注意讨论的架构。发现跑题了，及时委婉地制止就可以了。至于主持水平高不高并不重要，只要解决问题就是"高"！

（2）学习规则

在开始练习团队学习的期间（也许 1 个月，也许 3 个月、6 个月……），必然会有绝大多数人甚至全部，都会死要"面子"：

在发言阶段,有的为了表现自我而滔滔不绝,有的出于害羞(害怕被嘲笑)而沉默不语,有的耍滑头而只会说"对的,对的";

在讨论环节,有的会自我防卫而不是出于寻找问题的答案,有的会指责别人的意见而进一步自我辩解,有的则会从攻击别人的意见而恶化成攻击人身。

更可怕的是,有的还会因为"帮派",出于讨好而不是工作,不加分析地维护哥们的意见,或者攻击非哥们的看法。

这就需要大家坐下来先制订团队学习的交流规则,明确一些必要的处罚规则:

N 个俯卧撑;

向"慈善扑满"里扔 5 块钱(积多了就捐给慈善机构);

高喊三声"我好糗!";

连喊三声:"我是滑头!"

大家一起对他/她连喊三声:"我们是团队,不是团伙!"

……

当然,最重要的还是奖励规则,尤其对在遵守交流规则方面有改进的,哪怕一点点小改进:

掌声!热烈的掌声!

大家一齐对他/她跷起大拇指:"好样的!好样的!好样的!"

荣登部门板报的每周之星!

小组 AA 制聚餐时坐到首席!

让异性同事给他/她 10 秒钟的拥抱!

更有甚者,积分制管理,与绩效工资或绩效奖金挂钩!

……

下面,就让我们踏上令人心动的团队学习之旅吧。见表 7 - 12。

表 7－12　团队学习模式（基于经验总结）

反思改进
头脑风暴
标杆学习
行动学习
CAT 模式
CRASC 模式

2. 反思改进

戴明环的 PDCA，不仅是一种质量管理工具，同样包括重要的团队学习模式，而且是任何企业必需的、最基本的团队学习。见图 7－6。

作为一种学习模式，反思改进不仅可以随时进行，企业更需要将其与各种例会合二为一。

图 7－6　戴明环

中国许多企业往往重视计划的制订和执行，最容易忽视的就是反思和改进。总结会议就是一个典型的例证，仍然大多是各人把自己完成的、好的方面轮流讲一讲，领导小结一下，散会！可是……好的方面怎样为大家所用，或者成为大家遵守的规则、标准呢？不好的方面怎样改进、什么时间达标呢？

反思，就是对照目标和标准，全面检讨不足之处，分析新情况和新问题，这本身就是一个学习需求的发掘过程，不需要《培训需求调查表》这样的工具和相关流程、以及额外时间就能解决的。改进，就是根据分析问题的结论和总结的成功经验，制定相应的补缺措施和提升目标，在这个环节，本身就充满了集体的智慧，本身就是组织成员的互相学习，而且在共同找到答案的同时，共同提升了参与成员的技能。有一句哲言可以作为很好的注解：问题本身其实已经包含了答案。也可以通俗地说，组织问题的终极解决者，往往就是组

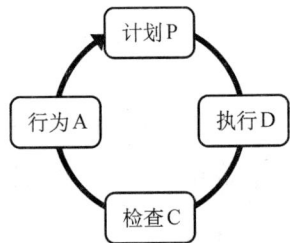

织成员。"三个臭皮匠,赛过诸葛亮",其实说的就是要相信组织成员解决问题的潜力。

可以说,反思改进是任何一个组织持续改善的利器。怎么用呢? 三大关键:

一是完善例会。一般不需要在现有会议之外增加什么"反思会"、"务虚会"……,只需要在现有的会议设计中,增加、做实"反思改进"这个环节。

二是集思广益。不搞一言堂,鼓励大家共同讨论,认真分析成功的手段与失败的原因,共同探讨改进措施和提升目标。

三是措施落地。让改进措施和提升目标落到实处。也很简单,关键是把形成的决议内容纳入新的计划,开始新一轮的 PDCA 循环,涉及的新标准、新制度,要及时写到原来的标准、制度当中去。

我们现在知道怎样搞好反思改进了,但怎样利用这种团队学习方式,让新的标准和规则、技巧快速为全员所用,并减少错误再犯的次数呢? 送你"四化大法",请你反复念熟并牢记在心:

单项内容常规化,常规内容标准化,标准内容课件化,课件内容习惯化。

单项内容常规化,就是对反思改进中涉及到的、第一次出现的单项事务,将解决方案固定下来,以便下次再出现的时候,大家就能根据这套办法像处理常规问题那样顺溜了。

怎样才能顺溜? 这就是常规内容标准化,将解决方案的流程、标准、方法、工具、要点写下来。一定要用一份 WORD 文档、规规矩矩几千字的《制度》来表现吗? 不用,一份 EXCEL 表就行了(等有了足够的时间和人力之后再玩这种纸面工夫吧)。比如作业标准、故障处理、来宾接待、会务统筹……,基本上都可以用一张张 EXCEL 表去解决,这就是表单工具的魅力!

仅仅做了这种标准化的工作就够了吗? 还不够。因为新的流程和标准还没有内化——进入员工的大脑,这就需要"标准内容课件化"。我们或多或少地都会做PPT,现在将上面说的 EXCEL 表上的要点和必要的说明整到

PPT上去！不漂亮没关系，大家能看懂就行！课件有了，那么谁来培训呢？谁对培训内容最熟悉，谁就是老师。

老师讲了，员工也听懂了，记住了，但就能按照讲的去做吗？不见得。要改变一个人的习惯没那么容易，这就需要"课件内容习惯化"，这就需要在日常工作中随时"纠正"，通过不断地纠错、纠偏，强化组员的标准行为，从而让课件上的新规则、新标准、新技巧成为员工的新习惯。

在整个反思改进的过程中，有两种重要的文档：标准、课件。这两种文档有必要在一轮又一轮的 PDCA 循环中更新，我们只需要自己或者指定专人扎口管理这项日常工作就行了（其实，这就是你早期的知识管理中心）。也正是在这种改进中，我们的绩效在提升，成员的技能也在同步提升。

很显然，反思改进式的团队学习，是我们优化日常工作的一柄利器，也是培训的时间成本、资金成本的最大节约。

我们为南京地铁运营公司设计了下面这张《班组反思改进表》（见表7-13），建议每次班组例会应用这个学习工具暨改善工具。各中心、班组及时对改善项目进行梳理，形成最佳实践案例，并向上级部门汇报改善成果。事实上，这样的表单工具同样适用于各类部门、项目组。

表 7-13　企业团队反思改进表（示例）

班组反思改进表			
1. 会议/团队学习纪要			
会议主题			
会议时间		会议地点	
主持人		记录人	
与会人员			
内容纪要			

续表

2. 反思改进						
序号	反思		改进			
	不足之处	原因分析				
1			改进措施	改进期限		
				责任人		
				知识沉淀	流程改善	
					工艺改进	
					标准提升	
2			改进措施	改进期限		
				责任人		
				知识沉淀	流程改善	
					工艺改进	
					标准提升	

序号	3. 最佳实践	知识沉淀		
1		最佳实践案例	案例名称	
			执笔人	
			完成时限	
		课件开发	课件名称	
			主讲人	
			完善时限	

3. 头脑风暴

反思改进，能够持续改进我们的工作，——在这种坚持不懈的反思过程中自然会持续发现学习需求；随后，就可以运用互助培训来解决一部分学习需求。但聪明的你会发现，无论反思改进还是互助培训，都可能碰到没有先例可循的新问题，需要我们创新解决。怎么办？——头脑风暴。

事实上，头脑风暴往往贯穿于各种团队学习。因为这种技巧太重要了，所以我们单独把她列出来。

头脑风暴看似简单，就是一群人关起门来狂热地探讨各种可能，大家可以随意走动，乱写乱画。在一些广告公司，甚至是一群人穿着拖鞋、抱着啤酒瓶、满屋子乌烟瘴气、通宵达旦地海聊。

事实上，头脑风暴也需要有章可循：

• 议题明确。"怎样改善工具的摆放"总比"怎样改善现场管理"的粗放描述更容易得出结论，"怎样给残疾人提供特色服务"总比"怎样改进我们的客户服务"更容易讨论出结果。

• 做好准备。尽量告知会议的具体事项，准备一些参考资料，要求参会成员事先阅读一些参考书籍或资料。

• 三步递进。坚持按照"设想、质疑、评判"三部曲。

设想：大胆假设，穷尽一切可能。

质疑：小心求证"哪些方案不可行？这个方案为什么可行？"

评判：继续小心求证"哪个方案最有效、最经济、最安全？"

在设想、质疑阶段，应以探询的方式进行交流，不允许对任何意见提出评价、批评甚至驳斥。

• 严禁批评。严禁批评和自我批评，不允许批判、阻拦别人的任何想法，彻底防止"扼杀性语句"和"自我扼杀语句"，像"这根本行不通"、"你这想法太陈旧了"、"这是不可能的"、"这不符合某某定律"，又如"我提一个不成熟的看法"、"我有一个不一定行得通的想法"。出现一次,你就启用一次有趣的罚则吧。

- 挖空脑袋。追求设想的数量,一切皆有可能。千万不要扼杀那些"奇谈怪论"、"浅薄之见",让人家说下去;更不要用"少数服从多数"的原则加以评判,有时真理恰恰掌握在少数人的手里。

关于头脑风暴的方式与技巧很多,在此不再枚举。

4. 标杆学习

标杆学习,其实就是学榜样。

还记得前面"课程目录"部分提到的"知识银行"吗?根据部门知识银行,可以开展部门内部的标杆学习。这里重点说说外部的标杆学习,也就是我们常说的"走出去"。

"走出去"还不容易吗?感觉自己好像要学点什么,然后联系一家学习对象,双方坐下来谈谈,然后走走看看,回来一帮人讨论讨论我们可以借鉴哪些东西不就得了?事实证明,这种粗放式的标杆学习,效果并不理想,每个人或许多少有一些感触,但对我们企业、部门的某项工作真的有整体的帮助吗?

(1) 学什么?

看看哪些短板一时难以通过内部的互助培训、反思改进、头脑风暴、行动学习去解决,对这些短板,就可以考虑向外部标杆学习了。别忘了:

运用系统思维工具开展一两次头脑风暴,分析一下:问题具体是什么?原因可能有哪些?解决方案可能有哪几种?只有这样,我们才能找到我们真正要解决的问题,而且能够带着满脑子具体的问题和设想出发。

(2) 向谁学?

也就是找哪个标杆。动员全部门甚至全公司的力量吧,从这些地方去寻找线索:上级部门、公司其他部门、咨询顾问、前任员工、客户反馈、合作伙伴、亲朋好友、互联网、年度报告、新闻报告、市场调查报告、学术案例研究、书籍、标杆学习俱乐部、政府资料……顺便锻炼一下大家寻找外部资源的能力。

……现在应该有了不少的候选标杆名单,立即整理出一张《候选标杆通讯录》;下面我们就要选出至少 3—5 家来(便于实际联系时"东方不亮西方亮",最好还要再多一些)。那么用哪些标准来选择下一步要联系的候选标杆呢?

总体上,学习对象应当是在某个领域做得比我们好的,否则怎么能作为标杆呢?而且最好是不同行业的,一是因为,同行经常是竞争对手,往往不愿意真正地跟你合作学习;二是因为一味地学习同行的经验,不容易开阔视野,容易产生知识的"近亲繁殖",结果不言而喻;三是因为,你可能在这个问题的小领域已经做到行业最棒了,劳师动众地向同行学了几天,才发现白忙活一趟。

现在的问题是面对那么多备选标杆应当如何判断。我们不要动不动就想到先去收集一大堆精确的数据和事实,许多情况下,我们完全可以凭一两条关键线索就可以模糊决策。我们要学习客户服务,一家五星级酒店的客户服务应该错不了;我们要学习安全管理,一家世界五百强的化工企业,安全管理应该没多少问题;我们要学习学习型企业的建设,一家上万人的省级龙头企业,应该多多少少有些可学的吧?……不要把事情搞得很复杂。

不过在我们很容易就能掌握充足的分析资料而且必要的情况下,建议用上"对标脚手架",做点精细化分析。

表 7-14 标杆学习的对标脚手架

对标维度	解析	自问
*任务的相似性	任务内容是否相似	"对方在这个问题领域的工作内容,和我们要解决的这个问题涉及的工作内容相似吗?"
*流程的相似性	业务流程是否相似	"对方在这个工作领域的业务流程,和我们要解决的这个问题涉及的工作流程相似吗?"

对标维度	解析	自问
文化的相似性	人文环境是否相似	"和我们一样都是国企/民企(外企)吗?"、"整体上和我们一样都是进取/保守的吗?"……
组织的相似性	组织结构是否相似	"对方在这个问题领域的组织结构和我们一样,都是等级式/矩阵式……吗?"
能力的相似性	团队能力是否相似	"对方在这个工作领域的员工的文化素养和知识结构,和我们这个领域的相似吗?"

头大了吧?让我们冷静下来,细细看看表 7 - 14。怎么理解这 5 个对标维度呢?

• **任务的相似性。**我们乘务人员的客户服务和一家星级酒店的客户服务,差不多都有客服的流程、客服的标准、精细化管理、客户抱怨与投诉的处理等等工作内容,这不就有了可学的内容么?

• **流程的相似性。**我们这个问题领域的业务流程是需要跨部门、跨岗位的,如果对方的解决方案是在本部门就能执行到位的,那么我们就要慎重了。如果我们贸然拿来,在执行时相关部门、岗位不配合,不就麻烦了吗?

• **文化的相似性。**危机意识不强的团队,要向一家狼型文化的民企学习,学来的方案有的就难以执行到位。

• **组织的相似性。**人家是等级命令式的组织结构,能够集中全公司人力短时突击大事,如果我们是矩阵式结构,要解决的又是一个全员工程,那么学来的解决方案在考虑执行效率时就要慎重了。

• **能力的相似性。**在要解决的这个问题领域,人家的解决方案是一群富有经验的工程师去执行的,而我们在这个领域大部分还是一群"菜鸟型"的普通技师,我们能不掂量掂量么?

所以,根据对标脚手架,我们最好选一些文化特征或者任务内容、业务流程、组织结构、团队能力有点相似的学习标杆。这5个方面如果都相似,那真要谢天谢地了。那么只有1个维度相似行不行呢?至少应当在"任务"或者"流程"当中有一个维度相似;只有1个维度相似而且这个维度既不是"任务"也不是"流程",学来的东西是很难借用的。

需要强调的是,这个对标脚手架,不仅可以用在学习标杆的甄选,在考察之后、讨论我们的解决方案时,我们也可以充分用好它,以保障解决方案的可行性。

现在,我们找到了若干个值得学习的标杆,但人家是否愿意接待呢?这就牵涉到下面的环节了……

(3) 谈合作

请注意,我们现在开始学习运用市场营销的原理了。换句话说,我们在和候选标杆谈学习合作的环节,就在锻炼我们的营销能力,这也是我们在各项工作中都需要的技能:卖东西的能力。——我们向上司、下属、协作部门和客户游说自己的方案、想法,我们把自己的知识传授给别人,甚至我们把自己推销给意中人……都需要"卖"的能力。见图7-7。

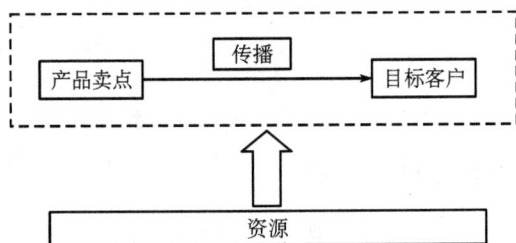

图7-7 传播学视角的市场营销一级模型

这就需要我们吃透市场营销的本质了。前面亦已提到,一句话,市场营销就是整合各种"资源",将有差异性的"产品卖点""传播"到"目标客户"。就这种学习合作而言,最关键的环节就是,只让人家教我们东西,我们没东西教人家,一般情况下,人家会跟我们好好地分享经验吗?所以,我们得首先找出自己的"特色产品",理出自己的"产品特色"。这个"特色产品"最好和你要向人家学习的主题相关,比如你要学安全管理,你也要争取理出自己在"安全管理"(主题)方面的特色,如果觉得拿不出手,至少在"生产管理"(主题)这个更大一点的领域里找出点特色来。

现在"目标客户"有了,"特色产品"有了,接下来就要考虑"传播"了,也就是写出你的"情书"。

我们为南京地铁运营公司设计了一个文案模板:拨人心弦的《标杆学习商洽函》。

南京地铁运营公司
关于××××的标杆学习商洽函

尊敬的××公司××部门:

本公司……[公司简介,含公司网站的网址]。(详细内容敬请参见附件1)

最近在……[业务领域],我们发现了……[问题简述],……[简述采取的方案、执行结果、原因分析],仍未有效地解决这一问题。

经多方调研,得知贵公司在这方面有着独特的解决模式和操作经验,本公司……[决策部门,级别越高越好]经研究决定,拟以贵公司为标杆,派员前往学习。现就考察交流的初步想法专函与贵公司商洽:

一、学习主题

……

二、学习时间

……[拟前往学习的几个备选日期、时长]

三、学习形式

1. 参观考察

……[列举拟参观考察的现场和活动]

2. 实地调研

……[调研的具体主题、对象、时长等]

3. 资料学习

……[列举拟学习的相关资料]

4. 交流研讨

……[拟请对方参与交流的人员描述]

5. ……[其他学习形式]

以上关于学习的具体活动,敬请参见附件4《标杆学习日程安排表》。

四、学习回报(这一点很重要)

作为回报,本公司拟提供如下回报:

1. 在交流研讨阶段,如贵公司需要,本公司可以专题介绍……[我方经验],谨供贵方参考,相关内容敬请参见附件3。

2. ……[看看还有没有其他可回报的]

我们也诚挚地期望借助这次向贵公司的考察学习活动,在更多的领域建立长期交流学习的机制。

以上,都是单方面的一些不成熟的想法,我们非常期待贵公司百忙之中就以上内容反馈我方;至于是否接待本公司的这次学习,以及如何安排,悉听尊便,以不影响贵公司的日常工作为原则。

联系人:……[一位领导的姓名、职务/职位、联系方式]

联系人:……[本次标杆学习活动事务经办人的姓名、职务/职位、联系方式]

　　再次感谢贵公司！并诚邀贵公司领导、同仁顺道或专程光临本公司指导工作,我们将竭力做好各项接待工作。

　　　　　　此致

敬礼!

　　　　　　　　　　　　　　　　南京地铁运营公司

　　　　　　　　　　　　　　　　　　（公司印章）

　　　　　　　　　　　　　　　（领导签名）:

　　　　　　　　　　　　　　20××年×月×日

　　附件1:本公司简介[含公司宣传品,必要时含领导、相关专家的简介]

　　附件2:与本次学习相关问题的资料[例如本公司的解决方案、执行中形成的资料;只要不泄露本公司的商业、技术秘密]

　　附件3:本公司可介绍的相关经验的资料

　　附件4 :标杆学习日程安排表

　　……[按照各种学习方式的时间先后,以列表的方式,简述各种学习形式的

　　"5W":时间、地点、人员、内容、方式;包括必要的宴席交流]

　　附件5:……[根据需要提供的其他资料]

　　实际上在考察学习的立项决策阶段的最后（还没有开始写"情书"之前）,我们还要系统地考虑整个考察学习的"资源",也就是大概需要多少费用、可以安排的时间、哪些人适合前往取经,等等,反正就是系统地考虑可行性。各个环节一切想得 OK 了,都能够互不冲突、自圆其说了,再把这份"秋天的菠菜"送出去！再注意电话跟进,随机而变,直到双方谈成合作学习的一系列细节。下面的要点就是……

（4）学习工具

这也很重要。除了钞票,包括可能要请对方吃顿饭的钞票,可以对照表7-15点检一下必要的学习工具和学习道具。

表 7-15　考察学习道具、工具点检表(示例)

类别	资料	数量	备注
学习道具	公司赠品	若干	我方的经验交流资料 含备用的空白介绍信
	公司画册	3—5 本	
	公司宣传片	3—5 张	
	其他宣传资料	3—5 套	
	交流资料	3 套	
	介绍信	3 张	
	工作证	人手一证	
	胸卡	人手一卡	或工作牌
学习工具	照相机	多多益善	
	摄像机	1—2 台	
	移动硬盘	2 个	
	记录本、笔	人手一套	

出发之前,再想想看,还有哪些东西没带。一个都不能少。

（5）取真经

恋爱成功,就要走进婚姻的殿堂了。我们现在就要开始探索一个未知的神秘世界了。怎样才能取到真经呢?按照日程安排表走完流程就可以了么?这里的要领就是和自己过不去的"五让":让心用足、让腿跑痛、让眼看花、让手写累、让嘴磨破。

用足心,关键是始终带着自己的问题,去想方设法地分析原因,寻找答案。

跑痛腿,关键是深入一线,扎入现场。现场有神灵。

看花眼,关键是盯住每一个细节。

写累手，关键是除了不能拍下的东西，尽量不停地手记，尤其在专门的讨论环节，除了指定至少 2 人负责完整记录，其他人也要尽量记全。

磨破嘴，关键是带着探询的口吻，不停地追问，问人家：为什么这么做？为什么这么考虑？怎么做的？做的过程中有哪些问题？这些问题又是怎样解决的？做完之后有哪些结果、后果？你们认为你们的做法，我们应该怎么用？为什么？对这我们又是怎么想的？你们对这又是怎么看的？为什么？为什么？……

考察学习全程当中最忌讳的就是，看到一点、听到一点，一知半解，就心想：这方面我们做得比他们好啊……甚至自己开始滔滔不绝，忘记了"倾听"原则。

考察学习全程当中最最重要的就是，不停地把人家的经验和想法，和自己的经验、想法"联结"起来，不停地比较分析！尤其是人家"为什么"那么做、那么想！——否则，你学来的东西反而会害了你，要么就会觉得没学到什么东西。

（6）用真经

考察学习结束后，趁热打铁，立即组织一次内部的团队学习（可邀请没有参加考察的相关成员参加），我们需要得出新的解决方案和配套的行动计划。

现在我们有了许多新的想法，也许觉得人家的整套做法都可以"拿来主义"。小心这里的陷阱！这个陷阱就是，他山之石自有他的基础，也就是他们特定的实施条件。他们行得通的，在我们这儿可能不具备实施条件，或者需要我们创造条件去运用他们的解决方案。这就要求我们分析清楚"实施条件"，这也是"对标"的核心环节。

我们为南京地铁运营公司设计了《对标方案讨论脚手架》（见表7-16），继续团队学习，依次讨论以下问题，为我们得出可行的解决方案打好基础！

表 7-16　对标方案讨论脚手架

1	学习标杆的哪些措施或许可以为我所用？
2	这些措施，他们是基于哪些条件？
3	如果运用这些措施，我们已经具备了哪些条件？还有哪些不具备？
4	这些不具备的条件，我们可以创造吗？有必要创造吗？
5	他们的措施，哪些可以真正为我所用？已经具备哪些条件？还需要创造哪些条件？

趁热打铁，得出新的解决方案和配套的行动计划。我们继续导入《考察学习报告》这个文案模板。

南京地铁运营公司××中心
关于××××的考察学习报告

总经理室：

为了解决……[标杆学习主题]，我司于××年××月××日—××日，由×××带队，前往××公司开展考察学习活动，×××、×××等共××人参加本次学习。现就本次考察学习活动报告如下。

一、××公司[标杆学习对象]简介

……[公司地址、成立时间、产品/服务类型及其概况、市场开拓、品牌知名度或美誉度、公司业绩，等等；主要简写与学习主题相关的基础性内容]

二、学习活动简介

……[主要参照日程安排表予以简述]

三、学习体会

1. 主要体会

……[与本次学习主题相关的体会，重点是从事实出发，逐条写出对方的做法、思路、成果、经验和问题]

2. 其他体会

……［与本次学习主题无关的体会］

四、学习迁移

1. 学习分析

……［根据学习主题,结合标杆学习对象的做法和经验等,分析哪些不能为我所用,哪些可以为我所用,哪些需要我们选择性运用,运用时要注意哪些关键环节。］

2. 解决方案

……［根据学习分析,我方在今后的相关解决方案］

3. 行动计划

……［根据解决方案,我方制订的相关行动时间表］

五、相关建议

……［为了实施行动计划,需要上级部门支持的内容或解决的问题,以及对公司经营管理的其他相关建议］

以上,特此报告,谨供参考并请批评指导。

南京地铁运营公司××中心

20××年×月×日

附件：……［根据报告内容,相关的证明性、补充性资料］

(7) 做总结

在考察学习结束,确定并且实施了解决方案之后,根据标杆管理,无论中途出现重大问题,还是圆满实施了新的解决方案,都需要认真总结。和《考察学习报告》不同的是,《标杆学习总结》应重点写出新的解决方案的内容、实施过程与结果,以及对解决问题的分析与学习收获。

组织一次内部的团队学习,会后参照以下模板,起草一份《标杆学习总结》。

南京地铁运营公司××中心

关于××××的标杆学习总结

为了解决……[标杆学习主题]，我中心于××年××月××日—××日，由×××带队，前往××公司开展标杆学习活动，×××、×××等共××人参加本次考察交流。考察之后，我中心经过认真分析，根据对标管理，拟订新的解决方案，并自××年××月至××年××月实施完毕。现就本次标杆学习活动报告如下。

一、对标学习

1. 考察体会

……[与本次学习主题相关的体会，重点是从事实出发，简要地逐条写出对方的做法、思路、成果、经验和问题]

2. 考察分析

……[根据学习主题，结合标杆学习对象的做法和经验等，分析哪些不能为我所用，哪些可以为我所用，哪些需要我们选择性运用，运用时要注意哪些关键环节。]

二、对标管理

1. 解决方案

……[根据学习分析，我方的相关解决方案]

2. 方案实施

……[在解决方案实施过程中的任务、实施重点、执行难点]

3. 实施结果

……[实施后的成果与不足之处，及相关分析]

三、学习思考

……[本次标杆学习活动中,对根本解决具体问题的思考,以及其他经营管理方面的思考和建议]

以上,敬请批评指导。

南京地铁运营公司××中心

20××年×月×日

附件:……[根据总结内容,相关的证明性、补充性资料]

5. 行动学习

反思改进、互助培训、头脑风暴,都是"干后学"或者"干前学",重点是锻炼"动脑"的能力;如果需要彻头彻尾的"干中学",锻炼"动脑＋动手"的综合能力,我们就要立即启动:行动学习! 问题解决＋团队学习,甚至"问题管理＋团队学习"。

通俗地说,行动学习就是以项目小组的形式解决实际问题,并在解决问题的过程中有意识地学习提升,这是"学习工作化、工作学习化"最突出的形式。行动学习也是交流、合作与互相学习、互相支持的过程,是培养团队合作精神的有效方法。怎么建团队? 不要空谈,要和学习结合起来,成立一个又一个行动学习小组,你也可以叫作课题攻关小组,或者 QC 小组,或者项目小组。

下面,我们就来一步一步地练习"行动学习"。

第 1 步:成立学习小组

挑出几个最重要的目标或问题,有几个目标或问题,就成立几个行动学习小组,建立《通讯录》(见表 7-17),贴在墙上,发给各位。请注意:

● 可以根据实际工作量,一个人同时参与 2—3 个小组的工作。

● 每组大致 3—5 人。如果你的团队从未开展过行动学习,建议先全体共同体验一个项目;如果本团队人员太少,也可以只挑一个项目,全体成员都参加。

● 根据项目需要和实际可能,自行邀请或请主管、公司有关部门协助邀请外部顾问。但一般情况下,首先从上级部门或全公司范围选择。

表 7 - 17　行动学习小组通讯录(示例)

小组名称	攻关课题	小组成员	通讯方式				
			手机	邮箱	固话	QQ	MSN
		导师					
		顾问					
		组长					
		组员					
		组员					
		导师					
		顾问					
		组长					
		组员					

这个环节主要锻炼分工能力。不是么? 在配置各小组成员的时候,你们一定会分析哪些人能力、性格比较互补,能够捏在一块,这种"配菜"的功夫其实就是分工能力,也是团队建设的基本功。

第2步:编制项目计划

让各组组长发动组员,运用系统思维工具和头脑风暴法,共同编制一张各小组的《行动学习小组推进表》(见表 7 - 18)。

在编制计划环节,请记住三句话:动作分解,工序衔接,任务均衡!

动作分解,就是把每一项任务的"内容"进一步分解为行动的"步骤",例如样表中的"B - 1"、"B - 2"、"B - 3"、"B - 4"。

工序衔接,就是将几个人的"流水线式"事务,按执行时间的先后顺序,填写在"步骤"项的"事务"当中。

任务均衡，就是在推进表首次做完之后，再预估一下各人的工作量是否均衡，再作微调。

表 7-18　行动学习小组推进表

任务				责任人	推进时间（日，或周、月）									
小组	内容	步骤			1	2	3	4	5	6	7	8	9	…
		编号	事务											
	A	1	……	张三										
	B	2	B-1	李四	▨	▨								
		3	B-2	王五				▨	▨					
		4	B-3	赵六							▨	▨		
		5	B-4	钱七										
	C	6	……	张三						▨	▨			
	D	7	……	李四										▨
	E	8	……	王五										
	F	9	……	赵六										
	G	10	……	钱七										

这个环节将主要锻炼各小组的组员围绕目标如何配置资源，如何协作。为什么这么说呢？

按照"工序衔接"的原则制表并据以推进，其实就在锻炼协作能力；在做这张表时，一定会分析小组成员的基本能力、时间、参考资料甚至必需的一些钞票，这时已经在锻炼自己围绕目标配置各种资源的功夫了。

需要提醒的是，《推进表》生成以后并非一成不变，要根据需要随时调整，只要有利于目标的实现。——这就在锻炼适应变化、管理变化的能力。

顺便说一句，为了确保项目推进能够及时反思改进，也为了有一个相对固定的团队学习时段，还需要规定每月或每周的哪个时段集中一下，谁在什么情况下可以临时发起会议，需要规定哪些情况应当请示、哪些情况应当汇报，——这就在锻炼机制化管理和信息化管理的能力。

第 3 步：开展调研学习

没有调查，就没有发言权。你也许会说：我们整天就在这个部门，什么情况都清楚，哪里需要什么调研？真的是这样吗？那么我们为什么经常对本部门的问题找不到答案呢？答案往往隐藏在现象的背后，这需要我们透过现象，探寻现象背后的原因。这需要我们学会调研。

调研什么？调研真正的"事实"，以及"事实"背后的原因，还有存在调研对象脑袋中的解决问题的想法，——可能只是那些人没有说出来而已。带着系统思维工具上路吧。

向谁调研？除了本部门的兄弟姐妹们，别忘了上级主管部门，别忘了在全公司范围选择调研对象，必要的时候还要走出企业去调研。

怎么调研？有些可能需要拿着照相机、摄像机现场观察、记录，对一些操作动作分解、观测、分析；有些可能需要像讨论、求教、求证一样地访谈；有些可能需要运用调查问卷；有些可能需要到公司或大学、政府开办的图书馆去查阅相关工作资料、学习资料。当然这些调研方式也可以统统用上。在调研环节，将充分锻炼制作调查问卷、统计分析、拟订访谈提纲、开展访谈、摄影摄像、查阅资料的功夫。

在调研之前以及调研推进当中，我们往往遇到这样那样的知识盲区，这就需要学习了，就需要读些书籍、资料了。不过这种"阅读式学习"不一定非得将一本书、一篇文献从头到尾地通读，完全可以根据目录去跳读，而且是根据解决问题的需要去跳读，否则怎么叫行动学习呢？

这里就牵涉到阅读的分工了：是选定一批书籍资料让大家都读一遍？还是大家分头阅读再以读书会的形式进行交流呢？我们倾向于后一种。后一种能够缩短团队学习的阅读时间，也能通过读书会的形式让大家共享知识。

为了让读书会的交流更有效,我们可以立即运用前面介绍的"读书脚手架"。在运用读书脚手架的过程中,要求成员围绕"待解决的问题",首先根据"知识运用"中的四个方面作为学习线索,在书籍资料中快速查找答案。为了在读书会上更有效地交流,鼓励成员制作 PPT 用于陈述。再结合读书会上的实际陈述与交流讨论,你会发现,单单运用"读书脚手架"这个环节,就能锻炼成员"问题—可能的原因—根本原因—解决方案—实施关键"这一相当相当重要的思维模式,锻炼围绕工作问题去快速阅读的功夫,锻炼陈述与沟通技巧,包括陈述工具 PPT 的制作。

聪明的你这时也许会发现,这种读书会开到最后,实质上已将反思改进、互助培训、头脑风暴"三合一"了。大家一定开始感受到行动学习的快感了。

第 4 步:拟订解决方案

保持大家伙儿的这种快感,乘胜开发一种成就感! 我们开始寻找答案,也就是拟订解决方案。

在充分的讨论之后,指定一人执笔,也可以各人分别写一部分,中途随时开会讨论,直到初稿出炉;然后大家再来"指手画脚";然后二稿、三稿……,直到终稿。

如此拟订解决方案的过程,初次经历的人可能比较痛苦。因为解决方案模板所要求的思维模式,要求我们将认识和想法都写出来,写的时候我们经常会发现一些内容想时清晰、写时却又模糊了。这就要求我们在写作的过程中再对那些模糊的内容深入分析、学习。不要惧怕这些环节,越过这些"险关",我们的系统思维能力、分析决策能力就能飞速提升。这对我们的一生都将受益匪浅。

第 5 步:验证解决方案

有些攻关项目的最终解决方案,可能在上面第 4 步"拟订解决方案"的过程中,通过关起门来反复论证即推理的方式就能直接完成,但也有相当一部分需要通过试验,扎扎实实地实验、修正才能完成。

第6步:学习总结汇报

生成了问题的最终解决方案,我们还没结束,还需要专门就这次学习之旅总结、汇报,否则怎么叫行动"学习"呢？如果说前面各阶段也学到了许多,那么这一步就是做"毕业论文"了。

总结什么？怎么汇报？

总结,就是总结这次行动学习中的工作和学习两大部分。工作方面就是怎么分析问题、解决问题的,学习方面就是我们学到了什么。

也许这么说你还是茫然无措,那么……,我们给出一个《行动学习总结脚手架》(见表7-19),集中讨论我们的工作收获和学习心得。长长的50个问题的清单可供对照！

不用怕。1个月、2个月……慢慢反思,把想到的都用表格列出来,大家的成就感就能油然而生了。

更重要的是,利用这个脚手架理出所有的答案时,下一个行动学习项目就能更好地开展了。

表7-19 行动学习总结脚手架(示例)

工作方面	问题本身	1	问题得到解决了吗？
		2	解决方案比原来的省时吗？
		3	解决方案比原来的省力吗？
		4	解决方案比原来的省钱吗？(或者创造了多少利益?)
		5	解决方案有没有后遗症？
		6	解决方案值得今后反复运用吗？
		7	解决方案对哪些班组有一定的借鉴和启发？
		8	我们的哪些工作流程得到了改善？
		9	我们的哪些工艺得到了改进？
		10	我们的哪些标准得到了提升？
	团队建设	11	我们的凝聚力增强了吗？

续表

学习方面	知识		12	哪些人学到了哪些专业知识点？（添加到"知识银行"）
	思维		13	我们一开始认为的问题是真正的问题吗？
			14	我们穷尽了所有可能的原因吗？
			15	我们提出了多少备选的解决方案？
			16	我们是从哪些角度来比较各种备选的解决方案的？
			17	我们能清楚地说明现象和每一个原因之间的因果关系吗？
			18	我们在众多的原因中找到了真正的主要原因吗？
			19	我们是不是真正预见到未来实施的关键问题和障碍？
			20	哪些人学会运用思维导图穷尽各种可能了？
			21	哪些人学会运用逻辑树梳理各种可能的原因了？
			22	哪些人学会运用鱼骨图系统地分析因果关系了？
			23	在行动学习全程中,哪些人分别提出了哪些新问题？
	技能	成立学习小组阶段	24	哪些人学会制作漂亮的 EXCEL 表？
			25	哪些人学会建设互补型团队了？
			26	哪些人学会游说上级帮助找到外部的导师和顾问？
		编制项目计划阶段	27	哪些人会用甘特图制作计划表了？
			28	哪些人学会平衡小组成员的工作量了？
			29	哪些人学会根据"资源配置"的原则编制真正的计划表了？
			30	哪些人学会和他人合作了？
			31	哪些人学会在计划推进过程中支持别人了？
			32	哪些人学会调整计划了？
			33	哪些人学会项目的机制化管理了？
			34	哪些人学会项目的信息化管理了？
			35	哪些人善于简洁、明晰地请示汇报了？

			36	哪些人学会制作调查问卷了？
学习方面	技能	调研学习阶段	37	哪些人学会统计分析了？
			38	哪些人学会摄影摄像的基本功了？
			39	哪些人学会动作分析了？
			40	哪些人学会和别人讨论了？
			41	哪些人学会访谈了？
			42	哪些人学会查阅资料了？
			43	哪些人学会通过读书查找解决问题的线索了？
			44	哪些人学会制作漂亮的 PPT 了？
			45	哪些人学会向大家游说自己的观点了？
			46	哪些人的讨论主持技巧提高了？
		拟订解决方案阶段	47	哪些人的文字基本功提高了？
			48	哪些人的决策能力提高了？
		验证解决方案阶段	49	哪些人的推理能力提高了？
			50	哪些人学会对照目标分析执行结果了？

需要说明的是：

• 这个"总结脚手架"的绝大部分内容，尤其是"学习方面"的 39 问，在行动学习的现实推进中，一开始就可以作为学习目标，有意识地指引团队成员围绕这些目标去努力。

• 不要局限于这 50 个问题，也许会多于 50 个，也许会有其它更惊喜的发现。

第 7 步：整理项目档案

当我们攻克了一个难题，在至少 39 个"学习方面"前进了一大步，沉浸在行动学习成功的喜悦中，我们总得为将来做点什么吧？至少在公司的史册上留点东西吧。这就是整理行动学习档案。

行动学习档案，本身也是一种知识的沉淀。别以为这东西可有可无。档案除了对后来人是一种绝好的学习材料，还能对我们的行动学习有一种反向驱动的大作用。因为档案虽然是任务结束的最后一件事,但关于档案目录和内容、装订的规定,要求你从任务一开始就要规范地制作每一份资料,这就督促你做好每个环节的每一件事了,不仅仅是形式上的事了。

这个环节,将锻炼你学习通过档案管理反向驱动、管理日常工作了。看完表 7-20,相信你能深刻地感受到这一点。

表 7-20　行动学习档案目录

序号	资料名称	内容/备注
1	封面	含档案号、项目名称、行动学习小组名称、保存期限、装订日期、归档日期、装订人、审查人
2	卷宗目录	根据以下资料的顺序,以表格的形式制作
3	行动学习小组通讯录	含姓名、部门、岗位、职位、联系方式
4	行动学习小组推进表	最终修订的推进表,附计划编制阶段的会议记录或会议纪要
5	调研计划	
6	调查问卷	
7	调查统计分析	
8	访谈提纲	
9	访谈纪要	
10	分析资料	与最终解决方案相关的查阅资料的关键内容的复印件
11	读书脚手架	
12	摄像资料	调研过程中形成的。粘贴在空白 A4 纸上,并对每张照片题图
13	讨论纪要	与最终调研分析报告相关的讨论情况的纪要
14	调研分析报告	
15	项目解决方案	
16	解决方案的验证实施资料	含实施计划等验证过程中形成的相关文档、图片

序号	资料名称	内容/备注
17	项目工作成果	根据新的解决方案产生的各类成果性资料,含图片、奖状、知识产权性证书等等
18	行动学习总结	
19	小组成员的个人小结	
20	其它	其它相关资料
21	备注	关于档案装订的特别说明
22	档案袋	主要放置相关的影像资料(碟片)
23	封底	

6. CAT 模式

事实上,对某类培训对象的能力提升,都不是单纯的某一种培训方式所能奏效,恰恰需要多种手段的综合运用。下面,笔者就为你介绍两种组合应用,希望对你有所启发。

CAT 模式①,主要用于管理能力、技术创新能力、工艺创新能力的培训,包括课堂教学(C)、行动学习(A)、培训师的培训(T)三个阶段。

课堂教学阶段,主要建构对象领域与行动学习的知识体系、有关模型,练习相关的方法和工具,并根据对象领域的知识体系,组织学员围绕企业的核心目标或突出问题,发掘需要解决的问题,确定行动学习课题,合理分组,为后续的行动学习环节做好准备。

行动学习阶段,则由行动学习促动师根据问题解决的程序,运用主持技巧、学习辅导技术、各类思维工具、QC 工具,协助、推动学员完成问题解决的每一步,直至解决方案通过验证。

培训师的培训,即 TTT,则在形成解决方案的基础上,将行动学习小组

---

① 读成【kæt】。

的若干成员作为企业培训师,进行教学法的培训,协助其将解决方案转化成教材或课件,推动创新解决方案的知识转移与知识共享。

这种干学结合的复合式培训,不仅对学员的培训效果是显而易见的,它不亚于 mini - MBA 学习项目,它对组织绩效与系统改善也是极具价值的,每个行动学习课题相当于一个咨询项目。因此,CAT 模式可以作为一种咨询模式。

7. CRASC 模式

CRASC 模式,可以用于企业、部门年度培训计划的制定,直接支撑公司的经营管理目标与重大项目,也可以作为一种管理咨询模式。该模式依逻辑顺序,由课堂讲授(C)、学习路径图(R)、行动学习(A)、标杆学习(S)、反思改进(C)五种培训方式组成。

CRASC 模式之下,各业务部门不再是简单拼凑一些培训需求交上去,培训部门也不再"高高在上"地汇总各部门的培训需求,而是走进各部门,紧密围绕公司对上一年度或前一阶段分析出来的能力短板,以及本年度或下一阶段的经营管理重点目标,分析问题的根本原因,或者找出重点目标的关键任务,直接将这些问题原因、关键任务转化为培训课题暨培训目标,要求培训工作直接支撑这些重要解决方案的完成,让培训真正成为企业战略的伙伴。在此模式之下,几乎不再考虑其它的培训项目,除非另有一些面向中长期战略的"充电"需求。即使这些中长期战略导向的需求,仍然可以应用这一培训模式。

一般情况下,培训部门首先围绕培训课题,即公司经营管理重点任务,通过课堂讲授,解决必要的知识补充,包括知识体系的建构与有关方法、工具的练习。进而支撑课题责任部门运用学习路径图,细化、呈现现有的相关任务流程及其作业标准、管理标准。进而支撑课题责任部门开展行动学习,找出问题点,优化流程与标准,同时在学习路径图中拟订员工培训方案。在解决方案与相应的员工培训方案确定之后,培训部门继续支撑课题责任部门开展必要的内部或外部标杆学习,提升标准,包括设标(准)、育标(杆)、学标(准)、提标(标准)活动。最后,培训部门导入、支撑反思改进的团队学习方式,促进该解决方案及相关流程、标准的持续改善。需要说明的是,这五种方式并非所有课题的必需,需要根据不同课题实事求是地有所取舍。

那么如何应用 CRASC 模式制定年度培训方案呢?表 7-21 就是我们辅导某公司制定的 2018 年度培训方案模板,已经包括了部门级培训方案。

表 7-21 基于 CRASC 模式的企业年度培训方案(示例)

培训管理		培训任务(经营管理目标)					
		经营目标			管理目标		
		公司管理成本的控制	应收款管理体系	……	工艺管控	部门级计划管理	……
培训绩效(经营管理绩效)	绩效产出						
	KPI						
	指标释义						
	指标值						
	数据来源						
	责任人						
	考核人						
	考核周期						
	考核细则 绩效工资						
	绩效奖金						
制度管控	奖则 情形						
	细则						
	罚则 情形						
	细则						

续表

培训管理		培训任务(经营管理目标)					
		经营目标			管理目标		
		公司管理 成本的控制	应收款 管理体系	……	工艺 管控	部门级 计划管理	……
培训 方式	课堂讲授						
	学习路径图						
	行动学习						
	标杆学习						
	反思改进						
培训 资源	时间资源						
	人力资源						
	财务资源						
	技术资源						
	信息资源						
	政策资源						
责任人	牵头人						
	执行人						
	协助人						
	追踪人						
完成时限(起止时间)							
培训 经费 预算	预算项目						
	预算明细						
	小计						

　　笔者不再细细解读表 7-21,也许你已发现,这一管理工具,已经有机整合了目标管理、战略管理、问题管理、培训管理、计划管理、流程管理、组织管理、绩效管理、制度管理、财务管理等十种管理手段。相信你再次感觉到科学的表单模板的魅力。

二、培训组织

培训组织,解决的是培训工作职能的组织结构,重点是培训管理部门与营销、生产等等业务部门之间,在培训工作领域的分工协作关系。例如培训管理部门与业务职能部门的培训工作的分工和协作,例如企业兼职讲师与一线师父在技能传授类别上的分工与协作,例如公司后勤部门与各类培训管理部门在培训硬件和软件上的分工与协作。

我们可以把培训组织理解为学习平台中的"知识管理者"。从知识管理的角度来看,培训组织也是学习平台中的"知识协调人"。

在笔者的咨询实践中,一般将教育培训部的功能定位,从操作性培训管理(培训政策的执行者、培训活动的实施者),转向战略培训管理,即向"公司智力支撑系统的管理部门"转型,包括"知识管理的运营者、培训体系的管理者、培训资源的提供者",当然也包括公司级培训活动的实施者、培训预算的监督者、培训管理的评价者。

值得一提的是,南京地铁运营公司在班组这种一线团队,也设了一名兼职学习员,协助班组长建设班组级的自主培训体系,组织开展日常培训工作,将知识管理深入到一线。

三、学习文化

学习文化,主要是组织成员关于学习的思想、理念、行为、习惯、示范等精神因素,我们可以通俗地理解为"学习氛围"。学习文化是学习平台中的"精神环境",是极为重要的软件。

(一)精神文化定位

企业文化定位,即精神文化与行为文化的界定与阐释,她是企业文化建设的定海神针,是员工作为特定企业员工必须遵守的原则与底线。企业的学习培训领域同样如此。因本书重点不在于企业文化管理,故而直接引用南京地铁运营公司的学习文化定位,以飨读者。

使命:畅通古城经络,永葆绿都活力

释义:

◎ 使命,组织要完成的任务。使命,是经营范围与存在价值的体现。

◎ 交通,是城市的血液循环系统,是都市的经络,决定着城市发展的速度;经络通,气血旺。南京地铁身在六朝古都,以建设学习型企业持续保障安全、高效的轨道交通网络,对人文绿都永葆活力、与时俱进,具有重大的战略基础意义。

愿景:快乐学习,幸福工作,和谐人生

释义:

◎ 愿景,我们期望的未来图像。愿景,描绘出我们达成目标后的状态。

◎ 学习型文化的理想状态,应当是,学习已经由"要我学"变成"我要学",学习是快乐的;因快乐学习保障了工作的持续成功,工作不再是痛苦,而是幸福的自我实现;因学习是快乐的,工作是幸福的,生活才是美满的,人生才是和谐的。

目标:自动反馈、自发服务、自觉学习、自主管理的智慧型企业

释义:

◎ 目标,我们期望达到的里程碑。只有达此"目标",对内才能持续趋同我们的"愿景"(快乐学习,幸福工作,和谐人生),对外我们才能完成"使命"(畅通古城经络,永葆绿都活力)。

价值观:全员学习、全程学习、快速学习、创新学习、终生学习

释义:

◎ 价值观,是一个人或一个群体的核心的行为规范,是长期坚守的理念,也是个人或团体存在的终极状态。

◎ "全员学习"从"人"的角度,"全程学习"从"事"的角度,"快速学习"从"效率"的角度,"创新学习"从"发展"的角度描述了南京地铁学习型企业文化建设的终极状态,"终生学习"则从"时间"角度强调了前4种学习状态。

建设口号·理念篇(备选)

- 教室就是会议室,现场就是练兵场【学习工作化,工作学习化】

- 人人学,事事学,天天学【全员学习,全程学习,终生学习】

- 人人为我师,我为人人师【知识分享】

- 今天我为徒,明天我为师,传好接力棒,做好创业人【知识传承】

- 岗位是舞台,工作是教材,人人是老师,个个是人才【实践知识】

建设口号·实务篇—学习管理机制(备选)

- 上班有师父,听课有讲义,讨论有案例,复习有试题,前进有底气【体系要求】

- 人人要讲课,个个要自学,时时要互助,天天要讨论【个人要求】

- 上班有辅导,下班有自学,休息有授课,年年有进步【过程要求】

- 学习不考评,效果等于零;会考不会干,还是糊涂蛋【评估要求】

- 能做讲义会讲课,能干工作会总结【结果要求】

- 单项内容常规化,常规内容标准化,标准内容课件化,课件内容熟练化

建设口号,班组学习文化:

- 师父天天教,组长也辅导,兼职又轮岗,大家轮流讲,反思加改进,上线充电忙,兄弟班组间,比学又赶帮。【知识转移】

- 天天反思,周周改进,事事探索,年年创新【反思改进,知识创新】

需要强调的是,对于任何一个学习型企业、学习型团队来说,他的学习目标都可以归纳为一句话:"成为自动反馈、自发服务、自觉学习、自主管理的智慧型组织。"

（二）行为文化定位

行为文化体现为行为规范,学习文化落地,首先需要制定学习规范,就是我们的各种学习行为应当坚守哪些标准,应当怎么做,哪些能做,哪些不能做。下面我们来看一所小学的小学生课堂常规,那些尚未系统学习企业文化管理的读者,就能明白什么叫学习规范了。

马水镇小学生课堂常规要求(试行)

（规范言行　培养习惯）

一、课前准备

上课前必须准备好学习用品,书本、练习本、文具盒统一放在桌面的左上角。

二、候课、坐姿

上课预备铃响起,要立即进入教室安静坐好,左臂在下,右臂在上平放桌面,双脚自然叉开与肩同宽(或并拢),抬头挺胸身体坐直,安静等待老师上课。

三、铃声响后

上课铃声响起:教师走进教室,班长喊:“起立”,全体学生向外跨出一步立正站好后,再鞠躬向老师问好:“老师,您好!”老师也鞠躬回礼:“同学们好,请坐!”学生再按照要求安静坐下。

下课铃声响起:老师宣布下课后,由班长喊“起立”,学生鞠躬说:“谢谢老师!”,老师说:“同学们再见”! 学生做好下节课的准备后,离开座位,喝水、上厕所、出去活动。

四、举手发言

右手自然举起,五指并拢向上举直,肘部不离开桌面。

五、学会倾听

老师和同学讲话时,要坐姿端正,专心致志地听,边听边想:别人说什么,说的对不对,完整不完整,等别人讲完后,再举手得到同意后,才能发表自己的观点:或陈述,或补充,或更改。

六、朗读、默读

读书时,双手拿书,书向外自然倾斜。站着读书时,不但要按照要求拿好书,还要站直站稳。朗读时,要用普通话朗读,读得正确流利、有感情,吐字清晰,声音响亮。不重复字句,不漏字,不添字,不错字,不唱读,不指读、学习按照要求停顿。

……

四、小结

学习平台,是开展培训工作的舞台。其中,培训模式解决的是"谁的知识给谁、怎样给",或者理解为"什么知识在谁那里、通过何种方式得到",从学习技术角度解决日常培训需求;培训组织解决的是"谁来管",从组织管理角度解决培训工作系统的有机运转;学习文化解决的是"为什么学"、"根据什么标准学",从文化管理角度解决培训系统的动力与准则。学习文化,则需要培训组织去精心设计、推动落地,以间接支撑培训模式的有效应用。见图7-8。

培训模式决定了培训组织与学习文化的建设,而培训组织与学习文化是服务于培训模式的,三者相辅相成,缺一不可。

需要特别指出的是,企业在建设学习平台时,首先应当考虑的是培训模式即适合本企业的培训方式,其次才是与培训模式配套的培训组织。颠倒这一顺序,培训组织的设置将常常阻碍培训模式的有效实施。

在此引用我们为南京地铁运营公司设计的《学习平台设计脚手架》(见表7-22),或许能让读者更好地理解、设计学习平台。

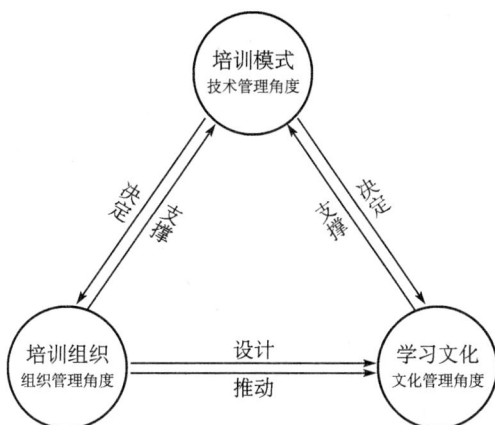

图 7 - 8　企业学习舞台的结构与运维模型

表 7 - 22　企业学习舞台设计脚手架（示例）

培训模式							
学习方式		学习目标/适用情形	主持/主讲	时间	地点	人员	管理责任人
个人学习	1　课堂讲授	培训技术原理	内训师、师父				班组长
	2　转培训	分享外部学习的知识	参加外训的组员				班组长
	3　互助培训	培训技术原理	组员轮值				学习委员（也可由部分培养对象轮值）
	4　读书指导	培训技术原理;培训职业素养;拓宽知识面;培植学习兴趣	班组长、内训师				学习委员（也可由部分培养对象轮值）
	5　读书会	深入培训技术原理;培训职业素养;拓宽专业知识面;培养学习兴趣	读书会会长				学习委员（也可由部分培养对象轮值）
	6　师带徒	培训作业技能	师傅				班组长
	7　项目参与	小攻关;培养综合能力	班组长、项目组长				班组长
	8　班组长辅导	培养后备班组长	班组长				班组长
	9　工作轮换	培养多能工;培养后备班组长	班组长				班组长

学习方式			学习目标 /适用情形	主持 /主讲	时间	地点	人员	管理 责任人
团队学习	1	反思改进	持续改进日常工作	班组长、内训师				班组长
	2	头脑风暴	创新解决新问题	班组长、内训师、项目组长				班组长
	3	行动学习	课题攻关	班组长、内训师、项目组长				班组长
	4	内部标杆学习	解决本班组一时难以解决的问题	班组长				班组长
	5	外部标杆学习	解决本班组一时难以解决的问题	班组长				班组长
	6	网络在线学习	培训技术原理;推动个人自学;培植学习兴趣	学习委员(也可由部分培养对象轮值)				班组长
学习促进	1	知识竞赛	强化技术原理的掌握	学习委员				班组长
	2	技能竞赛	强化作业技能	学习委员				班组长

学习文化		
	建设内容	备注
1	学习精神	学习的愿景、使命、价值观,通常以口号的形式体现
2	学习环境	学习场所、学习工具等
3	学习规范	学习活动中应当遵守的行为规范
4	学习宣传	学习文化墙	将学习精神的口号贴在墙上
		板报	动态反映班组学习,宣传学习中的好人好事
		班组小报	动态反映班组学习,宣传学习中的好人好事
		班组网页	综合反映班组学习

续表

学习方式	学习目标 /适用情形	主持 /主讲	时间	地点	人员	管理 责任人
培训组织						

	职位	姓名	分工
1	班组长		综合管理班组学习
2	学习委员		协助班组长综合管理班组学习
3	学习资料组组长		搜集学习资料，推荐学习书目
4	学习宣传组组长		组织开展学习宣传
5	学习工具组组长		准备、制作学习用品和道具
6	专业技术读书会会长		组织开展专业技术资料和书籍的读书会
7	职业素养读书会会长		组织开展职业素养类书籍的读书会
8	案例分析组组长		组织开展案例分析
9	班组网页管理员		动态管理班组学习网页
10	兴趣小组组长		组织开展其它各类与学习有关的兴趣小组活动

第二节　培训师资

　　这里的培训师资，从培训管理的实践出发，特指企业内部的培训师，包括各级主管、技术人员、师父、讲师。在学习型组织理论的研究范畴，基本排除了各类外部培训师资，因为外部培训师资难以掌握某一企业的隐性知识，至多为企业提供知识体系与管理案例，对企业核心竞争力的建设没有直接作用。

　　"人人为师"是学习型团队的最基本做法，但在各种各样的学习活动中，我们需要着力围绕三种技能，培养三种师资，姑且简称"三能三师"吧。这"三师"是团队自主学习的主心骨,这就是以培训专业技术为主的讲师、以培训作业技能为主的师父、以培训管理技能为主的管理人员或称为导师。那么,如何自主建设这三支师资队伍呢?

一、讲师

在讲师的培育方面,我们一般通过 2 天的教学法理论讲授(并非培训市场上的演讲式 TTT 培训)、2—3 天的授课矫正训练,充分结合计划任务的实施,通过教材开发、课件开发、课程试讲、资质评审、集中评课、集中辅导,建成一支能够熟练开发课程、有效开展培训的优秀讲师队伍。见图 7-9。

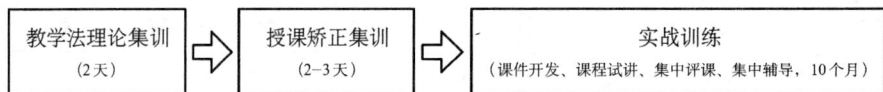

| 教学法理论集训
(2天) | ⇒ | 授课矫正集训
(2-3天) | ⇒ | 实战训练
(课件开发、课程试讲、集中评课、集中辅导,10个月) |

图 7-9　企业讲师训练方案模型

首先不要将目光总是放在那些专业技术和表达能力突出的员工身上,让每个人都有机会参与讲师的训练。

讲师的训练是综合的。可以让每个人在部门的各种授课式培训活动中讲课,练胆量、练表达,促使他们不断地钻研、梳理自己的思路;让他们主持团队学习,练习概括、归纳、发问、探询、总结等等各类主持能力;让他们主持团队游戏,练习课堂组织;让他们自主研究一个课题,哪怕是很小很小的课题;让他们写技术小结、写故障案例、写管理案例,锻炼分析、写作能力;让他们在团队活动中说故事,练习叙事的能力;让他们学习摄影摄像,学习简单的视频制作,学习 PPT 的制作,尤其是"关键词+图表"的 PPT 呈现能力。

对那些已经成为讲师培养对象的员工,可以采取上面说的这些方式综合训练,一有机会就让他们锻炼。另外,授课的矫正训练,应当抓住音量、语速、语调和语言四个关键环节。音量,就是声音洪亮;语速,就是总体上要很慢,每个字都吐得很清楚,可以用练习诗朗诵的方式进行;语调,就是抑扬顿挫,声音有起有伏;语言就是要规范、流畅,争取出口成章。谁去矫正?团队全体。

这样做下来,你也许会觉得一些人根本不是讲师的料子,也许会觉得一些人进步太慢。请坚持下去,也许半年,也许一年、两年……之后,回过头来你会发现每个人都在发生质的变化,他们也会发自肺腑地感激你:我的团队我的头儿,真好……

需要强调的,一是几天几夜的培训,培养不出合格的讲师,这至少需要半年到一年的长期训练,好课、好老师都是磨出来的,——这也需要 TTT 培训师像咨询顾问那样有大量的驻场辅导、跟进辅导;二是需要教学法而不仅是演讲口才的训练。

在此基础上,我们还可以从讲师队伍中选优培育 TTT 培训师,即"老师的老师",这样可以节约高昂的 TTT 内训成本。培育的方法与流程,和讲师培训一样,只是对理解、应用教学法的要求更高。

我们同样可以从讲师、TTT 培训师中甄选出行动学习促动师的人选。我们一般通过 3 天行动学习的理论和工具集训,进而充分结合行动学习的实施全程,全面锻炼行动学习的主导能力,包括快速学习、分析建模、问题调研、问题管理、工具开发、教练技术、会议主持、方案陈述等综合能力。具体方式主要包括导师示范、实战辅导、月度集训、个性辅导。见图 7 - 10。

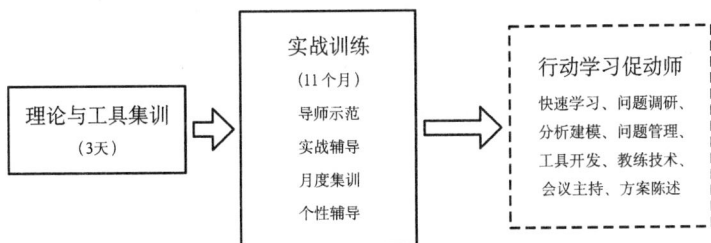

图 7 - 10　企业行动学习促动师训练方案模型

最关键的是,我们可以像南京地铁那样,将职业技术讲师、管理技能内训师、教学法培训师、行动学习辅导师队伍的建设,作为干部和后备干部培养的重要手段。

二、师父

在师资队伍建设中,一般企业容易忽视一线师父的功能,我们应当以任务技能培训为导向,高度重视师父队伍的建设和培养,将师父的地位提升到和内训师同等重要的地位,除培训管理、绩效管理、薪酬管理制度以外,在技术人员和管理人员的选拔、晋升等方面优先考虑师父的职业发展。

因在前面师带徒部分已经较为充分地阐述,在此不再赘言。

三、管理人员

作为头头儿,看到这里也许你骨子里就担心了:培养出一批能顶替我的,我将来不就危险了?不要只盯着本部门看,公司的职位多着呢,没有这点胸怀你也上不去的;最直接的是,培养出一批这方面或者那方面有点管理能力的员工,包括你的接班人,不仅能分担你的许多管理工作,而且公司也会看到你的带兵能力。

培养员工的管理能力,除了让他们直接带徒,你可以直接任命一些助理,让他们练练全局视野、综合管理或者某一领域的管理;也可以搞点"轮值经理"、"一日班组长"的名头,让他们体会体会你的不易、锻炼锻炼综合管理。你也可以物色一些后备干部的苗子,平时正常地开展读书指导,谈谈心,多压点任务,交一点小课题去钻研钻研。这方面,还可以借用讲师的训练手段。

第三节　培训课程

　　培训课程的实质是学习内容,或者叫作知识转移的内容,其形式或载体体现为课程规划、培训方案、教材、讲义、案例、试题等。

　　学习内容的具体体现,企业实践中通常运用《课程体系》或《课程目录》这些文本。课程体系,即知识体系或者叫作知识清单,是企业各部门、各岗位为了完成工作任务应当具备的知识,形式上则是各类子课程的集合,其实质即"知识库",应当包括基于岗位胜任力的知识,与持续积累的创新知识。事实上众多企业无论建设自主培训体系,还是开展知识管理,还是建设学习型企业,其识别、沉淀、转移的知识多为前者,即适岗知识,并非创新知识,这也是这些企业的学习型组织建设不能推动创新能力培育、不能推动企业变革的原因之一。

一、教材的编写

　　我们一般不建议企业编写教材,但自有技术含量较高且员工规模较大的技术密集型企业,往往需要编写 WORD 版教材,企业教材和国民学历教育的教材有着较大的区别,在应用性方面比学历教育的教材要求更高。因此,我们有必要详细探讨企业教材编写的操作要领。

(一)"读者"定位

　　教材如同营销视角中的"产品",需要首先确定它的"客户"——"读者"。显然,教材的读者并非只有——使用者(学习者),在交到学习者手中之前,还需要能被评审者确认;有些企业的教材还涉及同业者的评价。因此,一本好的企业教材,需要具备使用者需要的实用性;对评审者而言,技术专家更关注内容的科学性,职能部门更关注表述方式的接受度,领导部门更关注管理的规范性;而同行更关注这本教材是否具有示范性。

(二)功能定位

根据读者定位,相应确定教材总体上是什么功能、各部分应当体现什么功能。是教案？读本？是使用说明？还是作业指导？这些需要根据各章节内容具体确定。

(三)内容定位

无论哪种功能定位,每个知识点,至少每个章节,原则上应当具备以下要点。

学习要求:明确不同知识点的学习目标,不仅要列举重点知识的条目,另应标明哪些知识点需要记忆,还是理解、应用、分析、评价、创造。根据布卢姆教育目标分类模型,事实性、概念性、程序性、元认知这四类知识,分别应当达到记忆,还是理解、应用、分析、评价、创造的学习目标,随后笔者将进一步展开。

内容种类:总体上每个章节,均应说明知识内容的结构、原理、问题或故障、原因、对策以及相关的案例[①],并配置必要的思考题和/或练习题、测试题。

二、案例的编写

企业案例的实质以最佳实践为主,因为有些事故案例的后果严重,并非最佳实践。何谓最佳实践,许多企业没有必要按照国际标准、行业标准定位,可以鼓励全员将公司标准中没有出现过的有效做法,都编成最佳实

---

① 关于案例的编写,笔者将随后阐述。

践案例,关键是激励全员养成探索最佳实践的习惯。事实上,许多企业标准已经远超国标、行标。

故障处置、顾客服务、工艺改进、管理创新、工具应用……都可以写成最佳实践案例,但需要培训部门和职能部门共同开发案例模板,促使全员回答案例模板的每一个要点。

下面,我们就来看看南京地铁运营公司的两个案例模板。

南京地铁运营公司××中心
关于××××的最佳实践案例

案例编号:宁铁检二(一)工班最佳实践案例 NO.0001

案例主题:……[修程、工艺、服务、管理等等]

案例作者:×××[姓名],×××[部门],×××[职位/职务]

审 核 人:×××[姓名],×××[部门],×××[职位/职务]

编写日期:××年××月××日

一、案例背景

……[简述原有的做法、后果或结果,并简要分析]

二、最佳实践

1. 学习过程

……[简述得出最佳实践方案的团队学习过程,包括采用的学习方式]

2. 最佳实践方案

……[描述最佳实践方案的关键内容]

3. 实施过程

……[原则上应用 5W2H 法,描述最佳实践方案的实施过程]

三、实践分析

……[对比原有的做法,描述关键做法与实施效果,并予技术分析或原理分析]

四、总结

……[根据实践分析,写出规律性、规则性的做法与适用情形、操作标准]

附件:……[相关的证明性、补充性的文字资料和图片、视频资料]

南京地铁运营公司××中心

关于××××的故障分析案例

案例编号:宁铁检二(一)工班故障分析案例 NO.0001

案例主题:……[如:一号线新街口 2011(31+32)车门故障处置分析]

案例作者:×××[姓名],×××[部门],×××[职位/职务]

审核人:×××[姓名],×××[部门],×××[职位/职务]

编写日期:××年××月××日

一、故障概述

1. 值班人员

××××[职位/职务]:×××[姓名]

××××[职位/职务]:×××[姓名]

××××[职位/职务]:×××[姓名]

××××[职位/职务]:×××[姓名]

2. 故障描述

……[应用 5W2H 法,简要描述故障现象和/或处置经过]

3. 故障影响

……［例如：指标影响、行车影响、票务影响、安全影响……］

二、处置经过

……［按处置的时间流程，写出处置的动作或行动］

三、处置分析

1. 故障原因

2. 原理分析

3. 处置优点

4. 不足之处

四、管理分析

1. 防范措施

2. 管理建议

五、附件

……［相关的证明性、补充性的文字资料和图片、视频资料］

三、单点课程的开发

绝大多数企业没有必要开发详尽的 WORD 版教材，但基于持续改善和知识创新的单点课程，不仅适用于车间的普通工人，而且所有部门都可以一小时甚至 15 分钟就能开发出一门单点课程。

单点课程，其实是一种特殊的改善案例、创新案例，单点课程的开发，重在全员参与、持续积累、系统编纂。企业的常见问题就是不注重或不善于系统编纂。系统编纂最简捷的做法，只需要将案例涉及的方法、流程、标准、工具、要点等等，修订到原有的相关标准与制度。见图 7-11。

MA STEEL

TnPM 单点课

题目	热水管道安全阀卸压后漏水如何处理			编号	GYL003	
				准备日期	2005/04/18	
类别	□基本知识	□改进案例	☑故障案例	工长	区域工程师	组长	编写者
				[illegible]	[illegible]	[illegible]	纪海峰

1、 热水管道安全阀什么情况下会漏水？

- 热水管道内压力超过安全阀卸压设定值，安全阀自动开启漏水，属正常现象。
- 安全阀自身有故障，卸压回座后仍然漏水，属异常现象。

2、 热水管道安全阀异常漏水的原因

- 阀芯在安全阀回座后不能够复位。
- 阀芯与阀体结合面上有污物（由于水质变差或外界灰尘引起的）。

3、 热水管道安全阀异常漏水的后果

- 热水管道安全阀异常漏水会造成热水管道内水压不够，不能满足生产需要。
- 热水管道内水压过低会引起烧嘴保护性熄火，导致生产线停产。
- 热水管道内水量过少，会产生汽化现象，严重时会造成设备事故。

4、 处理方法

抬起安全阀的人工卸压手柄，让管道内带压热水冲洗阀芯与阀体的结合面，反复冲洗数次即可。

实际效果	完成时间	04/20	04/20	04/20	04/20	04/20							
	教师	纪海峰	纪海峰	纪海峰	纪海峰	纪海峰							
	学生	[illegible]	[illegible]	[illegible]	[illegible]	[illegible]							

图 7－11　单点课程文本示例

四、教案的开发

教案如同剧本，是备课与讲课的流程与标准，其重要性远远高于教材与讲义，它能实现培训工作的真正标准化，因为它几乎规定了每分钟的培训细节。事实上，由于它的技术要求很高，鲜有企业能够像中小学老师那样编制教案。不过笔者还是较为详细地阐释教案的开发，因为即使你的企业不准备开发教案，但以下所述，仍是教材、讲义章节安排的核心依据，也是备课、讲课重要的操作技术要点。

（一）布卢姆教育目标分类表

布卢姆为全世界的教育工作作出了前无古人的卓越贡献，就是表7－23所示的教育目标分类模型。它针对不同教学内容所属的知识维度或者称之为知识类型，分别确定不同的教学目标，并据以配置教学方式。它是日常教育培训工作的定海神针。如果管理者将这套规律应用到日常管理，我深信她的威力。

表7－23　布鲁姆教育目标分类表

知识维度（教学内容）	认知过程维度（教学目标）					
	记忆	理解	应用	分析	评价	创造
事实性知识						
概念性知识						
程序性知识						
元认知知识						

前面已经详细介绍了四种知识类型，下面，我们先解决教程结构，进而讲解不同的教学目标，应当如何配置教学方式。相信到这里，你已经感觉到，一堂好课，不仅在于培训师表面的精彩即艺术性，更在于符合教学规律的科学性。

（二）教程结构的编排

教程结构是教学内容的顺序安排与结构设计，不同的教学目标，教程结构无论总体还是细部，均有较大的差异。

1. 知识体系建构导向的教程结构

当我们要为新员工开展入职培训或岗前培训，或者为员工进行新知识的培训，往往属于建构知识体系，主要建构事实性知识与概念性知识。

表 7-24　知识体系建构导向的教程结构表

教学内容			教学目标					
			记忆	理解	分析	评价	应用	创造
第一章	第 1 节	……						
	第 2 节	……						
第二章	第 1 节	……						
	第 2 节	……						
第三章	第 1 节	……						
	第 2 节	……						

我们可以用表 7-24,逐章、逐节地理出所有的知识点,分别确定其教学目标。这也是最常规的教程结构安排。但在备课、讲课中需要切记的是,没有问题的教学,将极大地消减学习热情,所以,应当尽可能地在相关知识点中,嵌入任务导向或问题导向的教程结构。

2. 任务导向或问题导向的教程结构

这种教程结构往往针对程序性知识的教学,这也是最受所有实践家们欢迎的结构。

表 7-25　任务导向或问题导向的教程结构表(示例)

教学内容			教学目标					
			记忆	理解	分析	评价	应用	创造
程序性知识	任务能力	……	√		√	√	√	
	问题解决	……	√		√	√	√	√
	操作能力	……	√				√	
概念性知识	理论	……	√		√	√	√	√
	原理	……	√	√				
	概念	……	√	√				

教学内容			教学目标					
			记忆	理解	分析	评价	应用	创造
事实性知识	体　系	……	√	√				
	事　实	……	√	√				
	名　词	……	√	√				

　　表 7－25 仅是这种教程结构的示例,表中的"√"也仅是示例,读者仍需根据实际分析,确定相应的教学目标。

　　如表 7－25 所示,整个教程的一级结构是程序性知识,即按照完成任务或解决问题的步骤编排内容;二级结构的内容,则是每个需要讲解的相关概念性知识与事实性知识。例如这项任务的第一步,需要解释某个概念或讲解某个理论,同时需要介绍哪个名词或事实……

（三）教案的书面结构

　　上述教程结构,仅是存在于我们头脑中的模型,实际写成的教案,一般按照表 7－26 所示的书面结构。

表 7－26　教案文本示例

序号	时长	教学主题	教学要点	教学方法	教学方式
1－1－4	……	……	……	……	……
1－1－5	15 分钟	甘特图	任务的动作分解	1. 讲授法 2. 操作练习法 3. 案例讨论法	1. 让学员自行百度"甘特图",阅读 5 分钟。 2. 请一位学员讲授甘特图的内容。 3. ……
……	……	……	……	……	……

上述模板中，序号即"章—节—知识点"的编号；教学主题即教学内容的核心关键词；教学内容即需要学员生成的知识点；教学方式则如同剧本，规定培训现场的每一步怎么做，包括学员做什么、培训师做什么、说什么、PPT 呈现什么、手工板书什么内容等等。

标准的 PPT 讲义，不能彻底实现培训细节的标准化，只有详尽的 EXCEL 版教案才能实现培训现场的标准化，而不因个别培训师的理解与水平差异，出现较大的教学质量波动。这一点，我们必须诚恳地向广大中小学教师学习。此外，如果能够解决这一点，那些社会培训机构则可建立自己的专职讲师队伍，并极大地节约人工成本，不用总是充当企业的中介、职业培训师的经纪人了。这也是培训机构可以与职业咨询顾问通力合作的社会使命之一。

（四）配置教学方式

知道如何确定不同的知识类型之后，我们需要根据不同的教学目标，配置不同的教学方式。

1. 记忆导向的教学法

记忆，是指从长时记忆中提取知识，主要包括识别与回忆两种情形。以此为导向，我们常用判断题、匹配题和选择题，考察学员对知识的识别情况[1]；而在课堂上用得更多的，则是复述和默写两种方式，强化学员对知识的回忆。这种记忆导向的教学法，往往由教师带头复述，或指定某位学员带头复述，或随机指定某位学员复述，以此驱使全体学员在课堂上快速记忆。成人鲜有课后复习的习惯和时间，因此复述和默写，在企业培训中尤其重要。

---

[1] 请需要开发试题或建设题库的读者注意，从这里开始，我们对每种教学法都将介绍相应的题型。

表 7 - 27 记忆术的教学应用示例:银行小额支付系统的金融业务种类

1	普通贷记业务	8	同城轧差净额清算业务
2	定期贷记业务	9	国库相关业务
3	普通借记业务	10	通存通兑业务
4	定期借记业务	11	支票圈存业务
5	实时贷记业务	12	支票截留业务
6	实时借记业务	13	信息服务业务
7	清算组织发起的代收付业务		

如何协助学员在课堂上快速记忆,更显教师的责任心,更需要教师在备课环节下足功夫。对无意义、无组织的材料(一般属于事实性知识),往往需要运用记忆术,例如将 11 位数的手机号赋予意义,就是记忆术中的转化法;又如,将表 7 - 27 所示的小额支付系统的 13 个金融业务种类,各取第一个字重新排列,主观组织成"同定国,实支(指)普通清(亲)信"的趣味口诀,就是主观组织的联结法。我们每天出门常常遗忘一些物品,因此有人编成点检表式的口诀:伸手要骗水钱(身份证、手机、钥匙、名片、水杯、钱包),这就是有趣的联结法。

需要切记的是,记忆术不适用于有意义、有组织的材料,如果对这类材料动用记忆术,反而严重影响了学员思维能力的提升。对有意义、有组织的材料,则需要运用逻辑图记忆事实体系或理论体系,或者编成有真实意义的口诀记忆程序类、标准类的知识。

2. 理解导向的教学法

理解,就是从教学信息中建构意义,是指建立新知和旧知的联系,也是新知与现有心理图式和认知框架的整合。

这里的图式,它是我们头脑内部的各种"表格"与"公式",例如一想到"看病",我们头脑中自然浮现出这样的公式:预检—挂号—就诊—付款—取药—离开。又如训练有素的法律工作者,谈到"赠与",脑中立即出现这样的表格:捐赠人、受赠人、捐赠物。你也可以将其理解为思维模式中的"关键词"。许多经营管理者常常被各种问题所困扰,就是脑中的这些"关键词"不全面或者不正确,或者说是图式的不健全、认知框架的不完善。

理解导向的教学法,一般包括解释、举例、分类、总结、推断、比较、说明等七种。

(1) 解释

解释,就是转换知识的表征。

我们要求的名词解释,就是将文字转换成文字,"换个说法";建设模型,就是将文字转换成结构化、图表化的文字或数字;阐述定理,就是将数字转换成我们声音表述的文字;看图说话,就是将图片转换成文字;读谱唱歌,就是将音符转换成声音。

我们往往要求学员对"银行结算"这种事实性知识,解释为"通过银行划拨转账所完成的货币收付款行为",要求学员对"流程"这个概念性知识,解释为"跨部门的事务流程"而不是"程序"。

在进行概念的教学中,往往要求教师根据概念之间的从属关系,讲透概念的体系,即上位概念、并列概念、下位概念。例如针对"流程"这个概念,"组织"就是它的并列概念,而"企业结构"就是它的上位概念,"程序"、"标准"等等就是它的下位概念。在管理名词迭出的工商管理课堂上,这一点尤其重要,也是对教师工商管理理论修养的考验。见图 7 - 12。

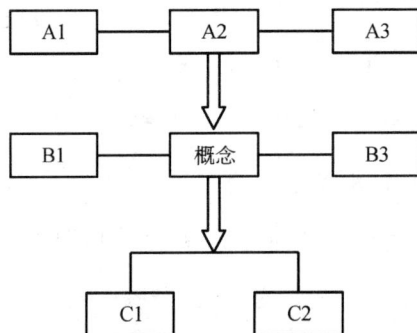

图 7 - 12　概念体系图在解释教学中的应用(示例)

（2）举例

举例，就是提供例证，是课堂上常用的教学法，尤其对于抽象的概念性知识，较为复杂的程序性知识，更需要大量地举例。

我们往往在课堂上呈现正例，导入本质特征或关系，得出需要传授的主题；或者呈现反例，防止过分概括化。例如讲到鸟"会飞"的特征，就需要举出蝙蝠这个反例，因为蝙蝠虽然会飞，但它不属于鸟类。

对一些复杂的知识点，我们还需要引导学员归纳例证，例如比较正例、反例的异同，或者要求学员自我解释。

（3）分类

分类，就是类目归属。我们要求学员识别属于事实性知识的某一事物，或者判断概念性知识属于某一类别。

在讲授财务管理体系时，我们常常呈现图 7 - 13 所示的这样一张知识体系表，它就是分类的产物。

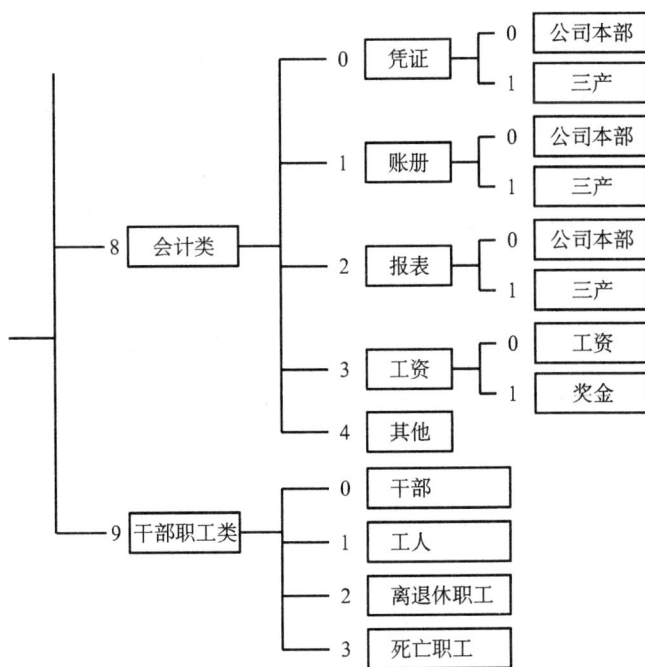

图 7 - 13　分类在财务教学中的应用（示例）

（4）总结

总结，是由多到一的过程，是指简要描述知识的主题或概要。

我们常常用图示、摘要的方式，总结事实性知识；常常用建模、逻辑图的方式，总结概念性知识；常常用流程图、标准列表，总结程序性知识。

（5）推断

推断，是由表及里或由此及彼的过程，是由现有例子归纳出概念或原理。等差数列题，就是根据前面已知数之间的逻辑关系，由此及彼地推断出未知数；我们的故障案例分析，就是将个例特征、个例关系结合起来，回归分析，推断出某一故障的变化模式，以便我们今后更快捷有效地处置同样的故障。见图 7－14。

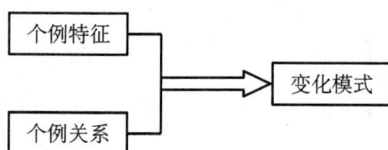

图 7－14　推断在教学过程中的应用

（6）比较

比较，就是找出对应，找出要素或模式的形式对应关系。它同样是理解导向极为重要的教学法。

例如，讲授电路结构时，可以比较电路与水网的相似性；讲授国际清算和国内结算时，可以从清算主体、结算渠道、结算方式三个角度进行比较；讲授工业品营销时，则可从本人学习、总结的三大角度、16 个要素，与消费品营销进行比较阐述。见表 7－28。

表 7 - 28　比较教学法在营销课程中的应用（示例）

区别		消费品营销	工业品营销
产品	产品用途	生活	生产
	产品类型	相对标准化	标准件＋定制件
	产品金额	一般较小	一般较大
	产品定价	注重价格结构 的成本与利润	注重价格结构的智力因素
	客户的产品要求	相对较低， 特别关注性价比	很高,很全面， 特别关注产品功能与解决方案， 包括售后服务
客户	目标客户	个人	组织
	采购标准	比较模糊	清晰具体
	购买决策	个人决策为主； 感性决策为主； 成交迅速	团队决策;理性决策;成交较慢
	成交过程	程序简单	程序复杂
营销	客户关系	客户依赖性差	客户依赖性强
	营销模式	渠道营销为主	直销为主;顾问式销售
	传播模式	单向传播为主	双向互动为主
	传播通路	大众传媒为主	小众传媒为主 （行业杂志与展会为主）
	销售组织	销售人员可以独立销售	团队销售效率较高
	销售人员的 能力要求	相对较低	相对较高
	过程控制	对销售人员的管理 相对粗放	精准控制 对每一位目标客户的全程销售

（7）说明

说明,就是说明系统的成分模型或因果模型,即说清楚系统的结构或者机理。这是理论学习必不可少的教学法,它的常用表现方式则是图解。

图 7-15、图 7-16,就是成分模型与因果模型的图解。

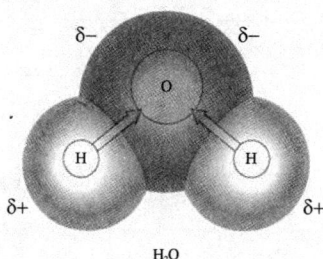

图 7-15   水分子的成分模型(示例)

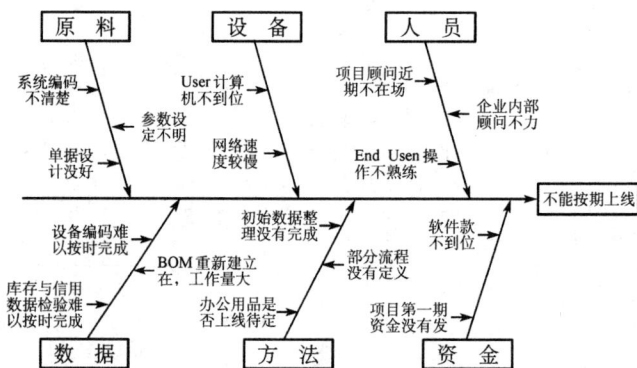

图 7-16   因果模型在企业问题解决中的应用

3. 应用导向的教学法

这里的应用,是指使用程序去完成练习或解决问题。它在程序性知识的教学中大量使用,也必须使用。在教学法领域,应用包括执行与实施,这里的执行,特指完成练习,这里的实施,特指解决问题。

(1)执行:完成练习

执行,是指程式化地完成熟悉的任务程序,它是陈述性知识向程序性知识转化的重要环节,是影响动作技能学习的最重要因素。前面,在介绍师带徒时已经提到了集中练习与分散练习,下面,我们简要介绍其它各种练习方式及其应用要点。

变式练习与间隔练习:变式练习,是指在不同情境中练习使用同一种概念、原理或程序;间隔练习,是指在练习之间插入休息时段。实验证明,变式练习能够更为有效地促进技能的保持。见图 7-17。

图 7-17 变式练习与间隔练习

部分练习与整体练习:部分练习,是对技能的若干部分或环节分别练习;整体练习,是对技能从开始到结束进行完整的练习。

部分练习更适用于某个技能环节或组织协调程度低的动作技能,例如,打网球可以将托球、封球、扣球、发球等动作分别练习;而整体练习更适用于技能各部分的协调或组织程度高的动作技能,例如游泳包括划水、呼吸、蹬腿等动作,但更适于整体练习。这两种练习方式应有机结合。

身体练习与心理练习:身体练习,是指用身体进行实际活动;而心理练习,仅在头脑内反复思考动作程序。我们尽量选择身体练习,但休息时段或不可能身体练习时,心理练习也能促进学习,例如打字指法的练习。同样,这两种练习方式也需要有机结合。

区组练习与随机练习:区组练习,是指依次、等量地练习各任务模块;随机练习,则是随机、等量地练习各任务模块。需要注意的是,区组练习更适用于习得阶段;而随机练习更适用于保持、迁移阶段。

过度练习:是指达标后的附加练习。过度练习对技能的掌握与保持有积极作用,我们将熟手培养成能手,将能手培养成专家,往往需要过度练习,但过度练习量并非越多越好。

(2)实施:解决问题

这里的实施,是指选用一个程序完成不熟悉的任务,以解决问题。

解决问题，一般包括发现问题、表征问题、探索路径、执行策略、解决评价五个步骤。

关于问题解决与问题管理①的书籍、资料也很多，笔者不再鹦鹉学舌，徒增无趣，在此仅结合亲自辅导的咨询案例、行动学习以及培训方案设计，分享一些问题管理的实践方法与工具。

发掘问题

无论总经理室、部门、班组日常的反思改进，还是公司有计划、有组织的问题管理工作，首先都需要发掘问题。

问题，一般存在于显性障碍、工作异常与客户需求。机器停止转动、方案写不下去……，人们对这种显性障碍往往最为重视。更多的人对进度拖延、质量瑕疵、下班后无人的办公室仍然亮着的电灯……，这种不符合标准的工作异常，普遍熟视无睹。更普遍的是，很少有人细细考虑过外部客户与内部客户的心理感受、需求变化，总在客户明确地提出抱怨甚至投诉、甚至弃你而去时，才意识到这是个"问题"。所以，我们需要建立、宣贯各种标准，员工才有可能不断发现"工作异常"；我们需要建立顾客关系管理机制，尤其是客户需求的动态监测分析系统，员工才能主动地从动态的客户需求中不断发掘问题。

在问题管理导向的发掘问题中，笔者看到的常见问题有三。

一是不注意问题的分类。问题分类的维度很多，但它从不同角度奠定了问题管理的水准与效果。从问题发掘的责任主体来看，经营层，应当负责环境、目标、资源、战略、文化、品牌、流程、组织等领域的经营性问题发掘；管理层应当负责其职能性问题的发掘，如技术、信息、人力资源、效率等等；执行层

---

① "就事论事，解决问题"，叫问题解决，但我们更需要"借助问题，优化系统"的问题管理，以持续改善，迭代优化。通过问题管理不断优化企业经营管理的局部子系统，甚至全系统。当然，企业问题管理的实际过程仍是问题解决的一般程序，只是挖掘原因的深度直到某个管理系统的根本原因层面，解决方案的作用对象已不是问题本身，而是相应的某一管理系统。

或操作层,应当负责品质、效率、成本或效益等绩效型问题的发掘。见表7-29。从问题管理的优先级来看,我们应当首先关注客户关系管理、产品生命周期管理、供应链管理三大核心流程的问题,其次关注财务、人力资源、信息等等支持流程的问题。从问题解决的资源配置来看,我们应当首先区分一堆问题分别属于自主级、协同级、组织级、行业级还是世界级的问题,显然对自主级问题,我们没有必要劳烦公司或其他兄弟部门;对协同级问题,我们则需要将相关协同部门请进来共商对策;对行业级问题,我们就没有必要总在自家的会议室内吵得不可开交;对世界级问题,我们则需要花费成本,聘请世界级的专家直接操刀。

表 7-29　基于企业组织分工的问题分类

经营层:经营性问题
管理层:职能性问题
执行层:绩效性问题

二是不注重辨别"不是问题的问题"。某企业东莞工厂曾经为模具加工岗位的离职率大费周章,笔者问该厂的总经理:这是否影响产品的质量、交期、成本?总经理的答案是否定的,仅增加了每年三、四千元的招聘费用。因此,笔者的答案是,这不是今年的问题,因为它不影响我们的核心目标,但它也许是明年或后年的一个问题。判断标准很明显:第一,只有现状和目标或标准之间的障碍,才是我们当下要解决的问题;第二,只有重要性和紧急度兼备的问题,才是我们必须立即着手应对的问题,因为我们面对的问题往往很多,我们需要根据问题的"重要紧急度"确定问题解决的优先顺序;第三,在重视"重要又紧急"的问题的同时,我们同时必须开始匀出一部分时间,解决那些"重要而不紧急"的问题,否则,我们将永远每天、每周都要面对"又重要又紧急"的问题。

三是混淆"问题现象"与"问题"。在南京地铁运营公司的一个行动学习项目中,我们辅导班组员工首先梳理铁轨道岔的各种故障,大家都认为是短闪、长闪、灰显三种故障①，显然，这仅是问题的现象，而非问题本身。例如，短闪背后的问题，可能是道岔不锁闭，也可能是道岔锁闭但没有显示。这种源头性的认知误区，导致无法深入地层层探索原因……直至根本原因，从而影响员工尤其是新员工快速找出故障，快捷处理。在扭转这一认知之后，大家你一言、我一语地理出了各种可能的原因，例如"道岔不锁闭"这一"问题"，其原因可能是滑床板结冰，或密贴过紧等至少 7 种可能的原因。可见，正确地利用因果关系，分清"问题现象"与"问题"，才能为分析原因、探索方案打下坚实的基础。

在企业或部门主导的问题管理工程中，发掘问题最系统、全面的方法，莫过于系统结构分析法，她是全系统的综合改善利器。做法也极其简单，就是类似于知识体系表，我们逐级理出对象系统的结构，然后由团队成员或邀请专家参与，共同识别关键的问题点在哪里。表 7-30 就是南京地铁运营公司票务中心行动学习小组，首先理出的 AFC② 系统结构表的一小部分。

表 7-30　地铁 AFC 系统结构表

软件系统	服务器	系统管理服务器		
		通讯服务器		
		数据处理服务器		
		……		
	网络设备	硬件防火墙		
		交换机		
		入侵防御设备		
	工作站	系统管理工作站	车站系统管理工作站	
		线路参数工作站		
		线路监控工作站		
		票务管理工作站	车站票务管理工作站	

---

① 道岔监控仪器上的显示状态，类似于电视机出故障时屏幕上的图像闪动或灰屏。

② 乘客进出地铁站的验票闸机。

续表

			单板计算机	
硬件系统	自动检票机	电子主模块	存储介质	DOM
				CF 卡
			外部电源	
			I/O 接口扩展板	
		扇门系统	乘客控制模块	PCM 板
				16 个发射传感器
				16 个接收传感器
			扇门机构	扇门
				MIB 板
				接近开关
				……
			……	变压器

中国企业的问题解决参与者们，在发掘问题时常常迷信于自己的记忆力，不习惯表格梳理、书面呈现、对照检查。我们如果期望全面"年检"对象系统，这种系统结构表是必需的第一步。有了它，我们才能群策群力，更快、更全面地找出哪些部件或因素存在问题、存在什么问题，然后才能更为系统地分析原因、探索方案。

设计模型

设计问题的分析模型和/或建设模型、运维模型、评估模型，在大多数中国企业家、经理人眼中，似乎是学者、咨询顾问故弄玄虚的招数。本书的"四模范式"部分，已经谈到模型与思维模式的表里关系。学者、咨询顾问之所以成为解决问题的专家，不仅在于超出熟手、能手的问题解决经验，关键在于思维模式的健全，其表现就是善于针对特定问题，建设分析模型，据此按图索骥、寻根溯源。事实上，管理学者、咨询顾问为企业成功地解决每一个问题，最核心的利器就是这些企业忽视的模型。

在 2014 年南京青奥会的前一年，我们辅导南京地铁运营公司站务中心的经天路站工班,开展"完善乘客的标准化服务体系"这一行动学习课题,团队学习会议的前 15 分钟,会场几乎陷入混乱。我们引导班组员工,共同建立了 EXCEL 表格形式的模型(见表 7 - 31)。

表 7 - 31　乘客标准化服务体系建设模型(示例)

乘客 (人群)	服务情形 (时/空)	服务流程 (连贯动作)	服务标准		组织管理		
			服务语言	服务行为	执行人	协助人	监控人
常规人群							
特殊人群							

　　首先区分乘客的常规人群、特殊人群,进而从乘客进站到出站的各个环节、各种需要服务的乘客状况,我们应当按照怎样的服务流程,开展相应的服务或服务式管理,每个动作怎么说、怎么做。这些言行标准,谁来执行、谁来协助、谁来监控。

　　这个模型迅速统一了全体组员的思维模式,显然,这个乘客服务体系的建设模型,也是我们设计环节的分析模型,她统一了我们的思维与行动,确立了我们团队学习的核心框架。

　　相信通过这个案例,你已经能够感知到,建模意识与建构能力,对问题解决的会议主持人或项目负责人何其重要。

分析原因

　　分析原因,是由界定问题到形成方案的不可或缺、不可逾越的中间环节。组织中大量的问题解决会议,往往都是抛出问题后,直接讨论解决方案,其后果要么方案低效、无效,要么摁下葫芦起了瓢,甚至导致更大的新问题。我们承认,组织中迫于时间资源的限制,经常有一些问题需要"直奔方案"。但一个追求持续良性的组织,原则上、总体上应当以问题管理、持续改善为导向,高度注重根本原因的层层剖析,为问题的根本解决打下扎实的基础。

　　在问题管理导向的原因分析过程中,中国企业常见的问题,也是需要注意的三个要点,就是全面、系统、透彻。

所谓全面,就是尽可能理出各种可能的原因;所谓系统,就是注重辨析各种原因之间的因果关系,因为"原因"之间,往往也互为因果;所谓透彻,就是穷根究底,直至根本原因,而且这种根本原因,往往都要深入到经营管理层面或某一管理子系统。

追求全面,是为了便于自己与"后人"有一张各种问题及其各种原因的"点检表",以便快速排查原因、快速解决问题。南京地铁运营公司的道岔、AFC(闸机)、通号等等班组,都有较为完备而且不断更新的《故障原因点检表》。出于企业秘密的保护,我们仅展出南京地铁运营公司通号中心在2015年初形成的《故障原因体系表》(见表7-32),这仅是一部分,其优点就在于"全面"二字。

表 7-32 地铁 AFC 故障原因体系表(示例)

故障模块	故障现象	原因列举	D	E	F
BNA模块	掸皮带	1.皮带老化	1.达到使用大修周期和次数		
			2.保养次数和质量不达标	1.检修周期制定不科学 2.缺乏互检表进行抽查	
			3.高架站温差大,粉尘多	1.车站缺少必要的恒温措施	
		3.卡纸币	1.纸币插入方式不正确	1.乘客对插入方式不了解	1.贴纸上纸币插入的流程不够明显
			2.纸币较旧	1.长期使用,造成纸币残旧	1.乘客对纸币使用习惯不当
			3.退币口本身存在卡币或其他异物	1.维修人员维修不当,未发现退闭口卡币	1.解决卡币故障不彻底
				2.设备未检测到异物,但异物确实存在	
			4.压杆位置过高或过低	1.安装时未安装到位	
			5.钱箱满,无法压仓	2.前一天钱箱未清空	1.钱箱故障,无法取出
				3.钱箱数据丢失,钱箱实点远大于机器数	1.更换BNA时清空数据未清空钱箱
		4.摩擦力不均匀	1.皮带老化,磨损严重,摩擦力降低	1.达到使用周期,正常磨损	
			2.皮带较脏,有附着物	1.存在油污,保养不到位	
			3.轴承处有磨损,皮带转动不规则	1.转动不规则导致轴承磨损	
			4.滚轮中润缺乏润滑油脂	1.润滑油达不到使用要求 2.保养时未注入润滑油脂	
		5.0型皮圈掸影响	2.皮圈由于拉伸等造成变形	1.上皮圈时方法不当引起	
	不识别钱箱	1.BNA本身有故障,无法自检	1.故障维修不及时	1.故障未及时上报	
		2.BNA用于识别的扁平线坏(触针或线)	1.在使用和操作中用力过猛		
			2.本身金属部件,较为脆		
	不识别纸币	1.纸币识别参数丢失	1.软件故障		
		2.保养方式不当造成擦伤	1.人员未按照保养作业指导书作业	1.保养缺乏互检表	
		3.纸币不符合要求	1.纸币为假币或外币		

BNA模块 CHS模块 TOD模块 PLC系统 SMA模块

　　追求系统,就是为了在纷繁复杂的各种原因面前,找到其中或"躲藏"在背后的根本原因。笔者印象最深的,就是南京地铁运营公司设备中心的一个行动学习项目:设备维修效率。2012 年各工班的工班长、技术骨干多次开会,理出 16 个原因。面对这 16 个原因,我们是全面开花? 还是抓住根本? 显然,"全面开花"的成本太高,只有找出一两个根本原因,对症下药,也许其它的原因与问题都迎刃而解了。最终我们开展原因之间的因果分析,找到了最根本的一个原因:设备维修管理体系不尽完善。正是这个根本原因,导致其它 15 个原因的产生,诸如:员工日常工作屡屡受阻而积极性不高,新员工不清楚更细的操作标准,材料与备件的供应偶尔不及时,等等。

　　追求透彻,是为了找出根本原因,防止问题再生。在南京地铁运营公司2014 年开展的通号系统 CCTV(车站终端显示屏)故障分析中,我们运用连续追问法,一直追问到电焊枪清洁海绵的领料管理,进而追问到该中心日常的工具管理。然后全面优化中心的工具管理系统,不仅杜绝了清洁海绵的日常供应问题,而且顺带解决了其它的工具配备问题。我们在一个又一个问题管理的原因分析环节,最深的体会之一,就是将作业、技术、营销等等业务层面的原因尽可能追溯到管理层面、经营层面甚至企业环境层面,效果屡试不爽。

探索方案

　　探索解决方案,也是一个复杂的技术环节。无论各种系统思维、创新思维工具,还是新、老 QC 手法,许多管理学书籍均有详细的介绍。在此,笔者仅抛出咨询实践中的几个表单工具,谨供读者参考其思维模式。

　　表 7-33 是我们通过行动学习法[①]开展问题管理的"四表",前面的系统结构表、故障原因体系表已予介绍,解决方案在表中往往就是几句话,

---

　　① 这套工具不局限于行动学习过程,在任何问题管理当中均可使用。

但更多地应当"转型"为"作业互控表"。请不要片面地将作业互控表局限于生产作业领域,在研发、营销、管理领域都是通用的,都是对解决方案涉及任务的动作分解、标准界定、质量控制。当然,在生产作业领域,尤其是人工作业环节,我们往往需要细化到下表所示的控制程度。见表7-34。

表7-33 企业问题管理工作表(示例)

问题管理工作表(动态知识管理 = "一法四表")															
系统结构表	故障原因体系表			解决方案评估表			作业互控表								
								自检			他检				
											复检			抽检	
例:故障模块	故障现象	故障	原因	根本原因	解决方案	作业工序	作业标准	时间	合格	姓名	时间	合格	姓名	时间	合格	姓名
软件模块															
硬件模块															
例:部门/项目工作	重点任务	突出问题	原因	根本原因	解决方案	作业工序	作业标准	时间	合格	姓名	时间	合格	姓名	时间	合格	姓名
招聘甄选															
绩效管理															
文化管理															

表7-34 设备维护作业指导书模板(示例)

部件	维护类别	维护周期	作业要求							验收要求					
			作业名称	作业标准	备件清单	工具清单	人员			验收标准	验收方法	验收工具	人员		
							部门	资质	人数				部门	资质	人数

生成非常详细、可控的解决方案,有时甚至会有几个备选方案,我们还需要对解决方案进行初步的评估,即使没有外部专家,我们也可以确定几个最核心的评估指标,由一线的"内部专家团"共同打分、综合定性评估。见表7-35。

表 7-35 解决方案定性评估表(示例)

备选方案	评价指标			小计
	有效性 (0—5分)	经济性 (0—5分)	安全性 (0—5分)	
a	0	5	5	0
b	1	3	4	8
c	3	3	5	11
d	5	4	0	0

在企业管理中,无论哪类问题的解决方案,其评价指标中有效性与安全性[①]都是至关重要的,如果这两个指标中的任意一个被判定为零,那么整个方案就必须放弃。在某些解决方案中,我们甚至需要将经济性指标的权重调至最大。

笔者的体会是,从系统结构到问题原因体系、体现为作业互控表的解决方案,无疑是最清晰、最实用的操作工具、培训教材。在一线员工的眼中,她比 WORD 文档呈现的标准化文件、教材务实得多,至少她能让新员工的胜任学习周期大大缩短。

这个部分的最后,笔者不得不提醒,问题管理往往还有"实施验证"这个环节,尤其对于复杂问题的解决。任何解决方案,最好在实施中不断验证、不断修订,因为解决方案的背景、条件经常在变。

4. 分析导向的教学法

分析,即分解材料,确定关系。

分析导向的教学法,往往需要组织学员开展分析,这种分析包括区别、组织、归因。区别,是区分系统的结构,相较于"比较",区别重在本质的区分,而"比较"重在形式的区分。组织,则是建立系统结构各部分或要素的逻辑联

---

① 包括财产安全和人身安全。

系。归因,则是解构某种原因或意图,"解释"仅仅重在含义的剖析。

5．评价导向的教学法

评价,即基于准则和标准作出判断,包括检查即检验错误、评论即判断正误。

教学中应用的"评价"环节,则直接将学员的新知与现实任务或现实情形直接联结,是知识转化的重要一环。

6．创造导向的教学法

创造,即要素或部件的重组。不仅绘画、雕塑、建筑是创造,不仅研发、写作是创造,只要有任何一次要素或部件的重组,我们都可以理解为创造。这种理解,既符合创新的核心规律,也便于鼓励广大员工从每一个不起眼的细节开始改善,日日改进,事事精进,就是学习型团队、学习型个人的塑造。

在创造导向的教学环节,我们要求学员表征问题,探索方案,形成计划,彻底完成知识的转化。因此,我们可以在一天或三天集训的最后环节,用现实问题的探索,既促成知识转化,又直接作为有效的培训评估。

7．常用教学方法

初次涉猎教学法的读者,读完上面的解释性文字,难免有点晕头转向。姑且作为教学方式的小结,笔者围绕知识的内化与转化,分别列出常用的教学方法,谨供读者结合日常的培训实践,细细揣摩。见图7-17。

内化	理解(演绎):图示、类比、对比、设问、案例、故事 记忆(重复):复述、测验 思考(互动):一对一、一对多、多对一、多对多
转化	应用(练习):模仿、实验 思考(互动):一对一、一对多、多对一、多对多

图7-17　知识内化、知识转化的常用教学方法

（五）呈现知识内容

掌握教程结构的编排、教案的书面结构、教学方式的配置之后，就需要在教案以及实际的课堂讲授中，学会呈现知识内容，用口头的、书面的、影视的各种手段综合呈现。

1. 结构设计

（1）基本原则

知识内容的结构化呈现手法较多，笔者大致列举，供读者灵活运用。见表 7-36。

表 7-36　知识的结构化呈现步骤

问题——方案
能力——体系
背景——知识
总体——局部
结构——机理
原理——操作
感性——理性
低阶——高阶
内化——转化

从问题到方案：带有问题的教学，才能激发学员的学习热情。从问题到原因、到方案，是企业课堂常用的内容结构。

从能力到体系：揭示学员的能力短板或能力建设目标，建构教学的相关性，进而以专业性进行相关的知识体系的讲解。

从背景到知识：从新知识的人物背景、事件背景着手，或者学员的工作背景、问题背景出发，导入新知，也是一种扣人心弦、由浅入深的呈现路径。

从总体到局部：人脑习惯于结构化地记忆、理解，习惯于将解决问题的流程、标准予以结构化，习惯于运用各种公式、定理结构化地分析、评价，即使创新思维，也需要以结构化的系统思维为基础，并在系统思维的框架内发散思维。

从结构到机理：也就是从"是什么"到"为什么"，这是我们生来至今的学习路径，是我们探索世界的必由之路。

从原理到操作：也就是从"为什么"到"怎么做"，同样是我们生来至今的成长路径，是我们探索世界的目的所在。

从感性到理性：既是我们的认知规律，也是始终保持理论学习热情的方法，尤其对于理论训练欠缺的学员。

从低阶到高阶：从加法到乘法，从概念到原理，从新闻写作到论文撰写，从部门管理到企业管理……，人类的学习总在拾级而上。

从内化到转化：脑中有了，手里才会有，这是老百姓都知道的真理。

（2）企业课程的常见结构

开题—主体—结题，是我们常用的"课堂三段论"。

开题：一般手法包括自我介绍、课题解释、背景交代、学习目的、授课说明、学习方法、知识测试。其中，自我介绍，至少需要建立教学双方的同一性、相关性，巧妙地暗示专业性，或由培训组织者建构教者的专业性，则效果更好。学习目的，则往往从学员面临的常见问题或突出问题开始。授课说明，重在统一学员的预期，比如提示本课程没有时间练习，需要学员课后反复应用今天所讲的方法与工具。知识测试，则包括口头提问或书面笔试，测试一下学员对新知基础知识的认知程度，以免直接导入新知时的尴尬。

主体：整个教案或课堂的主体，一般从事实性知识到概念性知识、程序性知识，但许多针对老员工的课堂则截然相反，往往先讲怎么做，再讲相关的为什么与是什么。

结题：全部课程，最好多留一些时段答疑测试以查漏补缺，或复习练习以加强转化，或推荐书目以扩充知识。

（3）管理课程的结构设计

通过大量的培训实践，我们发现，用四模范式建构管理课程的结构，有助于学员在课堂上即能有效理解、记忆理论新知。因前文已对四模范式予以介绍，这里不再展开。见图7-18。

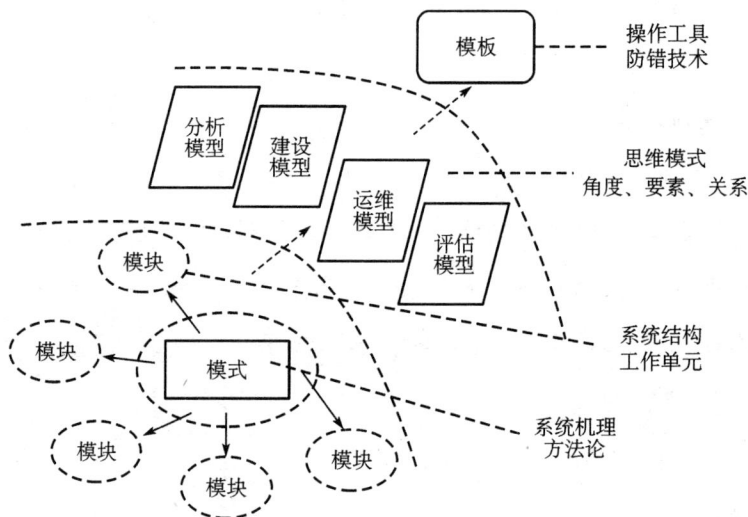

图 7-18　管理过程的结构设计

（4）技术课程的结构设计

通过大量的培训实践，我们发现，从结构、机理、功能、涌现这四个维度去剖析、阐释技术知识系统，有助于学员在课堂上有效理解、应用理论新知。因前文已对考察系统的四个维度予以介绍，这里亦不再展开。

（5）操作课程的结构设计

同样是通过大量的培训实践，笔者认为，对任何操作性课程，如作业规程、任务实施，以流程的步骤或工序为主线，分别讲清标准以及相关的为什么、是什么，是学员最容易全盘吸收的呈现结构。见图7-19。

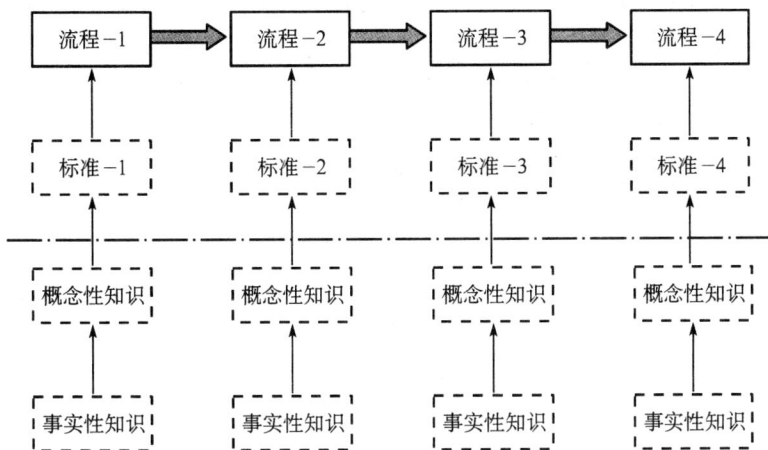

图 7-19 操作过程的结构设计模型

2. 节奏设计

半天甚至一天、三天、五天的脱产集训,对学员无疑是一种"折磨",因此,一堂课,如同一首歌甚至交响曲,都需要节奏的设计,这需要我们向文学家、剧作家学习,每三、五分钟即设计一个兴奋点,这就是变式教学的核心要求。

需要澄清的是,所谓兴奋点,并非一味地讲故事、说笑话,如果与知识内容毫无关联的笑料,只会影响学员的学习迁移与知识内化!

3. 技术类课程的生动化

车间、研发团队的课程往往如同中学的数理化,稍有不慎,课堂上即昏昏欲睡,讲师中气十足的声音往往换来"对牛弹琴"的回报。笔者列举一些技术类课程的生动化要点。

讲问题,可结合案例。

讲体系,需要系统化的结构示意图或照片,如拓扑图、逻辑树。

讲区别,少不了列表。

讲流程,少不了流程图。

讲标准,少不了口诀化。

讲实物,最好带着实物、模型、标本进课堂,或者让学员亲自参观、实验。

有些图片,尽量做成趣味图片、卡通或游戏界面。

讲背景,可以适当引入人物介绍、知识背景或历史典故。

讲师的动作,尽量多打准确的手势,多做一些操作、实验、演示。

讲师的语言,多用比喻、类比等等进行趣味化设计。

在教学法方面,多作互动问答,或让学员说课,或开展知识竞赛。

总之,真得使出浑身解数。

四、PPT 讲义的制作

笔者亲历了不下于 500 名企业培训师的教学法培训、不下于 1 000 名企业培训师的资质评审,总结出 PPT 讲义制作的四个形式要领,这也对应着企业培训师制作 PPT 讲义的常见图文和谐问题。

图文和谐的要领在于以下三点:

1. PPT＝图片

遗憾的是,许多企业培训师常常将整段整段的文字充斥每一页 PPT,殊不知 PPT 作为课堂讲授的辅助板书——电子板书,仅须呈现关键词句与各种逻辑图、示意图以协助学员理解,并注意图文混排的综合效果。如果 PPT 上塞满 WORD 排版一样的文字,那么在培训师讲授时,学员会本能地先"看"文字"写的是什么",但已经没有时间"听"培训师"说的是什么"了,也就是说,这样的 PPT 塞满了学员接受知识的视觉通道,等于堵塞了学员的听觉通道。如果学员这时确实只需要这种文字,那么培训师此时又有何存在价值呢?

2. 风格统一

即使一家企业的 PPT 讲义模板是统一的,大多数初涉教场的培训师仍然一味追求形式的多变,甚至所谓的美化,每页章节标题、正文字体、段落行距、图表属性、色彩配置不统一,当一页一页地滚屏时,给人的感觉是"五花八门",这对学员专注于培训师的讲授是一种较大的干扰。

3. 敢于留白

中国画之美,其一即在于留白。PPT 讲义的留白,可以让学员更多地专注于培训师,这仅是表象,关键原因在于让学员有机会不断思考、内化。

有意思的是,每页 PPT 仅呈现关键词与逻辑图或图片,一般实际讲授时长的经验规律则为 3—5 分钟/页,这样我们在备课环节,就可以通过 PPT 的制作,较为准确地控制课时。例如,限时 150 分钟的培训,如果 PPT 超过 30 页较多数量,我们就必须在备课时调整内容了。

4. 布局对称

每页图文混排的综合效果,一般需要注意每行左端或右端的上下切齐,即上下一条线;个别情形之下,则需要以 PPT 的中心点进行整个版面的对称分布;而有时,则需要以 PPT 的纵向中轴线或横向中轴线对称分布。

五、学员手册的制作

在企业培训工作中,另有一种学员使用的讲义兼笔记功能的学员手册,它是与教师使用的 PPT 讲义搭配应用的,因此,它在形式上应当与 PPT 讲义形成互补。PPT 讲义的主要功能在于呈现知识体系、知识的关键词与各种逻辑关系,不能以句和短文的形式更充分地呈现知识信息,有时需要学员手册在此方面进行"补位",甚至直接取代学员手中的 PPT 讲义打印版。此外,学员手册还应当包括笔记的空间,以及相关的练习题等。

图 7-20、图 7-21,则是笔者制作的学员手册的样例。

课前复习：
课堂教学的原理与技巧

一、培训有效性的原则

1. (＿＿＿＿＿)性:知识转移的(＿＿＿＿＿＿)

2. (＿＿＿＿＿)性:知识转移的(＿＿＿＿＿＿)

3. (＿＿＿＿＿)性:知识转移的(＿＿＿＿＿＿)

(1) 建树师生的关系基础

① 师生的(＿＿＿＿＿＿)同一性;

② 师生的(＿＿＿＿＿＿)同一性;

③ 师生的(＿＿＿＿＿＿)同一性。

图 7－20　学员手册(示例 1)

　　需要强调的一个技巧是，用填空的方式，让学员对教学目标涉及的关键词进行笔记，以强化记忆，同时节省学员的笔记时间，以专注于课堂上的其它环节。

课后作业

1. 备课

自己所授课程

2. 读书

《学习心理学》(作者:王小明)

3. 演练

迎接授课矫正训练(每人 10 分钟讲课,限于运用讲授法的内容)

图 7－21　学员手册(示例 2)

六、团队的课程体系

谈到团队包括各部门的自主学习课程,可谓"事事皆课",千万不要老想着什么教材、书本、光盘之类的,这些都只是形式,"课程"的本质是需要学习的"内容"。

最好的课程,就在每天的每一项工作。这种课程的形式,可以是每一起顾客异议、故障分析与处理的表单,可以是每一次改进会议形成的纪要,可以是一次头脑风暴之后的会议纪要,可以是一沓员工周小结,等等,我们要做的,只是对其中的知识点稍加提炼、整理并在工作中反复强化。这对团队来说就是性价比很好的教材。

怎么干? 建三库。资料库、案例库、课件库。

资料库,就是各种业务标准、技术规范、管理标准等,做个有心人,把平时与工作流程、工作标准、工作规范相关的各种文档分类保存。

案例库,做得好的最佳实践案例、经验总结、故障分析,都是。如果你愿意,参照前面介绍的案例模板归整归整就更好了。

课件库,理出本部门大体需要学习哪几门课,然后相关的公司教材、课程讲义、配套试题等,都是。最容易做的恐怕就是前面介绍的单点课程了。

第四节 培训工具

培训工具,指支撑培训活动与培训管理的各类硬件和软件。其中,硬件一般包括教室、学习训练场(作业训练场、沙盘演练室)、教具、IT 系统,软件一般包括培训的各类表单模板(培训工作表单、培训管理表单)、文案模板(如解决方案模板)、档案(组织培训档案、员工培训档案)、技术(如行动学习指南、情景教学指导手册等等)。工具体系的建设,为各类培训开展提供基础性的工具保障,同时也是自主培训体系建设不可缺少的重要一环,但恰恰是许多企业忽略或者陌生的模块。

关于培训工具的内容,我们不再一一介绍,读者完全可以根据自身的需要自行开发,这里提供培训表单、学习看板、成长手册、趣味家法四种常用却不容易用好的培训工具,供读者参考。

一、培训表单

培训表单,作为模板管理的重要工具,主要是通过表单模板,对培训活动与培训管理进行流程化、标准化的控制。许多企业的培训表单,如同其它领域的表单、台账一样,繁复、重叠,最致命的是管理功效较低甚至缺失。

下面,我们就以南京地铁运营公司 2010 年集体开发的部分培训表单为例,揭示培训表单设计的一些要领。

(一)培训体系建设年度计划表

表 7-37　企业培训体系建设计划表单工具(示例)

任务			绩效产出	经济预算			责任人			进度
模块	内容			支出项目	明细	总计	执行	协助	追踪	
平台	培训组织建设	1								
	学习文化建设	2								
师资	内训师	3								
	师父	4								

续表

任务			绩效产出	经济预算			责任人			进度
模块		内容		支出项目	明细	总计	执行	协助	追踪	
课程	教材	5								
	讲义	6								
	试题	7								
	案例	故障处置案例	8							
		投诉处置案例	9							
		最佳实践案例	10							
工具	硬件管理	11								
	学习技术	12								
	模板开发	13								
	培训档案	14								
制度		15								

　　任何管理模板，都隐含着一种管理思维模式，或者说，开发管理模板，必须先有一个管理模型。表7-37则是培训体系"五个一工程"模型的直观体现。该表不仅利用甘特图对年度培训计划进行部署，同时将培训预算与培训计划合二为一，减少表单工作量，也便于相关部门审核。

（二）培训需求调查表

表 7-38 企业培训需求调查表单工具（示例）

序号	部门	培训目标		责任岗位	培训内容	培训方式	建议师资				时间		
		KPI	胜任能力				机构	部门	岗位	姓名	培训时长	实施时间	完成时限
1													
2													
3													
4													
5													
6													
7													
8													
9													
10													

这张培训需求调查表（见表 7-38）的模板，优点在于，一是将公司、部门的 KPI 以及相应的胜任能力，作为界定培训需求的依据，不再是各部门拍着脑袋大体想一想就可以上交的。而且，这里的胜任能力不是静态的岗位胜任力，而是根据各年度 KPI 确定的胜任力。二是进而分析这些胜任能力，哪些岗位是欠缺的，进而针对这些岗位进行培训设计，充分体现了培训的终极目

的在于组织能力,而非个体能力。

(三)行动学习立项表

表 7－39　行动学习立项管理表单工具(示例)

制表日期	年　月　日	制表人		审批人	
项目名称				项目起讫	年　月——年　月
项目目标	工作目标				
	学习目标	张三			
		李四			
		王五			
项目任务	工作任务				
	学习任务	张三			
		李四			
		王五			
项目组织					
项目组职务		姓名		机构职务/职称	
组长					
副组长					

制表日期	年 月 日	制表人		审批人	
项目名称				项目起讫	年 月——年 月

秘书		
组员		
技术专家		
行动学习促动师		

成果汇报

汇报对象		汇报时间	
汇报参与人			
汇报评审人			

汇报内容	工作类		汇报人	
			汇报人	
	学习类		汇报人	
			汇报人	

制表日期	年　月　日		制表人		审批人	
项目名称					项目起讫	年　月——年　月
汇报文档	工作类			撰稿人		
				撰稿人		
	学习类			撰稿人		
				撰稿人		

行动学习,与所有的改善项目一样,如同一个研究课题,开始启动之前就必须确立目标与任务,它同时也是一种学习培训,所以需要对学习目标加以界定。

项目组织中的角色配置,非常重要;设置成果汇报的每个细节,则让行动学习小组的每一位成员,从一开始就带着压力与任务上阵,也是极其重要的细部设计。

也许你觉得这些模板无所谓,当你开始填写这个模板的每一个空格,并按照模板完成每一个动作与产出文档时,相信你就能感受到它的管理功效了。见表 7-39。

二、学习看板

企业的各项培训工作最终都要落到部门,对部门来说,学习管理主要是学习的文化宣传、目标管理、计划管理和成果管理。我们的大部分时间是在绩效导向的日常任务,所以用好学习看板,就变成一种简明、生动、有效的学习管理模式。

学习看板的形式很多,可以是墙报、卡片、网页等许多形式,但最根本的要让学习看板发挥管理功能,也就是通过学习看板,把团队学习的整个流程"串"起来，并能突出每一阶段学习管理的重心和注意事项，而不仅是为了脸上贴金的展示，更不是应付上级检查的脸面。……事实上，专心把事做好，脸面自然会有的。

我们就来看看学习看板应当包含的主要内容，具体怎么体现，见表7-40。

表7-40　学习看板的内容体系

类别	内容	备注
学习文化宣传	愿景	希望通过学习，本部门达成的工作、学习状态，以及员工达成的学习、思想和生活状态
	使命	我们在学习中永远要做的几件事
	价值观/核心理念	我们关于学习的最根本的看法和做法
	学习活动	关于重要学习活动的全面介绍
	标杆人物	
	先进事迹	
	学习竞赛	
学习目标管理	学习目标	本阶段重点提升的能力短板
	学习任务	对照自主培训体系的五个方面展开
学习计划管理	学习计划	本阶段的重点学习工作安排及进度展示
	计划跟进	实施过程中的经验分享
		后续实施的注意事项
学习成果管理	改进成果	本职工作上的改进事项
	知识分享	新的知识的分享
	学习体会	关于如何有效学习的心得

上面说的学习看板，主要是用来管理整个团队的学习的，那么管理个人学习，则可使用下面的"成长手册"。

三、成长手册

成长手册,其实就是个人学习提升的管理,包括"计划—实施—反思—提升(新的计划)"形成的一个闭环,我们常用类似"学生素质教育报告书"的手册形式体现,它是重要的人力资源数据。

因此,我们设计的成长手册就包括5个部分,见图7-22。

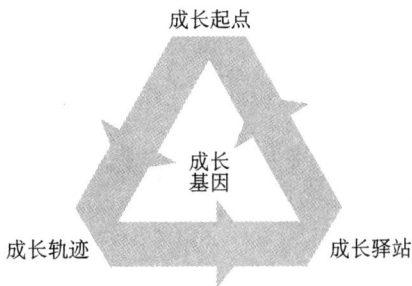

图 7-22　员工成长手册的内容结构

成长基因:记录员工的 HR 基础数据。包括姓名、性别、籍贯、出生年月日、血型、照片、毕业院校、在校学习课程(含学分、考分)、职业培训经历(含测评记录)、社会工作经历(含绩效记录)、项目经验(含绩效记录)、荣誉表彰、家庭状况(含父母、配偶、子女、兄弟姐妹)、兴趣爱好等。有了这些,你就可以作些基本分析了,看出生年月日,你就可以知道属相、星座,进一步推算出大致的人格特征了;看血型,你就可以知道大体的性格特点了;看学习培训经历,就可以知道学过哪些原理性知识;看工作经历和项目经验,就可以知道已经具备了哪些工作技能……

成长起点,包括能力评价和提升计划,是每个学习阶段的起点。

成长轨迹,就是根据提升计划,员工的自学记录(含学习成果、心得体会等)、培训记录(含工作轮换、兼职、项目经验等等)、绩效记录、培训测评、课题成果等等。

成长驿站,包括自我反思和绩效面谈的结果,是一个学习阶段结束后的再反思。

……下面又是一个新的成长起点了,依此循环,这样一本成长手册就串成了员工螺旋式上升的职场轨迹。

那么怎样运用成长手册管理员工的学习呢?很简单,人手一份,除了兴趣爱好、能力自评、自学记录、自我反思、提升计划由员工自己填写以外,其它的都由经理、主管、班组长或导师、师父,像学校班主任一样去分析、填写,或者辅导员工填写。

四、趣味家法

学习管理,除了善于运用学习看板管理部门培训、用成长手册管理员工学习以外,也离不开必要的惩戒。

不要一看到惩戒,就想到钱。为什么不能运用饶有趣味的家法呢?下面,我们看看南京地铁运营公司 20 种有趣的惩戒方式,相信你们还能花样迭出。

- 对那些一直不讲话的:

□ 真心话大冒险:抽取问题条,按照问题条上的要求回答问题。

□ 广告表演:模仿脑白金广告,边唱边跳

□ 动物模仿秀:模仿动物的动作和声音表演 1 分钟。

□ 刺面:提示贴纸撕成条贴脸上。

□ 我爱你:面对墙壁,大喊三声:我爱你!

- 对那些好表现而不顾别人发言的:

□ 凤尾书法:大家随便出一个笔画复杂的汉字,要求被惩戒的人,双手放在腰上,然后扭动臀部在墙上模仿写字。要求一边扭,一边把写的笔画说出来。

□ 保持童真:一定要唱幼儿园的儿歌。

□ 假发秀:戴上异性假发 5 分钟。

● 对那些一味自我辩解的：

□ 死要面子：带上纸做的"囧"面具 5 分钟，直到下一位"幸运儿"。

□ 天旋地转（对眩晕症患者请勿使用）：蒙上眼睛，左绕五圈，右绕五圈。

□ 百感交集：白水、白醋、白糖水各一小杯，三杯依次喝下。

□ 真心感言：对着大家喊："我的病，有救了，谢谢大家！"

□ 卡通跳：分为男式和女式，相同的都是跳起时大腿和膝盖要并拢，小腿要分开，就像漫画中的姿势。不同的在于，男式的向上跳起时左右脚前后分开，双手自然前后摆，同时嘴里要发出"呦吼"的声音；女式的向上跳起时左右小腿要向两旁分开，双手食指和中指在胸前做"V"的姿势，同时嘴里要发出"耶"的声音。

● 对那些攻击别人的：

□ 学淑女：顶三本书学模特走猫步，转一圈后走回来，书掉落了就重新走一遍。

□ 小丑表演：做 3 个经典搞笑动作。

□ 自我满足：用舌头舔自己鼻子。

□ 有哭有笑：先大笑 5 秒，再突然大哭 5 秒。

□ 二人转：当两个人受罚时，正面对着十指交扣，深情对视，深情朗诵骆宾王的《鹅》。

□ 俯卧撑：男士 20 个，女士 10 个。

□ 大饭桶：聚餐时，吃下每个人给你夹的菜，包括辣椒。

第五节 培训制度

培训制度，是为了以上平台、课程、师资、工具的有机运行而制定的一系列规章制度，其内容以动机激励、权益保护为主，以过程约束为辅，旨在培训工作能够形成系统、高效的运行机制。

关于制度设计的书籍与文章可谓汗牛充栋,笔者仅结合咨询实践,针对中国企业制度管理的常见问题,提出一些参考对策与操作要点。

一、制度的功能

制度的功能主要是激励、保护与约束,激励人的动机,保护人的权益,约束事的过程。因此,我们设计培训制度时,不仅需要考虑这三个功能缺一不可,在起草制度条文时,对人的动机、权益一般应以正激励为主,而对事的过程控制,一般以负激励为主。

当然,总体上应当正负激励兼备,这需要看不同企业的文化理念与薪酬水准。当一个企业强调严谨的责任意识且薪酬水准超出地区水准或行业水准时,往往以负激励为主;当一个企业强调家文化、且薪酬水准与地区水准或行业水准持平或略低时,往往以正激励为主。

就培训制度而言,激励制度重在激励员工,推动员工成长,推动员工不断为企业的知识管理作出贡献;保护制度重在保护员工的创新权益,建立员工对组织的信任;约束制度重在控制培训工作的过程,保障培训活动和培训管理的实施。

二、制度设计模型

我们看到大多数管理者撰写制度条文时,往往新建一个 WORD 文档,"提笔就写",随后就是一帮人无休止的"折腾"。笔者建议,用 EXCEL 表格建一个制度设计模型,作为制度条文的结构、提纲,不仅可以全面审视制度有无漏洞,而且在草拟的中途不会遗漏要点、迷失方向。

下面,笔者给出两个制度设计模型的样例,谨供参考。

第一个是某企业的廉政风险防控体系的制度设计模型(见表 7-41)。

表 7－41　制度设计模型示例:企业廉政风险防控体系

违纪行为 (风险点)			预防(事前)			检查(事中)			惩处(事后)		
			措施—步骤 (关键控制点)	标准	组织	措施—步骤 (关键控制点)	标准	组织	措施—步骤 (关键控制点)	标准	组织
人事	常规	招聘									
		选拔									
		调动									
		任免									
		薪酬									
		绩效									
		福利									
	项目	绩效									
财务	常规	资金审批									
		资金支付									
		资金使用									
		资产处置									
		审计									
	项目	立项									
		招投标									
		实施									
		变更									
		验收									
		资金审批									
		资金支付									
		资金使用									
		资产处置									
		审计									

违纪行为 (风险点)			预防(事前)			检查(事中)			惩处(事后)		
			措施—步骤 (关键控制点)	标准	组织	措施—步骤 (关键控制点)	标准	组织	措施—步骤 (关键控制点)	标准	组织
物资	常规	立项									
		招标									
		议标									
		定标									
		采购									
		运输									
		库管									
		调拨									
	项目	立项									
		招标									
		议标									
		定标									
		采购									
		运输									
		库管									
		调拨									
		监管									
供应商											
总则:廉政管理 组织的建设											
总则:廉政督查机制											

表7-41如同一个纵横坐标组成的制度模型,纵坐标是对应廉政风险点的"违纪行为",横坐标是流程性的事前、事中、事后防控、追惩。显然,起草人或团队成员共同填完每一个空格,后面转化成WORD文档几乎可以一次做成了。

第二个模型示例,是针对每一类职能业务与员工的廉政管理制度(见表7-42)。

表 7-42　制度设计模型示例：员工廉洁管理

廉政风险点			职能业务 （权力制约：决策权、参与权、执行权、管理权、审核权、使用权） （过程控制：事前、事中、事后）													思想道德	外部环境
			战略决策	生产			物资			营销			财务			……		
			高管	高管	中层	其他	高管	中层	其他	高管	中层	其他	高管	中层	其他		
人事	常规	招聘																
		选拔																
		调动																
		任免																
		培训																
		薪酬																
		绩效																
		福利																
	项目	绩效																
财务	常规	资金审批																
		资金支付																
		资金使用																
		资产处置																
		财务审计																
	项目	立项																
		招投标																
		实施																
		变更																
		验收																
		资金审批																
		资金支付																
		资金使用																
		资产处置																
		审计																

续表

廉政风险点			职能业务 （权力制约：决策权、参与权、执行权、管理权、审核权、使用权） （过程控制：事前、事中、事后）														思想道德	外部环境
			战略决策	生产			物资			营销			财务			……				
			高管	高管	中层	其他	高管	中层	其他	高管	中层	其他	高管	中层	其他	高管	中层	其他		
物资	常规	立项																		
		招标																		
		议标																		
		定标																		
		采购																		
		运输																		
		库管																		
		调拨																		
		监管																		
	项目	立项																		
		招标																		
		议标																		
		定标																		
		采购																		
		运输																		
		库管																		
		调拨																		
		监管																		
供应商：物资供应、工程承包、其他服务商																			

许多企业家、经理人与我探讨制度设计的秘诀，我只能说：知识体系的健全、思维模式的完善、流程与标准的细化。当然，也包括对制度管理者的制度设计！

三、培训制度的分类

为了便于企业理解、操作并保障制度体系的内在逻辑性,我们借用国家法律体系的结构予以分类,将培训制度分为总纲、组织、实体、程序、部门、专门共6类。

◎ 总纲类,是规定培训活动与培训管理的一系列原则的"宪法"性文件,是一切培训制度的"母法"、"根本法"。如《培训体系建设大纲》、《员工教育培训大纲》。

◎ 组织类,是规定各级、各类培训组织的目标、职能、产生、工作机制的"组织法"。例如《培训组织管理制度》。

◎ 实体类,是规定培训活动与培训管理事务的执行标准和操作指南的"实体法",类似于作业标准书和作业指导书的功能。例如《行动学习指南》、《工作轮换式学习指导书》、《师带徒指导书》。

◎ 程序类,是规定各类培训活动和培训管理的操作流程的"程序法",如《培训流程管理制度》,一般包括培训的计划、实施、考核、奖惩等等。

◎ 部门类,是规定相关职能部门的培训活动和培训管理的"部门法"。包含原则、组织、实体、程序的内容。如《电子车间培训管理办法》、《国际销售部培训管理办法》。

◎ 专门类,是规定特定培训活动和培训管理事务的"专门法",如《培训设施管理制度》、《培训资金管理方案》、《教材管理制度》、《阶梯培训制度》。

四、企业制度的有效性

许多企业的制度是低效甚至无效的,一部制度之所以有效,至少需要同时具备三个要素:心理契约、成功实践、监督执法。见图 7-23。

制度虽然以企业的名义作出,但需要员工的真正遵守,首先需要企业与员工建立真正的心理契约,保障员工对企业的真正信任,这样的制度才可能

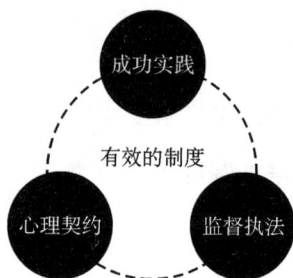

图 7-23　企业制度的有效性设计模型

有效推行,商鞅立木,就是最典型的史例。

　　一些企业制度确实需要"超前立法",但不宜过细,一般在较为系统地成功实践之后再行细化,这意味着该制度管理的对象领域,已经获得了相关参与主体的肯定,因而更容易被员工自觉地遵守。从管理绩效来看,一开始管理颗粒度稍粗一些,有助于企业的创新,当取得最佳实践之后,再予全面细化,予以适度的刚性管控。当然,只要实践的流程、标准、方法等等有所变化,制度亦须相应修订,以免滞后的制度条文成为我们自设的核心刚性,约束了我们的前进与创新。

　　最后一点也是最重要的一点,许多制度的失效,根源在于管理者"有法不依,执法不严,违法不究"。这就需要我们对有权开出罚单的人,同步设计一套罚单机制,而且需要从严、从重。

第八章　知识创新

同样,关于知识创新的书籍与文章也很多,营销创新、技术突破、工艺改进都是事关企业生死的知识创新,无庸笔者多说,但对任何企业,尤其是广大的中小微企业,有没有一种机制可以推动全员瞄准企业的核心竞争力持续努力呢? 这就是基于问题管理的知识创新机制。它从 2013 年开始,在南京地铁运营公司全面推开,扎实推进,硕果累累。姑且以此作为如何通过综合性的知识管理,开展学习型团队、学习型个人的塑造,从而建设学习型企业的一个真实案例吧。

这套机制包括问题管理、行动学习、知识沉淀三大模块。见图 8-1。

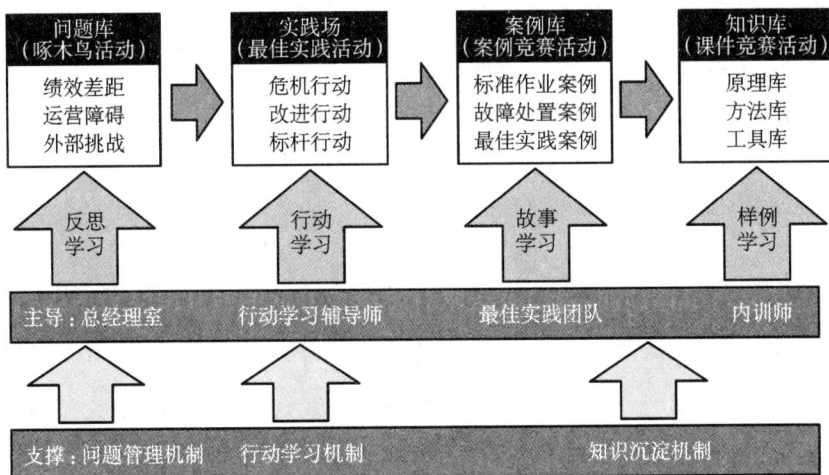

图 8-1　基于问题管理的企业知识创新机制模型(示例)

一、问题管理

问题管理模块,由总经理室主导,通过"啄木鸟活动",针对绩效差距、运营障碍、外部挑战三个方面,在中心、班组的周例会和月例会中嵌入基于PDCA的"反思学习",发掘问题,建立动态的问题库,为后续的行动学习确定攻关课题。

二、行动学习

行动学习模块,由行动学习辅导师(即行动学习促动师)主导,通过最佳实践活动,开展行动学习技术支撑的危机行动、改进行动、标杆行动,形成各种各样的解决方案。

南京地铁运营公司每确定一批待解决的问题,则以班组为单位,或跨中心、班组的人员组合,各年度内成立了18个行动学习小组,实施中心负责制,在行动学习辅导师的主导和本课题组的支撑之下,开展以下行动:

危机行动:前置性危机管理;

改进行动:今天比昨天干得好;

标杆行动:自己比别人干得好。

由此建构一个知识创新和能力创新有机统一的实践场。

三、知识沉淀

知识沉淀模块,则由最佳实践团队即行动学习小组,将解决方案转化成标准作业案例,或故障处置案例,或最佳实践案例,汇入部门、公司的案例库;另外,每个行动学习小组指派内训师将解决方案转化成课件,充实部门、公司的原理库、方法库、工具库。

南京地铁运营公司对最佳实践活动,要求每一个最佳实践团队(行动学习小组),在行动学习课题结束之后,通过总结式的"故事学习",形成标准作业、故障处置、最佳实践三类案例,形成案例库。

　　针对案例库,组织内训师通过提炼式的"样例学习",从案例中进一步总结普适性的原理、方法和工具,形成更为优化的课件,构成更有实践指导价值的知识库内容。

　　需要说明的,一是所有案例与课件均可进入网络学习平台(E-LN),达到知识共享的目的。二是由于问题库的持续增加与变化,问题库、实践场、案例库、知识库都是动态运转的。

　　需要说明的是,南京地铁知识库的实质内容,包括配套于岗位胜任力的静态知识、通过问题管理和行动学习产生的动态知识,其形式则体现为集教材、讲义、案例、试题于一体的课程体系,知识共享除了各种线下的知识转移活动,同时借助IT方式的E-LN。

　　可喜的是,也让咨询团队汗颜的是,在此框架之下,南京地铁运营公司的设备中心,将这种知识创新机制升级为更系统的知识管理机制。如图8-2所示,直接将知识沉淀与自主培训体系融为一体,实现了动态知识创新为特征的知识管理机制。

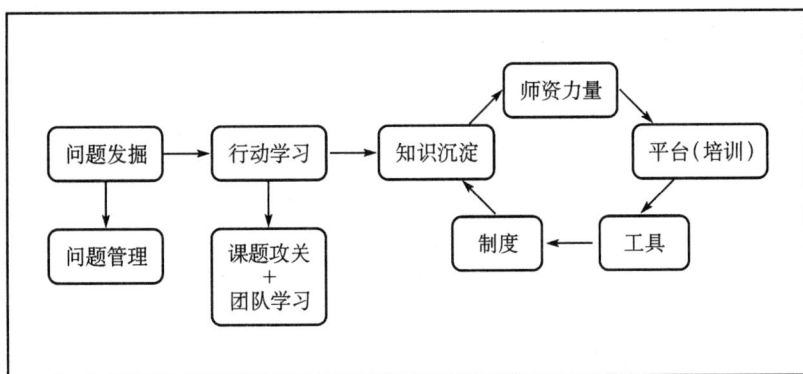

图8-2　企业动态知识管理机制模型(示例)

参考文献

[1]（美）彼得·圣吉：《第五项修炼·实践篇》，东方出版社 2006 年版。

[2] 柯平主编：《知识管理学》，科学出版社 2007 年版。

[3]（美）彼得·德鲁克：《后资本主义社会》，东方出版社 2009 年版。

[4]（日）野中郁次郎、竹内广孝：《创造知识的公司：日本企业如何建立创新动力学》，1995 年。

[5]（美）卡尔·斯威比：《新型组织财富：管理与测评知识资产》。

[6]（美）托马斯·达文波特等：《营运知识：工商企业的知识管理》，江西教育出版社 1999 年版。

[7] 卡尔·维格：《知识管理：一门渊源久远的新兴学科》。

[8] 朱淑枝：《企业知识管理实务》，清华大学出版社 2009 年版。

[9] 任志安：《企业知识共享网络理论及其治理研究》，中国社会科学出版社 2008 年版。

[10] 邱昭良：《学习型组织新实践：持续创新的策略与方法》，机械工业出版社 2010 年版。

[11] 王小明：《学习心理学》，中国轻工业出版社 2009 年版。

[12] 邵志芳：《认知心理学：理论、实验和应用》，上海教育出版社 2006 年版。

[13] 上海国家会计学院主编：《思维、问题与决策》，经济科学出版社

2011 年版。

[14] 许淑莲、申继亮:《成人发展心理学》,人民教育出版社 2006 年版。

[15] 南国农、李运林:《教育传播学》,高等教育出版社 2005 年版。

[16] (美)马克·艾伦:《下一代企业大学:发展个人与组织能力的新理念》,世界图书出版公司北京公司 2010 年版。

[17] 刘永中、周炫:《企业商学院:十家世界五百强企业的 E-learnning 实践》,广东经济出版社 2007 年版。

[18] 荆涛:《企业大学:企业永续经营的核武器》,中国时代经济出版社 2009 年版。

[19] 王长义:《基于学习型组织的企业核心能力形成机理分析》,《价值工程》2008 年第 1 期。

[20] 王智宁、吴应宇:《论企业核心能力的概念、框架、构建与提升》,东南大学经济管理学院。

[21] 王毅、陈劲、许庆瑞:《企业核心能力:理论溯源与逻辑结构剖析》,《管理科学学报》2000 年第 3 期。

[22] 黄群慧:《企业核心能力理论与管理学学科的发展》,《管理科学》2002 年第 20 期。

[23] 孙继伟:《问题管理的理论与实践》,《管理学报》2010 年第 11 期。

[24] 孙翊威:《问题管理与知识管理的融合》,《中国经济和信息化》2017 年第 14 期。

[25] 孙继伟:《问题管理的流程与方法》,《施工企业管理》2008 年第 12 期。

[26] 日本能率协会咨询中心著:《高效能方法:整理、分析和解决问题》,东方出版社 2006 年版。

[27] 夏开元:《问题管理在实践中的运用研究》,《化工管理》2011 年第 2 期。

［28］邱昭良:《学习型组织新实践——持续创新的策略与方法》,机械工业出版社 2010 年版。

［29］洛林·W·安德森等编著:《布卢姆教育目标分类学修订版(完整版)——分类学视野下的学与教及其测评》,外语教学与研究出版社 2009 年版。